人物叢書

新装版

伊藤圭介

いとうけいすけ

杉本勲

日本歴史学会編集

吉川弘文館

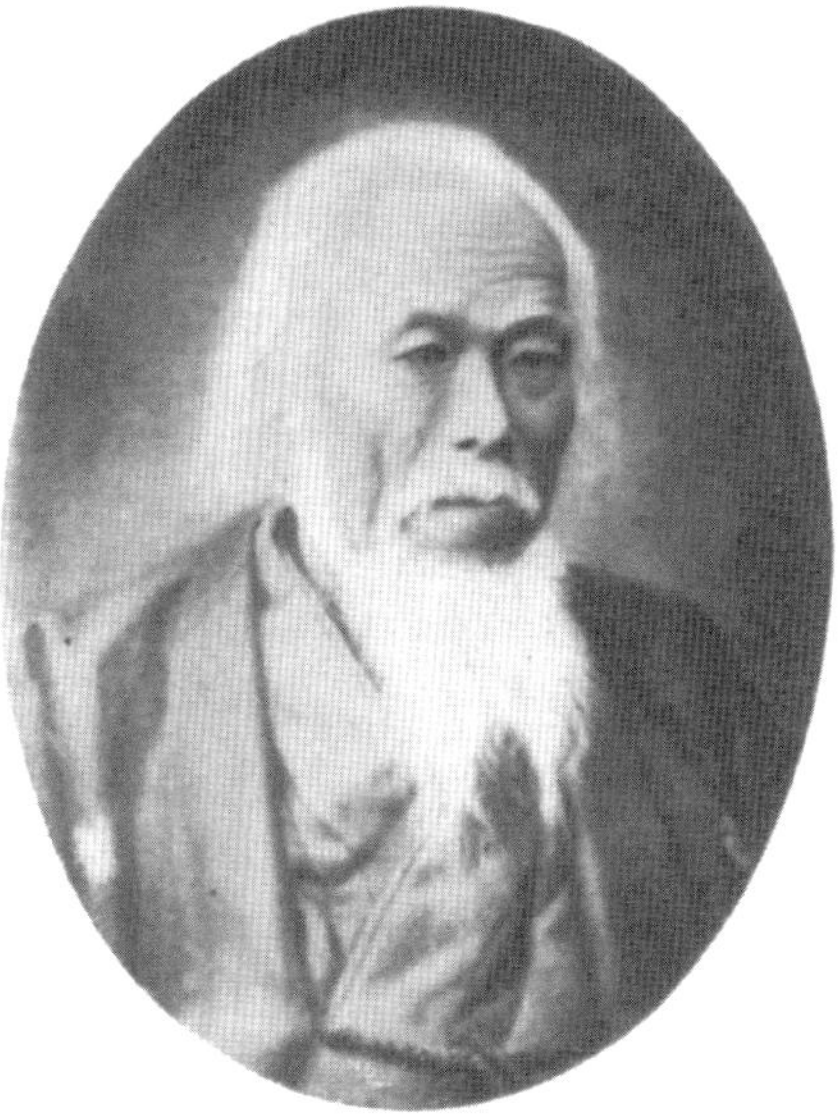

伊藤圭介肖像　（伊藤一郎氏旧蔵）

伊藤圭介絶筆　（伊藤宏氏蔵）

明治34年1月20日逝去直前の書と伝える　（本文 321 ページ参照）

伊藤圭介九十二歳の揮毫画賛（伊藤一郎氏旧蔵）

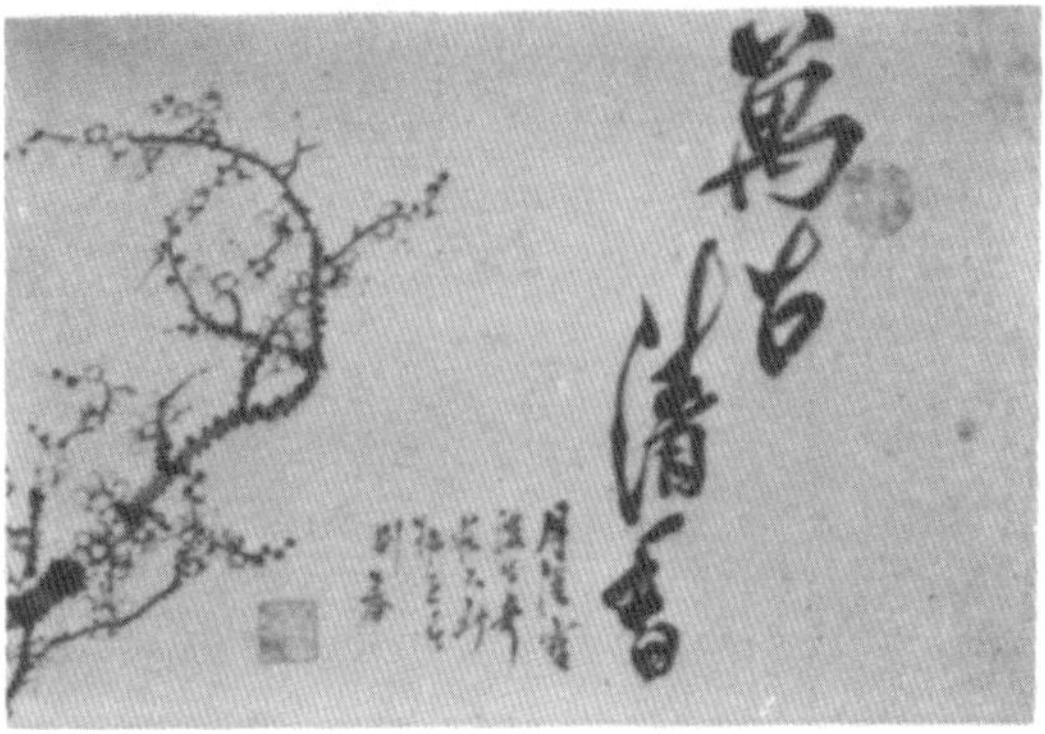

『泰西本草名疏』の原稿（国会図書館蔵）
左方にシーボルトの書入れがある。（本文一二〇ページ参照）

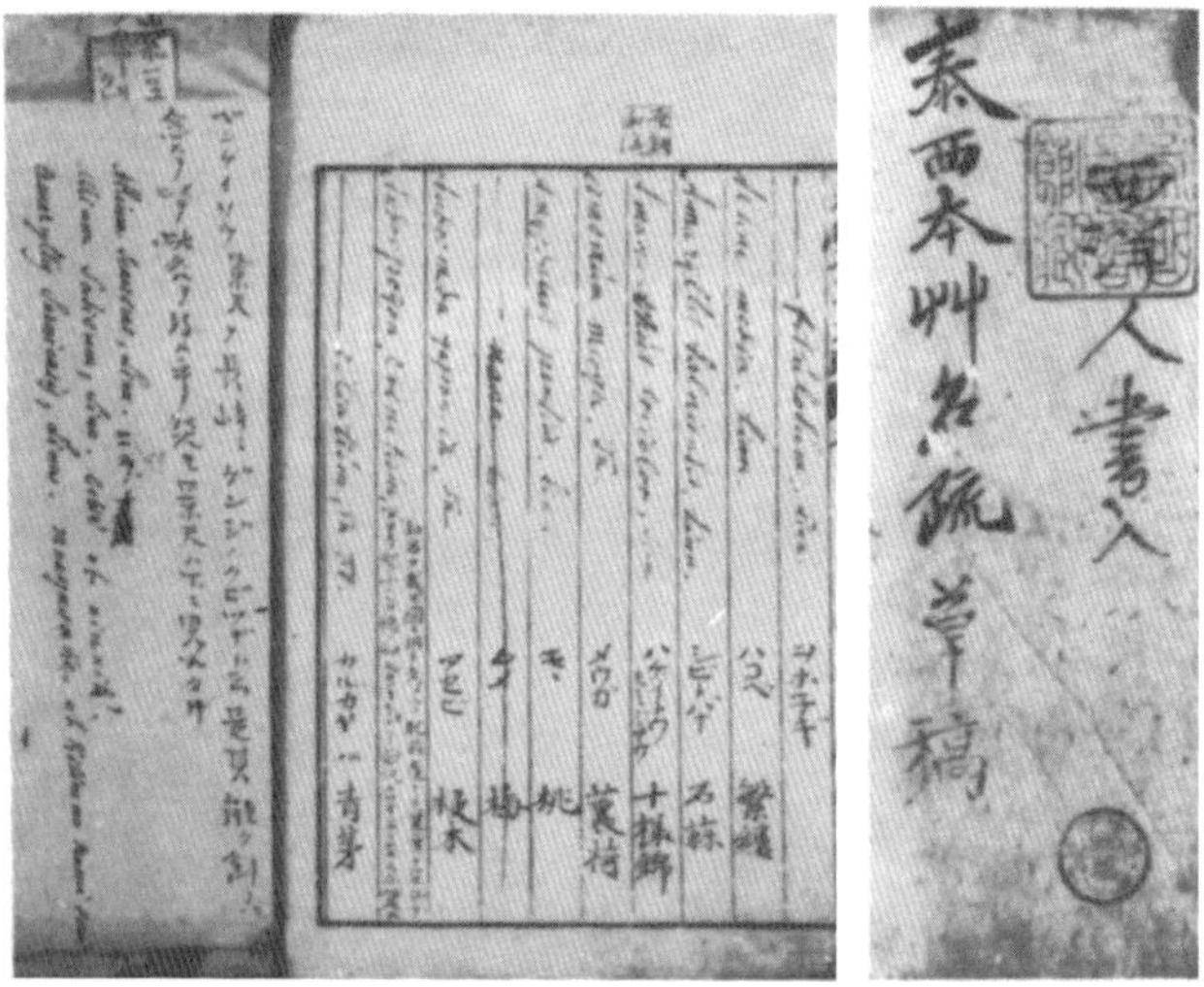

印影

印文「伊藤清民」

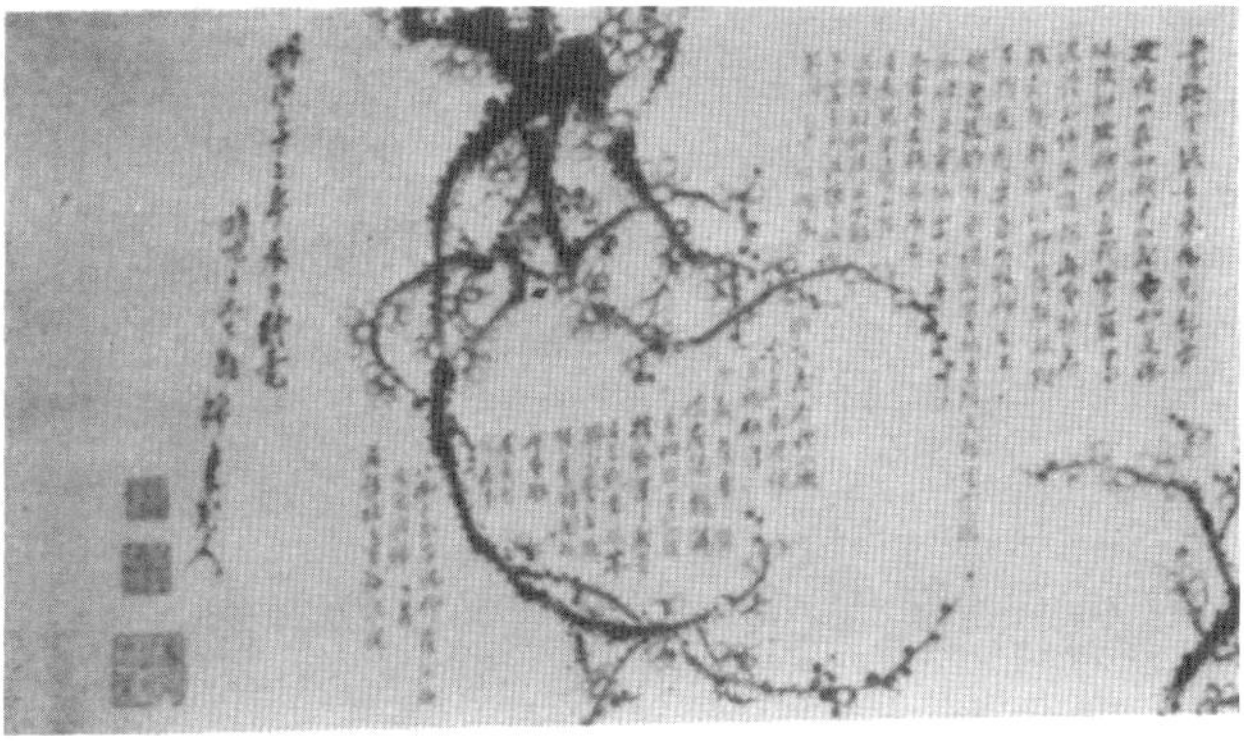

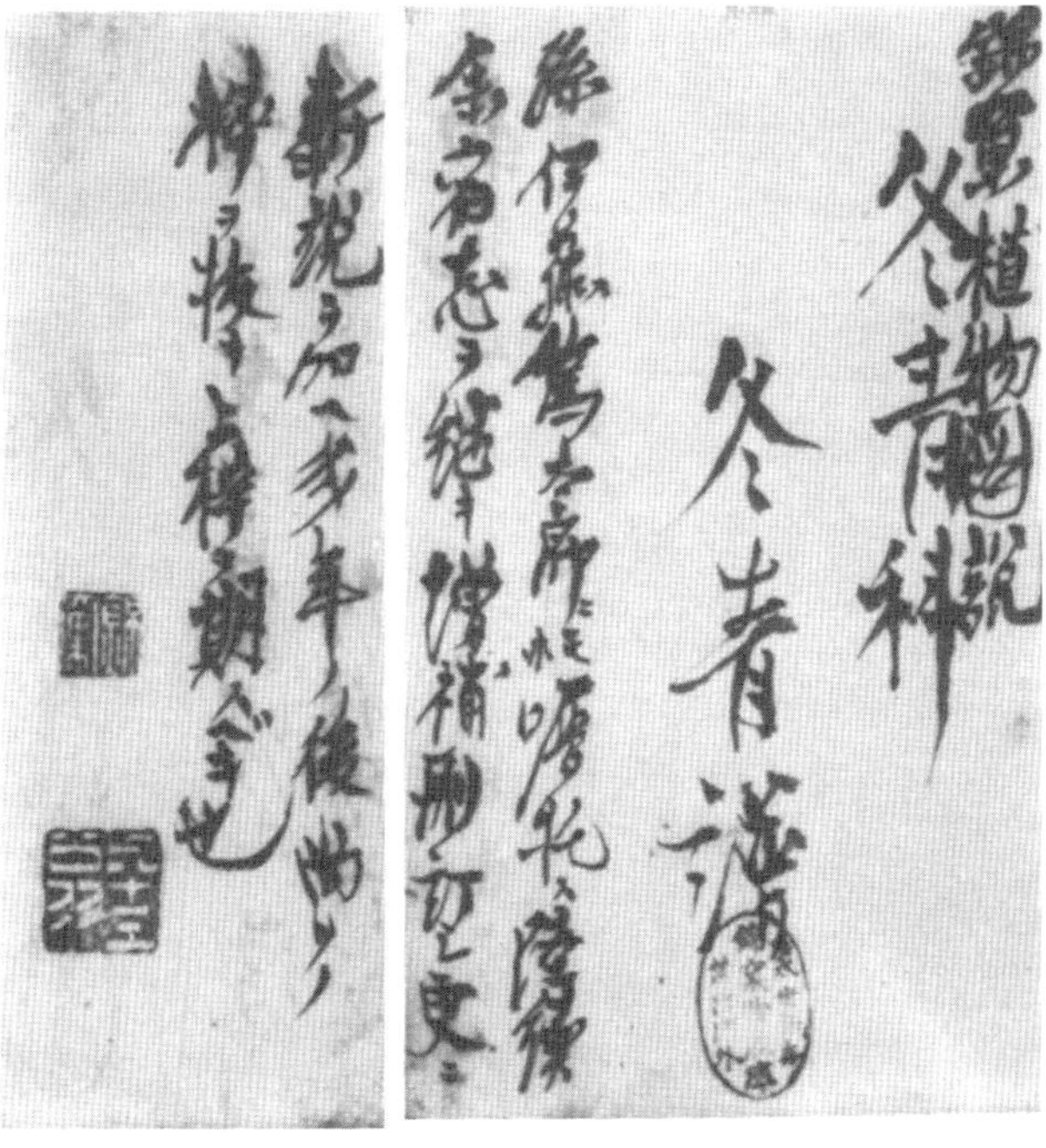

稿本『錦窠植物図説』の内表紙
（名古屋大学図書館蔵）
（本文二九〇ページ参照）

晩年の肖影（名古屋大学蔵）

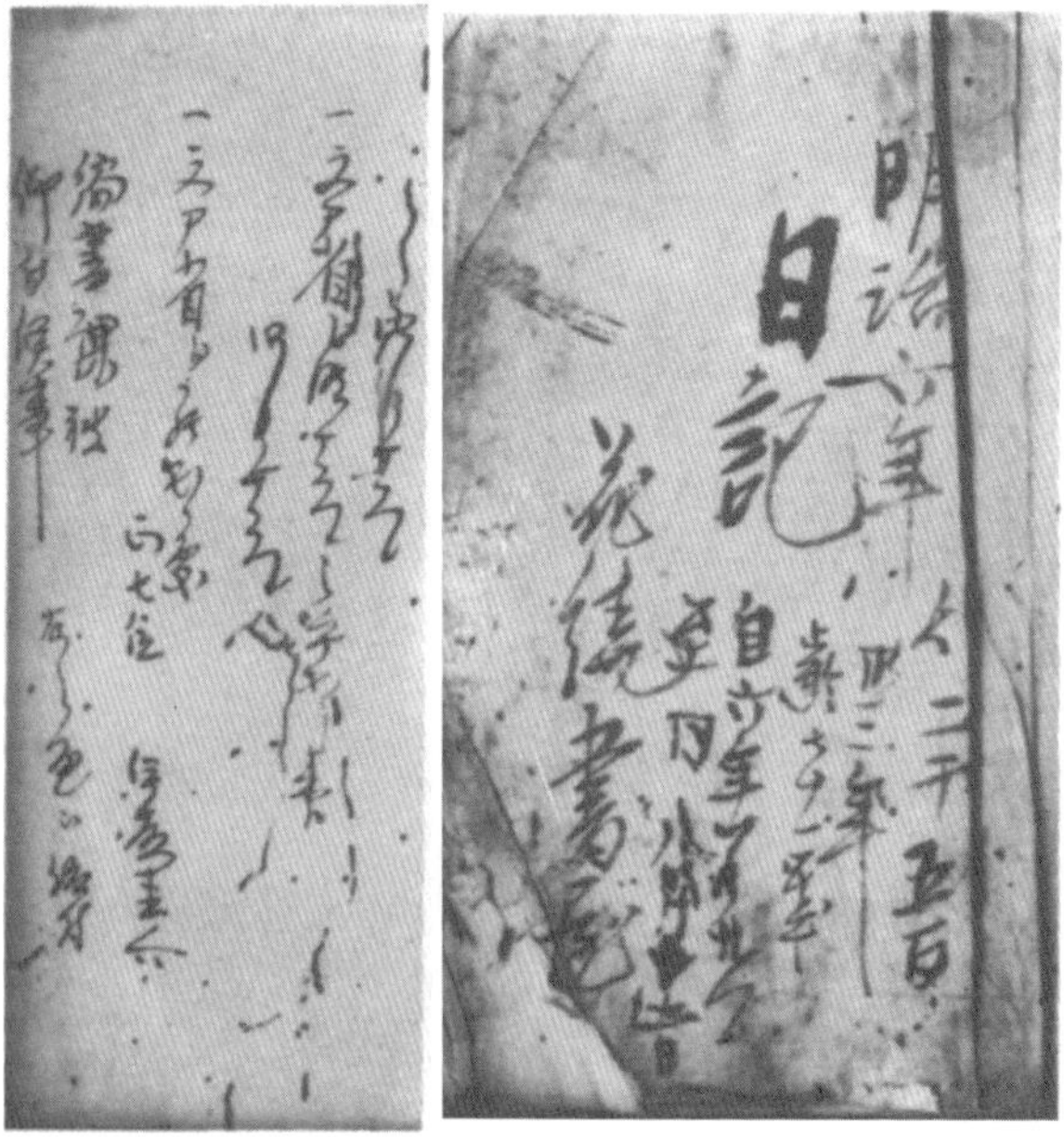

伊藤圭介自筆明治六年の『日記』（名古屋市東山植物園蔵）

はしがき

わたしが伊藤圭介翁の名を聞き知ったのは、多分少年のころ祖母の口からであったと思う。それは翁とわたしたちとは、いささか入り組んではいるが、同族関係にあったからだ。つまり圭介の実父玄道は、美濃国(岐阜県)可児郡久々利の伊藤家から、わたしの祖母の実家で、もと同郡兼山にいた西山家の養子となっているし、祖母の実父春成はまた久々利安在家から玄道の養子に迎えられていて、どちらも養子関係のつながりなのである。けれども田舎のことで、たどってみればお互いに血のつながりもある。だからわたしにとって、圭介翁は赤の他人ではないわけである。

とはいえ長い間西山家は久々利、伊藤家は名古屋や東京に住い、自然疎隔となっていたため、わたしも圭介翁の事歴についてはほとんど知る機会を持たなかった。戦前たまたま西山家で名古屋市立図書館主催伊藤圭介先生遺墨遺品展覧会の出陳目録を一見し、四百数十点にのぼる関係資料の所在を知って以来、圭介翁にたいする関心が油然として湧きおこってきた。けれども公務多端でそれらを検討する余暇をえないうちに、戦災のため名古屋方面の関係資料は九割方分散・湮滅（いんめつ）したとの話を聞き、折角調査にのりだそうとしたわたしの出鼻（でばな）も一時挫（くじ）かれたかたちとなった。

ところがその後伊藤家の出身地久々利の西山・浅井両家や上野図書館・名古屋大学附属図書館の両伊藤文庫、それにほとんど調査の手の及んでいない名古屋市立東山植物園等に、相当数の関係資料の残存を確めえて、だんだん借覧してゆくうちに、それでもどうやら圭介翁のイメージらしいものが、わたしにも浮び上ってきた。それに何よりも吉川芳秋氏はじめ郷土史家の方々による綿密な調査業績のお蔭を蒙り、ともかく圭介翁伝記のアウト・ラインを、ここに描きだすまでに漕ぎつきえた。

伊藤圭介翁は、九十九歳の長寿を、実に有効に活用した学徳兼備の人であった。その生涯の前半は、蘭方医・本草学者、また幕末洋学者として、多面的な活動に捧げ、後半は維新以後の三十余年間、老物産学者・植物学者として、近代日本の形成に寄与したのである。わたしの短期間の調査で、その全貌を隈なく描きつくすなど、とても企ておよばないことであるし、また博物学の専門知識に乏しいものが翁の尨大な業績について批判的言辞を弄することも、おこの沙汰であろう。

そのような弱点は自覚しつつも、時間のゆるすかぎり、せいいっぱい関係資料をあさり、各方面から吟味を加えて、圭介翁伝記の一応のかたちをととのえたのが本書である。いざ執筆という段どりとなってからも、微細な点にたちいれば、つぎつぎに疑問が涌いてくる。脱稿までにできるかぎり、それらを解決すべく、昨年は短時日ながら両三回も名古屋に足を運び、圭介研究の先覚、吉川氏をはじめ、名大図書館武居事務長や水野東山植物園長ほか多くの方々に何くれとなく御世話になった。

もちろん地元の上野図書館にも暇をみては通いつづけ、伊藤文庫関係の方々にいろいろ御手数を煩わした。また伊藤本家蓉子未亡人と当主宏氏や元男爵伊藤一郎氏からも貴重な資料を拝借し、有益なお話を伺うことができた。わたしの所属している蘭学資料研究会の緒方富雄会長はじめ、板沢武雄・岩生成一両先生その他同研究会員の諸先生にも懇切な御教示を頂いた。ここに記して、以上の方々の御芳志と学恩にたいし、感謝の誠を捧げたい。日本歴史学会ならびに吉川弘文館にも、完稿の予定を延引して御迷惑をかけたことを申訳なく思っている。

なお本書所載の漢文資料を仮名まじり文に改めたこと、また挿図中現在の状況不明のものは、戦前の所有者名を記したことなどをお断りしておく。それらを含め、不備の点をお気づきの読者諸賢に御叱正をお願いしたい。

昭和三十五年三月

杉本勲

目次

口絵

挿図

第一　生いたち

一　家系

個人の人となりを知るうえに、家系がどの程度の意味をもつかはむつかしい問題で、容易にきめにくいことと思うが、伝記叙述の順序として、ここでも伊藤圭介の家系調べからはじめよう。ただし母方はもちろん、父方の遠祖以来の家系にしても、一般家系の御多分にもれず、不詳の一語につき、確実なところはせいぜい数代をさかのぼりうるに過ぎない。

伊藤家系譜

伊藤家の系図はながらく見あたらずにわたくしも困っていたが、最近圭介翁の子孫の伊藤宏氏のお宅で、仮綴（かりとじ）の『系譜』一冊がみつかった。その末尾に

文政十三年庚寅（こういん）
七月　　伊藤磯右衛門
重統（しげつぐ）（花押）
伊藤圭介殿

とあり、この磯右衛門は伊藤家の通称で、重統はこの系譜中にはみえないが、おそらく圭介の従兄（いとこ）にあたる五代の当主（『西山氏系図』によれば五代は良達である）と考えられる。つまりこの『系譜』は本家の重統が分家を創立した圭介に与えたもので、内容からみて菩提寺（ぼだいじ）の過去帳（かこちょう）によって作ったものらしく、大体信拠するに足りると思われる。

初代磯右衛門

そこではとんど随一というべきこの系譜史料をたよりに、伊藤家の先祖をたどってみると（附載の「伊藤家系図」参照）、圭介の父玄道は三代磯右衛門長救（ながただ）の末子であるが、伊藤家初代は法名信覚道念、俗名はただ伊藤磯右衛門とだけしかわからない。「大阪籠士ノ末裔」で、「瓢零シテ濃州（岐阜県）可児郡中切井尻辺ニ寄寓」したが、「後久々利村ニ所縁ノ百姓アリテ、千村家ニ仕テ、姓ヲ伊藤ト称」した。二代は法名本覚宗善、俗名はやはり磯右衛門だけであるが、三代長救の四歳のとき、五十歳余で亡くなったため、「伊藤家本姓并信覚道念公出所之儀」はわかりかねることになった。

圭介の祖父長救

圭介の祖父三代長救は法名を天祐常心といい、寛政三年（一七九一）六月晦日に歿しているが、この人についても『系譜』には、「生長後千村家ニ功佐数多シテ、家老職ヲ歴、七十六歳ニテ隠居ス。隠居扶持貳人分給リ、八十三歳ニテ薨ズ」と記されている。

圭介の伯父宇兵衛

四代は法名を廓道了然、俗名は宇兵衛、舒安と号し、圭介の伯父にあたる。この宇兵衛は、「千村家苛政行レテ、譜代ノ家臣浪泊ノ時」すなわち「天明七年丁未六月廿五日浪泊ノ命下リ、其後名古屋御園下御城下組ニ住居ス、俗名村上円治ト称ス。其後追々帰参ノ内命アレドモ、固辞シテ内命ニ応ゼズ。文化七年午春頻ニ帰参ノ内命有、依テ内命ニ応ジテ再ビ千村家ニ仕テ故役ニ復シ、地方支配ニ勝手用人、奥家老ヲ歴、七十七歳ニシテ隠居、何有ト称シ、八十一歳（筆者註―文政七年）薨」
といった経歴の持主で、これでみると節操の堅い人物であったようだ。

久々利の土地がら

ところで元和の昔、大坂籠城後浪人となった伊藤家の祖先が漂泊ののち、初代磯右衛門が住みついた久々利とはどのような土地であるか、そしてかれが仕えることになった千村家はどういう家柄であるかを、一応説明しておく必要があろう。

美濃国可児郡久々利は、往古より東美濃の名邑（多治見駅より西北三里）で、崇神天皇の皇子八坂入彦命が四道将軍の一人として東方経略のさい、この地に住まわれたと伝え、現にその墓所が大萱にある。さらに景行天皇もこの地に行幸、泳宮（区玖利能弥郷）を行在所とし、八坂入彦命の長女八坂入媛をいれて、皇后とされたという（『日本書紀』巻七・千村仲雄『泳宮考』）。三方山に囲まれた要害の地だから、その後もながく土豪の拠点となっていたと想像されるが、室町時代、土岐氏（久々利氏を称す）の居城があったこと以外には文献の徴すべきものがない。

久々利領主千村氏

千村家はもと木曾氏の後裔で、関ヶ原役当時初代千村良重がいわゆる木曾衆として山村良勝らとともに軍忠をたてた功により、徳川家康より久々利土岐氏の旧領約五千石を与えられ、別に信州（木曾）・遠州に預地一万石を託され、徳川幕府の直参旗本となったが、やがて尾張徳川氏の附属となった。しかし木曾氏の由緒により、江戸時代を通じて准外様大名（表交代寄合・柳之間詰）の格式を許され、将軍の代替りと自家の継目に参府するほかは、代々久々利の居館に常住して財政も比較的豊かであったから、学芸を重んじる傾向が強かった。八代の仲雄は国学に秀で、本居大平の門人となったが、十代仲泰も漢学・洋学にすぐれ、時事を論じて率先開港説を唱え、家老神谷道一らとはかり、その子十一代仲展に勧めて早く洋式兵制を採用せしめ、維新当時は官軍に従って北越に出兵せしめるなど、みるべき事績があり、洋学については伊藤圭介の教えを受けたといわれる（名古屋市立鶴舞図書館蔵『千村氏並九人記』・『千村家記録』・『千村・山村関係書類』・『千村平右衛門由緒書』・『名古屋市史』学芸編・同人物編・『久々利村誌』）。

伊藤家と久々利

伊藤家は初代磯右衛門以来久々利に住み、領主千村氏に仕え、とくに三代磯右衛門長救は家老の重職にとりたてられたほどで、久々利の名家となった。長救は同じく可児郡兼山の医師、西山養節の女の里農を娶り、夫婦のあいだに四代磯右衛門宇兵衛のほか、次男嘉左衛門・長女曾茂・三男玄道が生まれた。嘉左衛門は名古屋に出て、役割組に住い、山児と称したが、文政十三年に歿した。曾茂は千村家侍医浅井立意に嫁し、賢婦の名が高かった。

圭介の父玄道は明和元年十三歳で母の実家（養玄）の養子となったため、西山氏を称した。玄道ははじめ足立千代を娶ったが、寛政四年産褥中死亡したので、野間利貞の第四女たきを後妻に迎えた。先妻には一女ふみがあったが、後妻のたきからは長男存真（重敦）・長女きい（待十）についで次男圭介・三男与兵衛が生まれた。

母方の家系

母方野間氏の家系も、たきの父伊右衛門利貞が林三郎右衛門の家臣、母が町人弥助の女（むすめ）であることが伊藤圭介自筆『親類書』（東山植物園蔵）にみえ、また圭介の又従弟（またいとこ）として尾張藩北方代官手代野間哲之助・同横須賀代官手代野間六兵衛の名が同じく『遠類書』にみえるほか、いまのところ徴すべきものがなく、詳かにできないのは残念である（伊藤家系譜については、吉川芳秋氏苦心の作「伊藤圭介翁家系図」・「西山家略系」―『尾張郷土文化医科学史攷拾遺』所載参照）。

二　父母・兄弟

伊藤家は代々長寿の系統で、圭介の父母・兄弟中、父玄道・母たき・兄存真・姉きいは、ともに八―九十歳の天寿を全うし、人柄（ひとがら）もみなすぐれた人たちであった。

父西山玄道

父玄道は諱（いみな）を清貞、松隠と号し、法名は杏嶽浄林居士（きょうがくじょうりんこじ）という。宝暦二年（一七五二）

久々利で生まれ、前記のごとく幼くして西山家の養子となったから、一時兼山に住まったと考えられる。しかし少年期から名古屋に出て、著名な儒医石川香山に従って医学と程朱の学を修め、天明四年（一説六年ともいう）名古屋七間町一丁目に居をかまえ、医を業とした。のち呉服町一丁目に転じたが、町医として令名高く、文化年間に御目見得医より御用懸りに選ばれ、藩主より白銀若干を賞賜された。

しかもなかなかの学問好きで、医業のあいまにそのころの尾張本草学界の第一人者水谷豊文についてこの学を修め、幕末本草物産学興隆の気運の一端を荷なっている。伊藤圭介も後年父玄道について、「平素医療繁劇ノ際、亦此学ヲ修ム」（『錦窠翁九十賀寿博物会誌』所収、圭介「尾張博物学嘗百社創始沿革並諸先哲履歴雑記」）と記している。

玄道はまた漢詩にも秀で、二～三遺作が残っているが、天保十四年（一八四三）病があらたまってから、五言絶句の「城南看花」を詠じ、半ばにして歿したと伝えられる。ときに齢九十二歳であった（名古屋市立鶴舞図書館蔵『医家姓名録』・名古屋光勝院『西山松隠先生墓銘』・『名古屋市史』学芸編）。

母たき

母たきについては、その家系が未詳であるばかりでなく、その人となりもとりたてて残る逸話とてなく、明瞭でないが、天保三年善光寺開帳のさい、しきりに参詣を希望したので、圭介がつきそって長野まで出かけ、孝養をつくしたことが伝えられているから、信心ぶかい貞潔な婦人だったと想像される。隠居して恵祥と称し、嘉永五年（一八五二）八十八歳で亡くなった。

兄大河内存真

兄存真には語るべき事績が多い。かれは圭介より七歳年長で、寛政八年の出生、幼名を右仲といい、医術を尾張藩の医業総取締浅井貞庵より受け、本草を水谷豊文に学んだ。二十三歳で藩医大河内重則（因碩）の女春子の聟養子に迎えられた。町医の子としては異例の栄達で、そのかげには父玄道と弟圭介のすくなからざる奔走・助力があったといわれる。

存真は大河内氏代々の通称で、本名は重敦、のち重徳と改め、恒庵と号したが、小普請御医師より御番御医師・御医師格・奥御医師見習・奥詰御医師と累進して、嘉永元年には医官最高の奥御医師に任ぜられた。かたわら名古屋唯一の医学教育機関であった浅井医学館の塾頭にもなり、同地方の医学発達に功績があった。

存真は尾張本草学史上にも、圭介とならんで重要な地位を占めているが、かれが名づけ親となった本草学会「尾張嘗百社」や、かの蘭館医シーボルトとの関係などについては、それぞれ後述する機会があるので、ここではのべない。ただこうした学究生活を通じ、存真が非常な弟思いで、終生たがいにうるわしい兄弟愛に生きぬいたことは特筆すべきである。圭介を推薦する意味で安政五年奥御医師をやめ、また明治三年種痘所頭取を圭介にゆずったことなど、これをしめすほんの一－二の例である。存真の歿年は明治十六年（一八八三）、享年八十八歳であった（鶴舞図書館『大河内存真履歴』・『名古屋市史』学芸編・吉川芳秋「蘇條大河内存真」『紙魚のむかし語り』所収・『名古屋市医師会史』）。

姉きい

つぎに姉きいは圭介より四つ年上で、尾張藩士鈴木藤左衛門（小兵衛）に嫁したが、和歌をよくし、九十四歳の長寿で明治二十五年になくなった。死の三年前、圭介

とあい会して筆談した一軸が戦前鈴木家に伝えられていたが、それには

あなた様の齢九十一年と私の齢八十七年と合せて百七十八年と相成申し、どうぞ二百に致しとういのり申し、此欲は何方へも御遠慮なき事に御座候也。

とあった。ここにも清らかな姉弟の情愛がにじみでていてほほえましい。

なお弟の与兵衛も尾張藩士の川瀬家を嗣ぎ、作事奉行手付吟味方となったが、この人は比較的早世で事蹟の残るものもない。

三　出　生

生年と出生地

伊藤圭介は享和三年（一八〇三）正月二十七日西山玄道の二男として、名古屋呉服町一丁目の家に生まれた。この生年と出生地については異論もある。一つは生年が享和三年に五年ほどさかのぼるとするもの（吉川「医家として明治科学文化の大先達となった伊藤圭介翁」前掲『拾遺』所収）、他は出生地を美濃兼山とする説であるが（吉川「伊蔵圭介翁生地」前掲『むかし語り』所収）、いずれもはっきりした根

拠があるわけではない。といって享和三年名古屋出生とする通説にしても、当時の記録にたしかなものは残っておらず、『(尾張)医家姓名録』等によっているだけである。ただ圭介の孫伊藤篤太郎が後年執筆し、圭介の校閲を受けて『東洋学芸雑誌』(明治三十二年五月号)に発表した「理学博士伊藤圭介翁小伝」にもそのように明記されているので、これは通説に従うのがまず穏当と考えられる。

圭介の名と号

圭介の幼名は兄の右仲にたいして左仲ともいった。しかし『西山家系譜要略』などには玄道の長男を右仲、二男を弥三郎、三男を亀吉としていて、これまた必ずしも明白でない。

本名は舜民、のち清民と改めた。字（あざな）もはじめ戴堯（たいぎょう）といったが、のち圭介（けいすけ）と改めた。この圭介を通称ともしたのであるが、その読みかたも維新前医者としてはケイカイと称し、明治以後まで通称としてはケイスケと呼んだものらしい。この呼びかたについては、慶応元年尾張藩の奥医師見習に抜擢（ばってき）されたとき、当時の制として剃髪して名を医家風に改めなければならなかったが、前藩主茂徳が圭介の高名の伝わらなくなるのを惜しんで、圭介の文字をそのままにケイカイと称せしめたという話が伝わっている（『明治十二傑』所収、岸上操「理学博士伊藤圭介君」）。

さらに圭介の号には錦窠・太古山樵・花繞書屋・十二花楼等があるが、このうち錦窠をもっともひろく用い、とくに老年になってから大体これに固定している。太古山樵は名古屋郊外愛知郡上野村（いまの千種区内鉈薬師附近）に設けた圭介の山荘の名であり、花繞書屋と十二花楼はかれの生家の建物の名をとったもので、圭介の出版した書物には「花繞書屋蔵板」とあるのが多い。

呉服町の生家

呉服町の生家は圭介が明治三年東京に居を移すまで六十七年間も住みなれた家であったが、これには花繞書屋・修養堂・洋学堂の号がそれぞれ必要に応じてつけられていた。十二花楼は生家とおなじ邸内にあった四階建の別棟で、来客のあったとき静かに話合う場所であったが、また圭介が天体を観測した天文台でもあ

った と伝えられる。

いずれにしても十二花楼の名は、幕末維新期あたかも尾張新文明の中枢として、世に喧伝（けんでん）されたものであった。

さらに邸内には物産庫・書庫等も設けられ、圭介の苦心採集した標本資料や本草・医学・蘭学等の多数の書籍が収蔵されていた。それに庭園にはハナノキ・ラウリール・アンラクワ・ホルトノキ・イヌビワ・シラクチ・フウなど、名木・大樹が、ところ狭いばかりに繁茂していて、本草学の一大宝庫であった（伊藤篤太郎「家王父伊藤圭介先生を想ふ」『植物界』大正十四年一月号所載）。

しかしこの由緒ある圭介の生家も、戦災で焼失していまは跡をとどめず、昭和十四年遺蹟顕彰会によって建てられた「伊藤圭介先生生誕之処」と刻（きざ）んだ石碑（次ページ参照）も空襲にあった。最近（昭和三十年一月）誕生地碑は再建され、わずかに、ありし日の面影を偲（しの）ぶよすがとなっている。

（左側面）

建設地　名古屋市東区呉服町二丁目四番地

本邦植物学ノ泰斗東京帝国大学名誉教授従四位勲三等理学博士男爵伊藤圭介先生ハ享和三年正月二十七日コノ家ニ生レ明治三年歳六十八ニシテ東京ニ移ラルルマデ住居セラレタリ当時先生ガ天体ヲ観測

（正面）

伊藤圭介先生生誕之処

セラレタリト云フ十二花楼ハコノ南隣ニ今猶遺構ヲ存シ後庭ニハ書庫物産庫ニ充テラレタル土蔵及ビ遺愛ノ薬樹数株アリ天保嘉永ノ頃高野長英等憂国ノ士亦屢々来訪シ倶ニ泰西ノ学ヲ講究セリト云フ

（右側面）

昭和十四年一月二十七日

伊藤圭介先生遺蹟顕彰会建之

門人　七十八歳　梅村甚太郎書

昭和14年建立の伊藤圭介生誕碑の碑文

四　伊藤家を嗣ぐ

圭介の父玄道が美濃久々利の伊藤磯右衛門長救の末子で、宝暦十三年母方の養子となり、西山姓を名のったことはさきに述べた。しかし養父西山養玄には実子養運があり、本家の家系は続いていたから、玄道は分家をたてたわけである。さらにかれは長子の存真を医師としてより栄達させるため、文政二年大河内家の養子にいれた。

圭介が伊藤家を嗣いだ理由

それならば次男の圭介に西山分家のあとを嗣がせるのが順当であるのに、玄道は何故か、かれに自分の実家の姓伊藤を名のらせたのである。久々利では長救の後嗣は宇兵衛重統（良達）がつぎ、別に圭介に強いて伊藤を名のらせる必要もなさそうに思われるが、そこには何か事情が伏在していたにちがいない。しかし玄道が積極的に名古屋に伊藤家をもり立ててゆく考えであったのか、あるいは消極的に西山家を相続させたくない事情があったのか、そのへんのいきさつは、いまのところわからない。

西山・伊藤両家名の相続問題

もっともこの西山・伊藤両家名の相続問題は、なかなか複雑な事件であったらしく、国会図書館（伊藤文庫）には、その一端をしめす『兼山村私本家西山家断絶ニ及取片附候始末』（天保五年）・『西山養節養子離縁内願』（同上）といった西山玄道自筆の文書がある。その内容をここに詳述する要はないが、文書の表題のごとく、代々医業をもって続いた兼山の西山本家は、四代養運（玄道の義兄）の死後、五代養玄・六代太中とあいついで夭折し、断絶におよんだので、他から養子として養節を迎えたが、これまた大病を患い、種々の事情もあって、離縁となった。

この一件は玄道にとっても非常な重荷であったようで、後始末のため久々利の侍医浅井立意（玄道のいとこ）・修真父子をも煩わした。浅井家には現に玄道・圭介よりの依頼状が数通残っている。すでに三十歳の働きざかりで、本草学者としても名を成していた圭介は、老父を助けて事件解決に奔走しているが、この本家断絶によって分家の玄道が西山の家名をつがねばならない破目となった。

このときすでに圭介は伊藤姓を名のっており、三男の与兵衛も川瀬家の養子にやったあとなので、玄道は久々利浅井家の分家安在祐景（如嬰）の三男春成（尚賢）を改めて養子に迎えて西山家を相続させた。

相続問題の落着

『浅井家文書』によれば、その当時玄道は久々利領主千村家の御医師に召抱えられることになったが、九十に近い老齢のうえに病弱のため、同地に赴任することが困難なので、代りに養子春成を御医師に推薦した。願意は達せられ、玄道は隠居し、春成が千村家侍医となった。これで伊藤・西山両家名相続問題は落着したが、もしかりに圭介が順当に西山家を嗣いでいたら、爾後の名古屋での活躍は期待できず、かれの生涯もよほど変ったものとなったであろう。

第二　修　学

一　医　学

学者の伝記の場合、修学の時期と事項を機械的に限定することは、実情にそぐわないとも思われるが、ここでは伊藤圭介が少・青年時代特定の学者に師事した史実を、医学・本草学・蘭学の三部門に大別して略述し、爾後の学究生活を準備した修学の概況を一応明らかにしておきたい。

圭介は文政三年(一八二〇)十八歳で医業の官許を受け、一人立二段席という町医の資格を得ている。してみるとかなり早くから医術の修業をしたことになるが、その点については、尾張蘭方医の始祖と目される野村立栄の編纂した『(尾張)医

父玄道に医を学ぶ

家姓名録』に「父玄道より文化七年本道修業」とあり、また圭介生前の明治二十三年の『東京学士会院雑誌』にのったかれの伝記に、「文化六年（齢七年）箕裘ノ業医学ヲ父西山玄道、兄大河内存真ニ修行……〇文政三年（齢十八年）医学幷ニ植物学ヲ卒業ス」と記し、その他比較的信拠するに足りる伝記類にも同様、幼少より性慧敏で、父兄より医と儒の学を受けたとしている程度で、いまのところこれ以上具体的に記述した文献はえられない。

名古屋の医学

そこで少々当代の名古屋における医学の状態と医学教育を吟味してみると、まず父玄道の医学は前記のとおり、儒医の石川香山に学んだのであるが、その香山はまた若年のおり一時、尾張藩の名医といわれた浅井図南に師事している（『名古屋市史』人物編）。

ところでこの浅井家はその祖策庵以来、京都で名をなした医家で、図南の父東軒が享保十年、禄四百石で尾張藩に抱えられてから、代々侍医をつとめた。

浅井図南

図南はいわゆる折衷学を唱え、古医方と漢唐以後の諸説を適宜に取捨撰択するの要を説いたが、その名声すこぶる高く、諸方の学徒雲集して斯道の棟梁に仰がれるにいたった。そこで浅井家は尾藩の官医および町医の総取締に任ぜられ、その家塾は藩の医学館にとりたてられた。名古屋における医学教育は、このようにして浅井家の人々によって確立したのである（『名古屋市史』人物編）。

浅井医学館

図南の孫貞庵もすぐれた医者であったが、寛政十一年藩は貞庵に命じて毎年春秋二季、医学館において、寄合医師・小普請医師らと御医師と称するすべての官医の子弟にたいし、年中修業の勤惰を試問させることとなった。そのころ名古屋の医家数は、官医・町医ともに漸増の勢にあったから、こうした取締りが必要となってきたのだろう。

圭介と浅井医学館

しかしそれが町医にも適用されたかどうかは明瞭でないが、すくなくとも浅井家は町医の開業のさいも、その詮衡にあたったにちがいない。圭介の場合、父玄道が文化六年に、町医としては最高の官医に準じる「御用懸医師」の席にあったから、試問ないしは詮衡をうけたとき比較的有利な立場にあり、十八歳で早くも一人前に二段席を許されたのだろう。なお兄の大河内存真は浅井貞庵について学び、やがて医学館の塾頭になっているが、圭介がその学校で医を学んだ形跡はみあたらない(『名古屋市医師会史』)。

いずれにしても、化政期の名古屋医学の主流が浅井家の折衷(せっちゅう)学派流の漢方であったことは、右の概観からもうなずけよう。毎年の試問にも、『素問』・『難経』・『傷寒論』・『金匱(きんき)要略』といった諸方書と、薬物実習としての諸本草について出題されたのである。だから圭介が父兄から薫陶(くんとう)を受けたとしても、多分そのようなものであったにちがいない。

圭介漢医方に満足せず

けれども圭介は、そうした折衷医学に満足せず、一応医家の資格をえたその年か翌年かに京都に留学、当時『訳鍵(やくけん)』の著者として知られた蘭方医藤林泰助(普山）に従って蘭学を修めた。圭介の蘭学の師匠としては、このほかに名古屋在住の吉雄俊蔵（常三）、長崎の大通詞吉雄権之助（如淵）とオランダ商館医のシーボルトがあるが、圭介はこれらの人々からおそらく蘭方医学についても教えを受けたことと察せられる。蘭方については蘭学修業の節にまとめて述べる。

二　本　草　学

幼少より本草を嗜む

圭介は幼少より父兄にしたがって医・儒を学ぶとともに、その一方本草の学をも熱心に修めた。前記のように、父・兄ともに本草家として名の通った人たちであったから、圭介もその感化を受けたのは当然で、幼時にも暇さえあれば植物をもてあそび、父兄にその和漢名や効用などをたずねたという。

しかしここではさらに、圭介が化政期における尾張本草学の目ざましい勃興の中心地帯にいて、その影響を強力に蒙った事実を指摘し、圭介が本草学の修業に非常な熱意をしめしたことの偶然でない所以を、すこしばかり解明しておきたいと思う。

水谷豊文と尾張嘗百社

父の玄道も兄の存真もともに本草学者水谷豊文（助六）に師事し、のちに「嘗百社」と呼ばれる研究団体を盛りたてていたわけであるが、この豊文こそは興隆途上にあった尾張本草学の最高の権威者であったばかりでなく、かのシーボルトをして日本のリンネと歎賞させた小野蘭山門下の逸才として、当代日本の本草＝物産学を背負って立っていた一方の雄であったのである。だから豊文の門人は非常に多数で、玄道・存真のほか大窪太兵衛・岡本清達・柴田洞元・石黒清庵（正敏）・吉田兵九郎（高憲）らまことに多士済々であった。

圭介はこれらの本草家たちにそれぞれ至大な感化を受けたわけであるが、とりわけ学会の盟主であった豊文に幼少のおりから直接師事することができたのは、何より幸いであった。

尾張本草学の興隆

ところで尾張本草学の右のような興隆の沿革に関しては、圭介自身「尾張博物学嘗百社創始沿革並諸先哲履歴雑記」を『錦窠翁九十賀寿博物会誌』の上巻に寄せていて大略を知りうるが、吉川芳秋氏は尾張本草学の沿革を、第一に小野蘭山派以前の三村森軒・松平君山らの独自派、第二に尾張医家浅井図南の一家一門、第三に多分に近代科学化した蘭山系統のいわゆる尾張学派、の三系統に分けて考察している（吉川「尾張本草学の回顧」『尾張医科学史攷』所収）。

学統

第一の系統は主として藩の薬園経営上で功があり、君山には『本草正譌』十二巻の著がある。第二の系統は尾張医学の総取締としてまた医学教育の建て前から、医学に附随した本草薬物学の研鑽に力を注いだ。とくに図南は江戸中期の本草の大家松岡恕庵に師事して声名があり、その孫貞庵は『物産志』・『色葉本草』・『薬性和解』等多数の著述をのこし、その子紫山は主宰する医学館において、毎年六月薬品会を開催し、遠近より来観者の雲集したことが、『尾張名所図会』にもでている。

蘭山派

この浅井家系統の学派と密接な関係をもちつつも、独自な科学的発展をとげ、尾張本草学の道統と実力を天下に公認せしめるにいたったのは、ほかならぬ第三の系統の人々であった。

この系統が蘭山派といわれるのは、水谷豊文のほか小野蘭山について日本本草学の主流を学びとった加藤慶元・浅野春道・山田貞石らがあり、かれらがたがいに切磋琢磨したからであるが、十九世紀化政期にはいってからは、豊文の弟子に尾州のみでなく、伊勢（三重県）・美濃（岐阜県）の諸国から多くの俊秀が集まり、「時々集会シ、薬物其他種々物品、腊葉等ヲ袖ニシ来テ、互ニ鑑訂シ、其説、中・不中ヲ競」（伊藤圭介前掲『沿革志』）い、本草＝博物の実証的研究を進めたのである。

水谷豊文の事蹟

豊文ははじめ、柳薬師の僧で松平君山の門下であった父友右衛門覚夢から本草の手ほどきをうけ、ついで名古屋の町医師浅野春道の紹介によって蘭山の門下となり、ひそかに上京して親しく教えをうけ、出藍のほまれがあった。一方、蘭方医野村立栄より蘭学を習い、洋説を採用して動植物の学名をきめる手だてとした。壮年になって藩の薬園監守の御用を勤めたが、この間に藩の内外はもとより伊勢・近江・美濃・信濃・加賀・飛騨・紀伊等近国一円にわたって採薬のために実地踏査し、名古屋御園町の家園には採集した草木二千余種を栽培した。博覧多識で、植・動・鉱物にひろく通暁せざるところなしと称された。

豊文がかのリンネの『植物種篇』の蘭訳本（実はフウトイン Houttuyn の著 Natuurlijke historie……van Linnaeus. deel I planta, 14 stuk, 1774—83）を使用して、植物の学名を決定したことは、文政九年（一八二六）かれと会見したシーボルトの『江戸参府紀行』にもみえ、その成果についてシーボルトは「水谷は天産物の一大学者にして、余に諸種の蒐集材料を示せしが、……殊に余の目を惹きたるは二冊の肉筆画本にて、日本植物の画集なるが、その第一冊には各植物にそれぞれリンネの名を附し、その属名を掲げ、総体にて一百二個の内、誤まれりと思はれしは纔(わずか)に四個のみなり」と讃嘆の辞を惜まないのである。

豊文の業績には『物品識名』二巻（文化六年刊）と『同拾遺』（文政八年刊）の主著や未刊の大著『本草綱目紀聞』（六〇冊）その他『禽譜』・『魚譜』・『虫譜』・『豊文虫譜』などがあるが、かれのわが博物学史上における地位は、田中長三郎理学博士のことばをかりていえば、「本邦に於ける泰西植

『知多紀行』をのせた圭介編『採草叢書』続編の圭介筆表書き（名大附属図書館蔵）

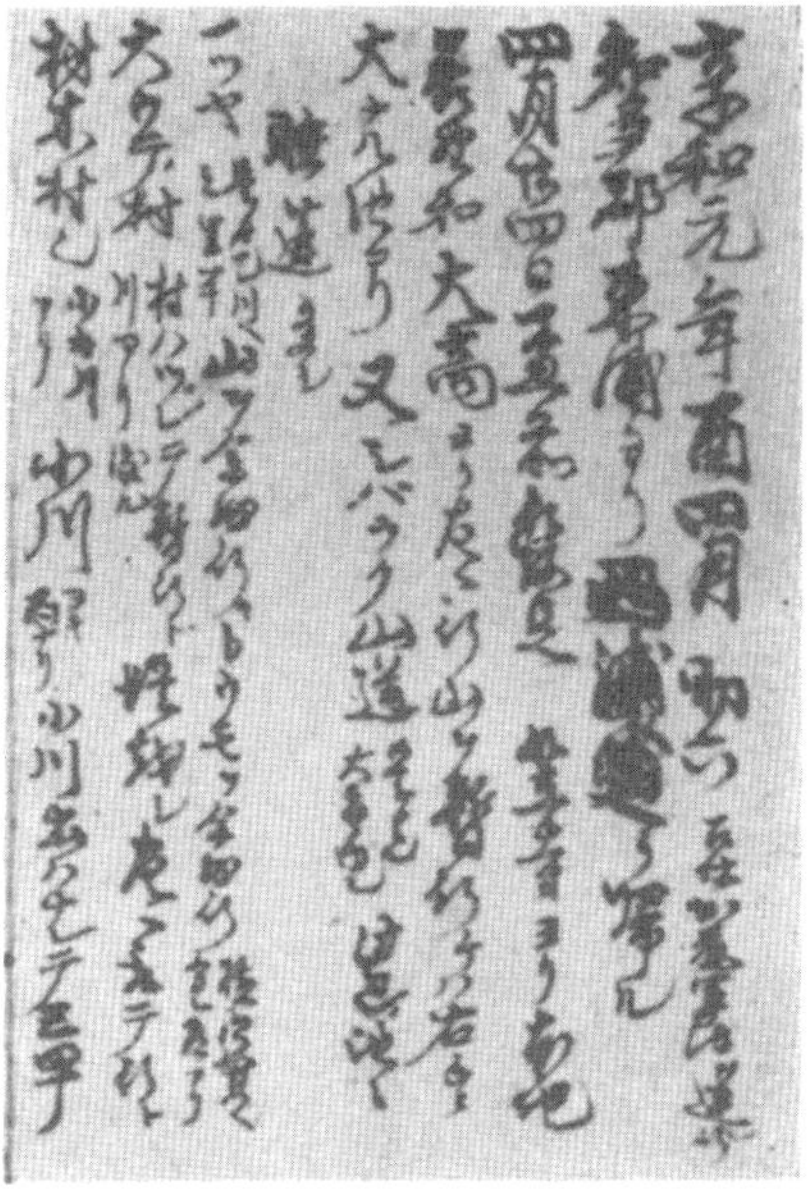

水谷豊文自筆『知多紀行』の本文

物学の開祖は、判然リンネの著書を使用したる水谷豊文となすが至当であり」「若しリンネを中心で言ふならば、水谷豊文が日本近世植物学の元祖」ということになるのである（「泰西諸国の本草学を論ず」『本草』第二号所収）。

このように傑出した盟主にひきいられて、多くの門人たちを結集した本草会は「倍々此業ヲ攻究シ、或ハ相携ヘテ諸山ニ採集シ、毎月七ノ日ヲ以テ、各自ノ家ニ輪会シ、諸品物ヲ携帯シ来テ、相共ニ討論シ、名実ヲ訂正シ、性質効用ヲ弁晰セリ。……爾後、吉田平九郎・大窪舒三郎等、其他同好ノ士、神谷喜左衛門等、毎月集会セリ。余（伊藤圭介）モ亦驥尾ニ列セリ。此同志ノ集会ヲ、大河内氏、嘗百社ノ名ヲ命ゼリ。出品ニハ、各自ソノ発明、新聞、創見等ノ図説ヲ出シ、互ニ品評シ、此図説ヲ綴リテ、『灌園余課』ト称セリ」（伊藤圭介前掲『沿革志』）といった活潑な研究活動を展開した。

このように尾張本草学は、豊文によって確固とした基礎がすえられたのであるが、尾張学派のいちじるしい特徴は、その実地踏査にもとづく観察と実験を重んずる学風、つまりかれらの頻繁に実施した遠近各地の採集活動と、本草例会における採集品についての品評討論といった実証的な共同研究にあった。

尾張学派の特徴

この特徴は、前世紀までのわが正統派本草学の大勢が、概して秘伝的傾向が強くて、自然物の積極的な採集観察を通じて、研究団体による共同研究を推進するといったみちも開かれていなかったこと、したがって『本草綱目』等の漢籍に依存して、その注釈と評論に終始する古い学風から免れえなかったのにくらべて、それだけでも大変な進歩である。

さらに豊文によるリンネ植物書の利用も、なおその分類法の全面的受容からはほど遠く、それはすくなくとも伊藤圭介のシーボルト師事後にまたなければならなかったけれども、それでもわが国でいちはやく西洋の近代科学のシステムやメトーデをとり入れようとした尾張学派の進歩的な学風には、その師蘭山をはるかにのり越えるものがあった。後述するとおり、シーボルトも尾張本草学者の学問については、言葉をつくして賞讃しているのであって、尾張本草学はその業績においてその人物の済々(せいせい)たる点において、わが国自然科学史上枢要な地位を占めているといわねばならない（日独文化協会編『シーボルト研究』）。

圭介輝しい学統をうく

伊藤圭介は、ともかくもこのような尾張本草学のかがやかしい伝統を土台として修学につとめ、やがてはこれを継承して、さらに格段の発展をなさしめるにいたるのである。

そこで伊藤圭介の修学期の本草学習においてとくに指摘しておかなければならない特徴も、やはりその採集訓練である。かれは十四―五歳のころから、父兄や水谷豊文やその他の本草社中に伴われて、尾・三・勢・志・濃・信の諸州を遍歴し、動・植・鉱等の諸物を採集したといわれる（伊藤篤太郎「理学博士伊藤圭介翁小伝」『東洋学芸雑誌』一五の二〇〇）。

その詳細はわからないが、ほとんど恒常的に行われた同志の共同調査に参加したことは疑いをいれず、こうした採集活動や集会時の実物検討等による実地実験の訓練が、圭介のきわだって実証的な学問の基礎を培う（つちか）うえで、きわめて大きい役割をはたしたことは、恐らく思いなかばにすぎるものがあろう。

三　蘭　学

伊藤圭介が幼少より医学を習い、本草学を学んだいきさつは大体右に述べたとおりであるが、それらはどれもなお和漢の学であり、先師水谷豊文の学問に多少洋説をまじえ、洋風学名を採用した点を高く評価するとしても、なおこれをもって当代の洋学＝蘭学の範疇に加えることは困難である。

蘭学の基礎を築く

そこで、つぎには圭介が志を立てて蘭学を修め、やがて蘭方医として、また洋風植物学者としての基礎を築いていった事情を吟味してみたいと思う。ただし一人前の蘭学者として名乗りをあげるのには、シーボルトへの師事といった劃期的な契機が必要であったから、それは別に節を立て、ここではそれまでの修学状況に限定して述べてみる。

京都遊学の年時

圭介の孫伊藤篤太郎の『理学博士伊藤圭介翁小伝』はじめこれまでに出た伝記類は、圭介が最初に蘭学を学んだのは、文政四年（一八二一）十九歳のとき京都に赴き、藤林泰助（普山）の門に入ったときとしている。しかし残念なことに、この事実を立証するに足りる的確な史料は明示されていない。ただわずかに「辰四月、柳かうり入記、京より出ず、尾張伊藤圭介」と表記した横帳が残され、それには筆墨・書籍（主として本草書）・衣類その他日用品名が列挙してあった。年は未詳ながら、辰。は文政三年にあたるから、これを京都遊学当時の記録とすれば、上京の年はあるいはこの文政三年に遡るのではないかとも疑われる。

京都遊学の動機

いずれにしても圭介の京都遊学は動かしがたいが、では圭介が京都行きを思いたった理由ないしは動機は何であったろうか。これを史料のうえでさぐることはやはり困難というのほかないけれども、端的にいえばそれは第一に圭介自身の真理探究にたいするかぎりない向上心にもとづくことにはちがいなかろう。

しかしより具体的にいえば、第二に師の豊文がすでにしめした西洋博物学への渇望をみたしたいとの欲求が、嘗百社の同志の間にたかまってきていて、おそらくは豊文自身、将来の継承者として期待をかけたこの俊秀な少年門下生に、積極的に蘭学の本格的修業を勧めたのではなかろうか。吉川芳秋氏も、圭介の京都行きは、小野蘭山の弟子で当時京都の本草家として著名な山本亡羊との同門の関係で、豊文の紹介があったのではないかといっておられる（前掲、『むかし語り』所収「泰西科学文化に魁けた伊藤圭介翁」）。第三に本草学の面ばかりでなく、医学の面でも、圭介は浅井医学館系の漢医方に飽きたりず、より進歩的で精密な蘭方医学への志向を強く懐いたことが指摘できよう。

野村立栄と圭介

ところで蘭方医学ということになれば、すでに天明以後、尾張最初の蘭方医として令名ある野村立栄が出ており、豊文も立栄に師事して蘭学の手ほどきを受けているくらいであるから、この人の存在をここでも無視するわけにはいかない。

野村立栄はもと美濃高須藩（尾張藩の支藩）藩医の家の出身、天明初年（？）長崎に遊学し、和蘭通詞吉雄耕牛の門に入って蘭方医術を修得、天明三年正月吉雄家学の秘伝を授けられ、免許状を貰って帰り、早速名古屋御園町に開業したれっきとした蘭方医である（『授吉雄家学之秘条』）。文政十一年七十七歳で歿しているが、晩年には町医最高の御用懸にまでのぼり、圭介の父玄道とも仲間同志、恐らくは昵懇の間柄であったと思われる。

年も玄道と同年輩、したがって圭介とは五十二歳もちがうから、両者の間に師弟関係を想定することは無理かもしれない。現に立栄の著わした『医家姓名録』には圭介の簡単な履歴は出ているけれども(前出)、門人のうちには入れていないのいである。しかし立栄の蘭方医としての存在が、両者の間柄からみても、圭介に蘭方医術修業の決意を促すための有力な刺激となったことは、疑いをいれない。

吉雄常三と圭介

つぎに化政期ころ名古屋にいたもう一人の蘭学者として、吉雄俊蔵(のち常三と改名、南皐と号す)を逸することはできない。かれは吉雄耕牛の孫だが、文化十一年(二十九歳)長崎より大坂に出て和蘭文詞学を唱え、さらに江戸に赴いて蘭学による仕官のみちをもとめたが、雄図むなしく、傷心をいだいて東海道を西下の途、名古屋の地に足をとどめた。

やがて蘭方町医として名をあげたが、尾張の医師総元締浅井貞庵の格別な斡旋をえて、文政九年ころから藩命をうけてオランダ文献の翻訳に従い、若干の歳給（さいきゅう）をえた（吉雄常三『和蘭内外要方』浅井貞庵序）。文政十一年以来は藩医に列して最高階の奥医師にまで累進（るいしん）し、蘭方医として破格の栄達をみた（吉雄常三『和蘭内外要方』浅井貞庵序）。

常三の学殖

しかし常三の本領はかならずしも医学にかぎらず、天文暦学・本草学より銃砲・火薬等ひろく蘭学百科におよび、著書にも『六格前編』・『和蘭内外要方』・『西説観象経（かんしようきよう）』・『理学入式遠西観象図説』・『晴雨考』・『粉炮考』等の代表作があり、晩年はとくに不便な従来の火縄銃に代る雷管銃の製作に全力を傾け、ついに強力な雷汞（らいこう）の発明に成功した。天保十四年（一八四三）たまたまその実験中、五十七歳をもって非業（ひごう）の死をとげた。

この吉雄常三は伊藤圭介より十六歳年長で、圭介の京都遊学のころはすでに名古屋の町医として令名あり、またオランダ書の翻訳にもあたっていたわけだが、圭介が上京前に師事した形跡はみあたらない。常三について学んだのは帰郷の翌文政六年(一八二三)圭介二十一歳ということになっている。いずれにしても正確な史料はないから、いまのところ通説に従っておく以外にない。それから常三の死まで二十年にわたって師事し、吉雄流蘭学の学統を継承した(常三との関係は第五でまたふれる)。

以上述べたところからも推知されるように、伊藤圭介は野村立栄・吉雄常三ら少数ながらも当代の錚々たる蘭学者を先輩に仰いで蘭学修業の志を立て、しかもそれらの先人に師事するよりもさきに、そのころ京畿の地で最も傑出した藤林泰助をたよって上京し、その門にはいったわけである。

藤林泰助と圭介

泰助は明和八年(一七七一)山城(京都府)綴喜郡普賢寺の生まれ、そのため普山と号した。はじめ稲村三伯(海上随鷗)の編した蘭日辞書『江戸ハルマ』をもとめ、郷里に潜居してオランダ医書を独学自習すること十年、その間に『江戸ハルマ』の繁をけずり、誤りを正し、脱を補って『訳鍵』と称する辞書を編纂した。文化六年京都に出て開業医となり、たまたま江戸より移居した随鷗に師事し、翌年『訳鍵』を出版して蘭学の普及発達に貢献した。著書にはなお『和蘭語法解』・『病理真法』等がある。

圭介は京都で二十二歳年上の泰助からどのような教導を受けたか、詳細は不明であるが、オランダ語学と蘭方医術をみっちり学んだことはいうまでもあるまい。文政四年十二月藤林泰助と小森玄良の二人が主唱して、京都で刑屍（けいし）の解剖がおこなわれたのは有名な話であるが、このとき圭介も現場に列して見学したという。これはかれにとってはじめての体験であるばかりか、一般にまだきわめて珍しいチャンスであったから、きっと非常な裨益（ひえき）をえたことと思われる（関場不二彦『西医学東漸史話』巻下）。

山本亡羊らと往来す

さらに注意すべきは、滞京中本草学の研鑽もけっしてゆるがせにはしていないことである。それはさきにあげた『品名覚帳』にも本草書名がいくつかのっていることからも察せられるが、しばしば山本亡羊ら同地の本草名家と相往来し、また暇があれば比叡・貴船（きぶね）・鞍馬（くらま）・愛宕（あたご）等の諸名山に出かけて採草に従事したのであった。

浅井修真と圭介

なおこれも確証はないが、圭介の京都遊学は一人ではなく、美濃久々利の浅井修真と一緒であったという伝えがある。西山玄道・圭介の父子と千村家侍医浅井立意（りゅうい）・修真の父子が縁者として、きわめて親密な関係にあったことはまえにもふれたが、圭介と修真とは同年輩であり、圭介が夏季など久々利を訪れると同家に泊って起居をともにし、たがいに勉学に励んだとのことで、現に同家には圭介が好んで使ったといわれる中二階の部屋が残っている。その上修真も圭介にまけずに蘭方医学に習熟していて、蘭方処方に関して圭介とさかんに質疑を重ね、意見を交換しあったことは、今日同家にのこる多くの圭介の書簡がこれを立証しているのである。

修真はこのようにすこぶる研究心が強く、蘭法によって的確に疾患を捉え、進歩した医療を施したので東濃地方の名医と謳（うた）われた。かれはまた植物・鉱物・海産動物等の研究にも長けていて、その採取した腊葉・礦石・海産動物の標本多数が浅井家の土蔵に秘蔵されている。とまれ圭介の蘭学修行にあたって、ともに切磋した学友として、浅井修真の名は忘れがたい存在といわねばならない（『久々利浅井家文書』および当主浅井正氏談）。

帰郷

さて圭介は京都滞在二ヵ年ののち、文政五年の何月かに都をあとに山城・摂津・和泉・伊勢・志摩諸州の山野を跋渉し、あい変らず採草に没頭しながら帰郷した。

宇田川榕庵と圭介

帰郷後も研学向上の一念いよいよやみがたく、翌文政六年さらに吉雄常三について蘭学を研修したことは、前述したとおりである。しかし圭介の蘭学修行は文政九年シーボルトとの会見を転機として一段と進展する。そして文政十年長崎遊学に先だち、五月一日江戸に出て、日本科学史上植物・昆虫・化学の始祖と仰がれる宇田川榕庵の家に寄居すること一ヵ月におよんだ。

この間五歳年上の榕庵の門に列したかどうかは判然としないが、『菩多尼訶経』（天保六年）・『植学啓原』（文政五年）・『舎密開宗』（天保八年）等不朽の名著をもってわが近代科学の礎石を築いた榕庵の感化力には当時すでに並々ならぬものがあったにちがいなく、榕庵との接触によってえた圭介の感銘の度合いを不問に附するわけにはいかない。

圭介の処女作『人参之説』

圭介は宇田川家寄宿一ヵ月ののち、榕庵とつれだって野州（栃木県）日光に採薬の旅に出た。その旅宿で圭介は処女作『人参之説』を著わしたと伝えられるが、いまその内容は知ることができない。

榕庵はかつて（文化十三〜四年）吉雄常三が江戸滞在中教えを受けているので、圭介とはいわば同門であった。ことに二人とも泰西植物学に傾倒した人たちである。この邂逅ののちもひきつづき二人の間には文通や蔵書の貸借りが行われ、きわめて親密な間柄であったようだ。榕庵から圭介にあてた書翰（年月不詳）に、「当時江戸の人々申候にも、本草学は尾の名古屋止と云、何分御盛之由、今般参り候山下文礼と申仁より承り、御羨しく存候」というくだりがあったが、これをもってみると、榕庵も尾張本草学を非常に高く評価し、したがって圭介にたいしても深い敬愛の情をいだいていたことがわかるのである。

圭介の蘭学修業をめぐる人々として、野村立栄・吉雄常三・藤林泰助・浅井修真とともに、宇田川榕庵もまた忘れることのできない人であると思う。

四　シーボルトに師事

シーボルトとの初会見

文政九年(一八二六)三月二十一日(太陽暦二十九日)、長崎のオランダ商館医ドイツ人フィリップ＝フランツ＝フォン＝シーボルト Philipp Franz von Siebold は商館長ヨアン＝ウィルレム＝ド＝スチュルレル Joan Willem de Sturler の江戸参府旅行に随従して、桑名(三重県)より陸路熱田宮駅(愛知県)に着いた。このとき尾張嘗百社の本草学者、水谷豊文をはじめ、トーカク Tokakw（氏名未詳）・大河内存真・伊藤圭介らはシーボルトをその旅宿に訪問して、たがいに学術上の知識の交換をした。

この会見は圭介がシーボルトと交渉を深め、これに師事する機縁をつくったのであったが、同時にかれの学問研究上に一転機を劃する契機ともなった。

学究上の一転機

そのいきさつは、まずこの年五月シーボルトの帰路ふたたびあい会したさい、長崎遊学をしきりに勧められたのであったが、翌十年宿望は達せられ、わずか半年ではあったけれども、長崎出島の蘭館に出入し、シーボルトについて西洋博物学の真髄を授けられた。帰郷以後もシーボルトの日本研究に協力し、その名を欧州学界にまで紹介されるにいたった。さらにシーボルトに餞別にと貰ったツンベルクの『日本植物志（フロラ・ヤポニカ）』を基礎に、リンネの植物分類法を紹介して、わが本草学の科学的革新をはかり、日本植物学に一新紀元を劃することになるのである。

シーボルトは文政十一年いわゆるシーボルト事件によって日本を追放されたが、

その後三十三年をへて文久元年（一八六一）再度来日した。圭介はたまたま江戸の蕃書調所（しょしらべしょ）在勤中であったため、横浜の旅宿にかれを訪ねてたがいに再会を悦び、旧交を暖めたのであった。

ここでは文久の会見の話はあと（第五の四）にゆずり、文政年間におけるシーボルトとの交渉のありさまを、順序を追って概観し、圭介の修学上にあたえたシーボルトの至大な影響のあとをさぐってみようと思う。

シーボルトの経歴

シーボルトの経歴や事績はあまりにも著名であり、呉秀三博士の『シーボルト先生　其生涯及功業』のような尨大（ぼうだい）な名著もでているから、ここで来日の事情などくだくだしく述べる必要はないと思うが、かいつまんでいえば、シーボルトは一七九六年南ドイツのバヴァリア国ウュルツブルグの名家の生まれ、同地の大学で医学と地文学・民族学を修め、早くより東洋研究を志したが、ついに一八二二年オランダ国王の許可をえて蘭領東インドに渡来し、外科軍医少佐に任ぜられ、併せて植民地の万有学的研究を委託されたのである。

そのころ、ながらく東洋における植民貿易の主導権を握っていたオランダは、新興資本主義国イギリスの進出のため次第に圧迫され、ことにナポレオン戦争の余波をうけて、英国にその地位をとって代わられる形勢にあった。かくてオランダは頽勢挽回（たいせいばんかい）のため、東洋における貿易植民政策の再検討を余儀なくされ、そのために実地の学術資料調査の整備を必要とするにいたった。

シーボルトはこうした要請にもとづいて採用されたのであったが、ジャワに赴任の翌年（わが文政六年）オランダ東インド会社出島商館の医官として、日本に関する万有学上の研究を兼ねて新任商館長スチュルレル大佐に従い、長崎に上陸した。

シーボルトの日本来航

シーボルト渡日後の活動は目ざましく、出島在住蘭人だけでなく、次第に長崎市民の要求によってその治療にもあたるようになったが、文政七年には長崎郊外

鳴滝塾

鳴滝に土地・家屋を買い、ここを学舎として、かれの声望を聞き伝えて全国から雲集した門人らに、医学その他万有の学を講じた。その間に日本の科学的研究の仕事も着々と進め、俊秀な弟子たちには課題を分担させて、調査研究資料の報告をもとめたのである。

ヨーロッパの最新科学を組織的に身につけた、かれのような博識でしかも積極的な学者にはじめて接した当代のわが進歩的な蘭学者らが、どのような反応を呈したかは想像にあまりがあろう。

シーボルトの実地指導

とにかく従来のように書物の上ばかりでなく、実地実験にのっとった最新の臨床医学の基礎が、かれによって培（つちか）われたことも銘記せねばならないが、その他生物・地文・歴史等あらゆる方面にわたり、精密な科学的研究法がかれの指導によって移植せられ、近代西洋科学の実地指導に飢えていた真摯（しんし）なわが洋学者たちの渇望をいやした功績は特筆に値しよう。

宮駅初会見の模様

さて尾張の本草学者たちの耳にも、すでにこのシーボルトの声名はとどろいていたことと思う。シーボルトの東行を待ちかまえていた前記四人は、二月二十一日正午直前、商館長の一行が熱田宮駅に到着、指定の旅宿で昼食をおえるころをみはからって、そろってかれを訪問した。そのときのありさまはシーボルトの『江戸参府紀行』に詳細に書き残されているので、これによって要約すればつぎのとおりである。

シーボルト水谷豊文を称讃す

シーボルトの旅宿を訪問したかれの友人と門人のうち、水谷助六（豊文）は経験の深い植物学者で、シーボルトはすでに豊文とは文通上の交際があった。トウカク Tokakw は医学には門外漢であったが、やはりかつてシーボルトはかれに天産物の蒐集を依託したことがあった（このトウカクがどういう人物が、まだよくわかっていない）。さらにシーボルトは伊藤圭介・大河内存真の兄弟とこのとき近づきになったが、この二人はのちシーボルトの研究に多大の便宜を提供した。

シーボルトを次駅に送る

「万有学上の一大友人」である豊文は、この会見のさい万有諸科にわたる蒐集材料を携えてきたが、そのうちには宮附近に産する珍しい植物や甲虫類や魚類や結晶体（鉱物）があり、かれが目撃した稀有（けう）の動植物はかなり細かに画いてあって、どれも真に迫っていたという。

豊文は「自家の植物園に二千種ばかりの植物があります。それを御一覧になって、入用のものがありましたら、随意に選びとって下さい」と申しでたが、シーボルトは時間がなくてこれに応じることができなかった。これらの友人たちの携（たずさ）えてきた品物を一々みる暇さえないほどだったので、友人たちは「つぎの旅舎まで持って行きましょう」といって、天産物をシーボルトの駕籠（かご）のなかにおいたので、かれは途中これらを点検して、自分の知っているものについて鑑定し、意見をつけた。その夜はつぎの宿（池鯉鮒（今の愛知県知立）か――吉川氏説）まで同行した豊文・圭介らと深更まで語り明かした。

シーボルトとの交誼

シーボルトは豊文らにたいして植物解剖学を説き、この地方の珍奇な植物を蒐集することを依頼したが、かれは「かくて日本花卉の知識につき大いに余を益したる勇ましき大学者と親しき友誼を結び得たり」と記している。こうして豊文・圭介・存真らは、そののちシーボルトが日本を立去るまで、熱心に中部日本の珍しい植物を捜索し、乾燥し、写生してその手許に送り、協力を惜しまなかった。

シーボルトと再び会見

さてシーボルトは、三月五日江戸に到着、商館長とともに将軍に面謁し、知識欲に燃えて宿舎に集まった大名や幕府天文方やその他の進歩的な学徒たちとも会って、その質疑に応じ、またかれ自身の目的である日本研究の資料を蒐集して、多忙の日を過したのち、四月十二日江戸を離れて帰途についた。同月二十一日ふたたび熱田宮駅を過ぎたが、このときもまた前回同様、水谷豊文・伊藤圭介・大河内存真らは宿舎を訪れ、花卉植物の腊葉や写生図を寄贈し、翌朝午前三時までともに天産物の観察鑑定に従事したのであった。

シーボルトに長崎遊学を勧められる

別れにのぞみ、若年の圭介にたいし、シーボルトは「願わくば長崎において君とふたたびあいまみえたい」と繰り返しその遊学をすすめた。当時の長崎遊学は、今日のいわば海外留学にも匹敵する。一旦憧れ(あこが)の遊学の希望に灯を点ぜられた圭介としては、日がたつにつれてその熱望はつのるばかり、一日としてこれを禁じることはできなくなった。そこで父兄にもしばしば懇願してみたが、容易に許されそうもなく、時の到るのを待つほかなかった。

こうしてその年も暮れ、翌文政十年となった。その三月十五日には圭介の自宅修養堂で、同好の嘗百社員らと協力し、各地の物産を陳列して第一回の薬品会を開いたが、五月には三河(愛知県)・遠江(静岡県)・駿河(同上)の諸国で植物を採集しながら、東海道をはじめて江戸に下り、前記のごとく、宇田川榕庵の家に寄宿すること一月余、あい伴って日光に採集したのち、七月江戸をたち、上州(群馬県)の榛名(はるな)・妙義の諸山から信州(長野県)に出で、木曾路をへて名古屋に帰った。

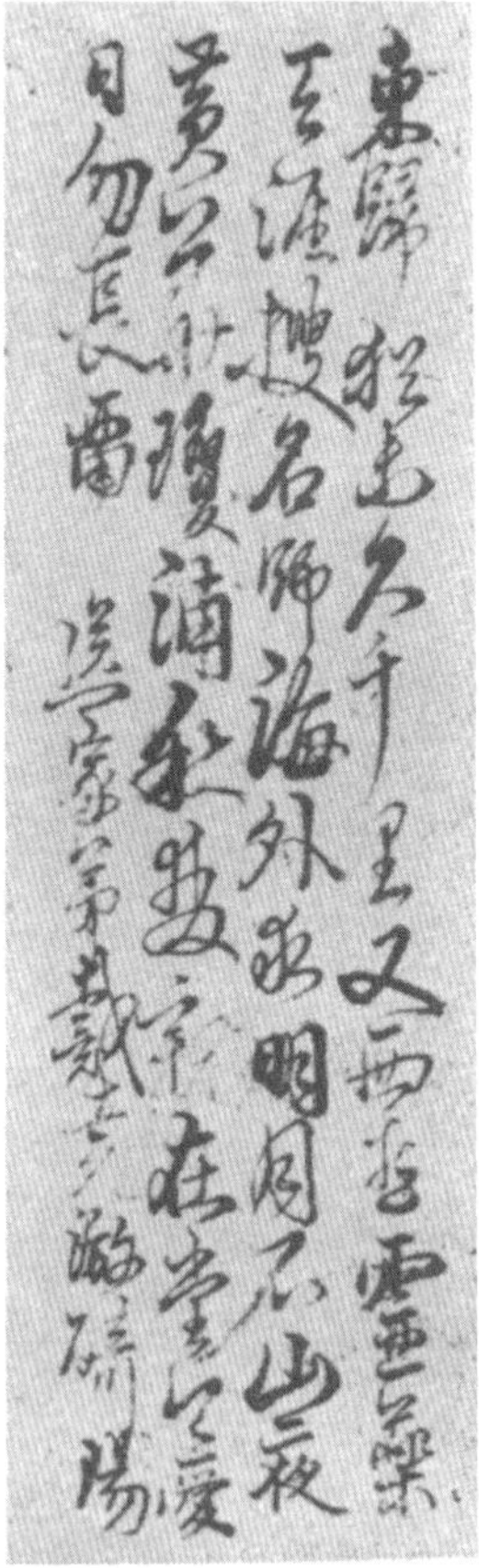

「送家弟戴堯遊碕陽」大河内存真自筆（大河内家蔵）

長崎行きを決意

この間に圭介は長崎行きを堅く決意し、まず兄大河内存真の諒解を得た。弟おもいの存真は、自分は尾張藩医として遊学の自由をもたないので、圭介には是非その希望を叶（かな）えさせてやりたいと思ったにちがいない。しかし何分父玄道は七十六歳、母たきも六十三歳という老齢のことではあり、扶養の義務のある圭介に長期の遊学を許すわけにはいかない。この点をよく申しふくめて、兄弟ともども父母に懇請した結果、ついにその許可を得ることができた。存真のそのときの感懐

兄存真の餞けの詩

は「家弟戴堯荷陽（きよう）に遊ぶを送る」と題する餞（はなむ）けの詩に託された。

　東帰（とうき）猶未だ久しからず、　千里又西遊。　霊薬天涯（てんがい）に捜す、　名師海外に求む。　明月石山の夜、　黄華瓊浦（こうかけいほ）の秋。　双親堂上に在り、　愛日長く留る勿（なか）れ。

八月十二日いよいよ圭介は晴れの出立をしたが、それは江戸よりの帰郷後、わずか数日後のことで、旅装を改める暇もなかった。そのときの天にも上るような悦びは、終生忘れることができないと、圭介は老年になっても述懐していたという。この長崎行きの紀行文は『瓊浦遊記（けいほゆうき）』と名づけて現存しているが（自筆本、名古屋市東山植物園蔵）、それによると

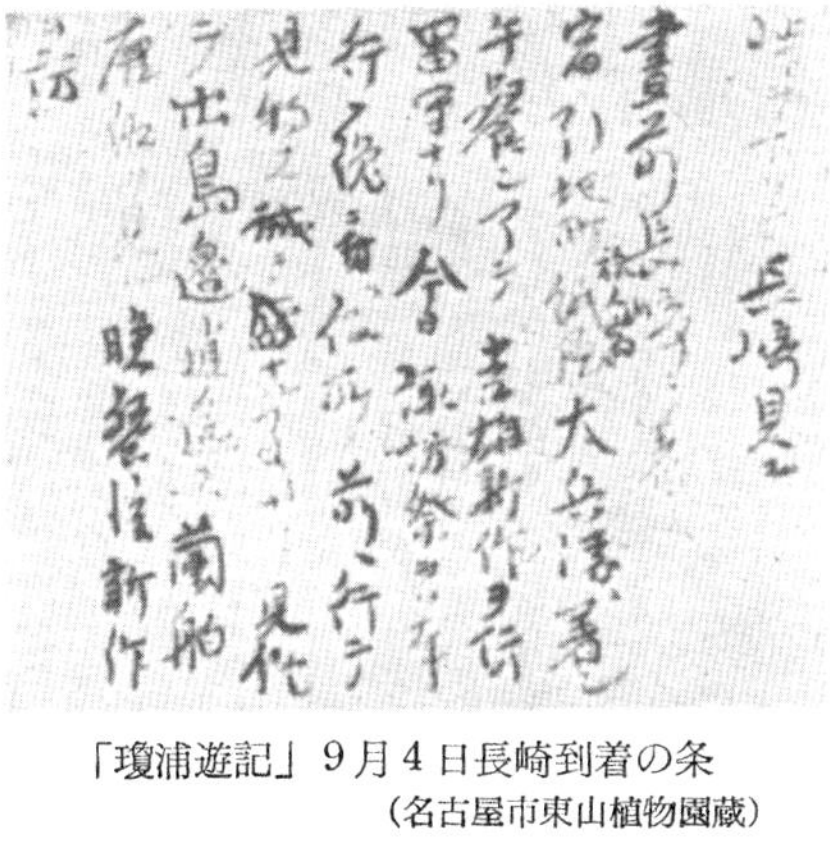

「瓊浦遊記」9月4日長崎到着の条
（名古屋市東山植物園蔵）

往路はやはり美濃（岐阜県）・近江（滋賀県）よりはじめて各地に採草し、大坂より海路をとり、九月四日に長崎に着いた。

あらかじめの連絡により早速大通詞吉雄権之助の家に寄寓することになった。権之助は吉雄耕牛の三男、吉雄常三の叔父にあたる。如淵（じょえん）と号し、オランダ語のほか英・露・仏の各国語にも通じ、当代の名通詞（めいつうし）といわれたが、吉雄流医術にも熟達していた。圭介は常三の斡旋で如淵をたよって来たので、長崎ではこの人にも師事し、蘭語や蘭医方についてその薫陶（くんとう）を受けたと考えられる。しかしかれの長崎遊学の目的は、むろんシーボルトに親しく教導を受けることであった。

そこで到着の翌日から毎日出島にあったシーボルトの居館に出向き、半年の間主として西洋博物学の研鑽につとめた。しかし右にあげた『瓊浦遊記』なども、往復の紀行文で、長崎滞在中の行動については、せいぜい吉雄権之助宅に寄寓したいきさつを記したぐらいのものであって、シーボルトとの交渉などまったく触れていない。その後シーボルト事件のさい故意に関係記事を削除したのか、あるいは滞在日誌は別に書いたのか、その辺は明瞭を欠くが、いずれにしても肝腎の長崎滞留中の正確な史料がみられないのは残念である。ただいろいろの伝説が残っているので、それらを通じ、また二―三の証拠資料によって、この半年の圭介の学究生活と、その意義のおおよそを探ってみることは可能である。

出島出入の取締り

鎖国時代長崎の出島が海外にむかって開かれた唯一の窓であったことは周知のとおりであるが、それだけに出入は厳重をきわめた。十九世紀にはいった化政期ともなれば、対外関係はもはや偸安の夢を貪ることを許されない段階に追いこまれ、幕府が祖法として守り通そうとした鎖国体制にも、ようやく動揺の兆しが顕著となっていた。そして圭介の長崎行の二年前の文政八年（一八二五）にはいわゆる「無二念打払令」が発せられていたのだから、出島蘭館の警備もよほどやかましくなっていたにちがいない。

出島と長崎の町とをつなぐ唯一のかけ橋の袂(たもと)にあった出入門には、探り番の役人が数名で、出入りするものの懐中や袂を検査していたが、圭介は特別に大目にみられて、師の水谷豊文の著『物品識名』や腊葉(おしば)標本などの研究材料を携行することを許可され、毎日出入のたびに紙挾みに入れた腊葉を一々しめして点検をうけて、シーボルトの居館を訪れたという。

シーボルトとともに研究

医官舎宅に住まっていたシーボルトは、圭介を迎えて大いに好遇(こうぐう)し、圭介の携えた動・植・鉱物の和漢名対訳辞書ともいうべき『物品識名』をテキストとして、シーボルトがこれに学名を書入れれば、圭介が和名を書入れるといった具合いで、あいともに研究にはげみ、とくに腊葉の鑑定には力を注いだ。この日課は翌春圭介の長崎出発の前日まで一日も休むことなく続けられたというが、かれらのテキストとした『物品識名』は現存していて（国会図書館蔵）、各ページにはほとんど洋名もしくは和名が書入れてあり、なかには和名をローマ字で記したところもあって、興

シーボルトの日本植物研究

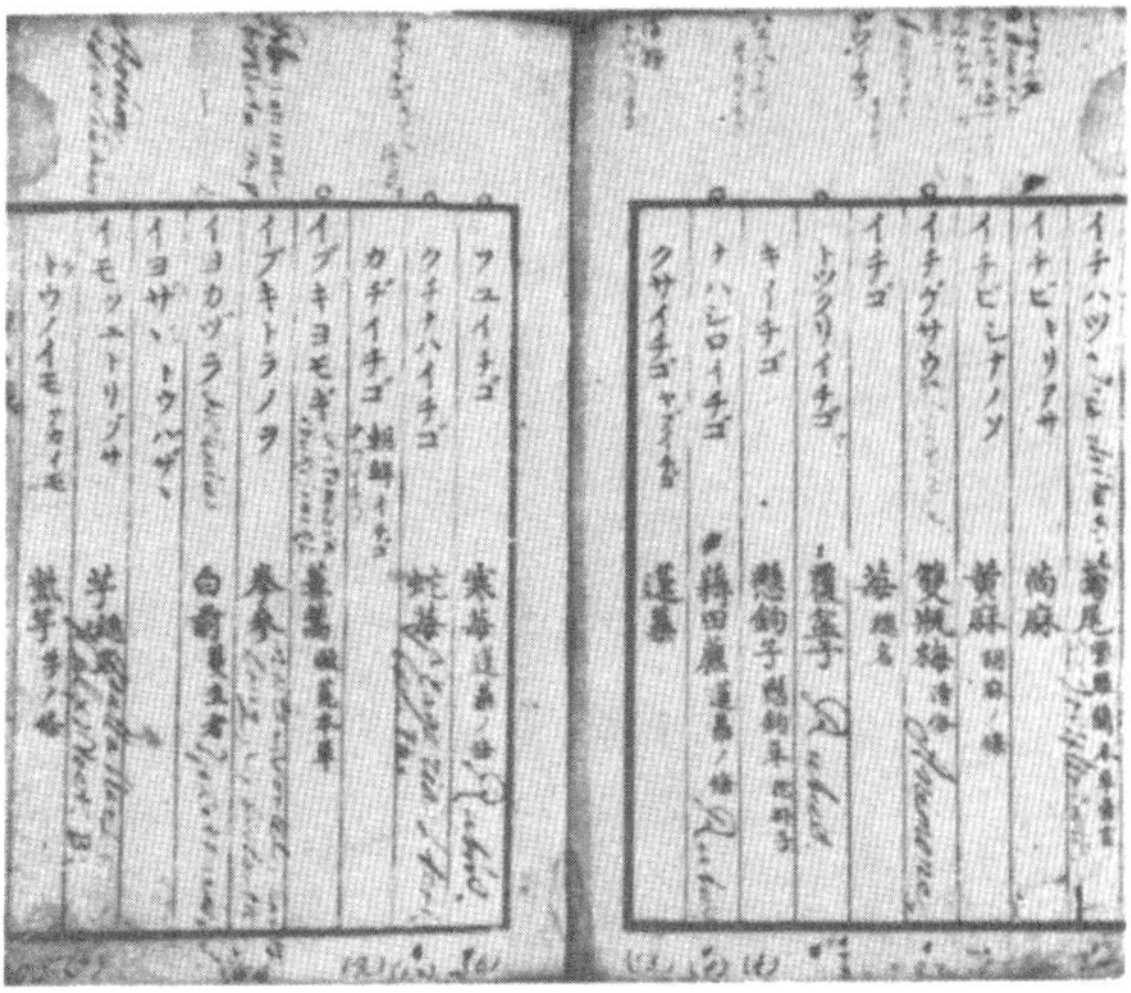

長崎に携行した『物品識名』。洋字書入れはシーボルト
（国会図書館蔵）

味深い。

　シーボルトが日本における万有学研究のうちで、とりわけ動・植・鉱等の博物学に強い関心をもっていたことは、水谷豊文を中心とした尾張本草学徒との交渉の一事をもっても容易に察せられるが、日本植物の採集はオランダ政府の命令でもあった。それ故にこそ大抵の弟子が医学を専攻したのにたいして、伊藤圭介が本草学徒として教えを受けにきたのを殊遇（しゅぐう）した

のであったが、かれは日本渡来の文政六年から翌七年にかけて、早くも出島の舎宅附近の空地一町四方ほどを借りうけて、植物園を開いているのである。それはオランダ東インド政庁の指令にもとづくものではあったが、シーボルトの好みによって和洋の植物・花卉（かき）を風雅に植えつけ、門下生とともにその研究に従事した。

その上かれは長崎奉行高橋越前守（重賢）の熱心な計らいで、市中に出て病人を治療する特典をあたえられたので、自由に出島より外に出られるようになり、長崎近傍を逍遙（しょうよう）して、そのあたりの動植物を精細に調査することもできた。さらに文政七年鳴滝に校舎ができると、その庭内にも種々の植物を集め植えて研究の資料に供したのであった（『シーボルト先生其生涯及功業』）。

シーボルトへの協力の程度

長崎滞在中の伊藤圭介が、こうしたシーボルトの日本の博物研究に、どの程度参与したかは明確にしがたいけれども、シーボルトが「余は圭介氏の師であるとともに、また圭介氏は余の師である」といったところからみても、おそらくは出島のみでなく、長崎近傍や鳴滝においても助力をしたのではないかと思う。東山植物園にある圭介の遺品中に、「諏訪社」・「立山御役所頂キ」・「岩原屋敷」・「田村明神」・「石山寺」等の採取地と採取月日を記した『花腊葉腊雑纂』（錦窠百珍之二）と題する腊葉標本を見いだすが、これなど圭介の長崎滞在中シーボルトとの協力のさいのものではないだろうか。

帰国の期迫まる

ともあれ、こうして文字どおり研学に明け暮れた半年の遊学期間はたちまちに過ぎて、文政十一年三月には、圭介は長崎をあとに帰国の途につかねばならなかった。それには老父母がかれの帰りをひたすらに待ちわびて、帰郷をうながす便りを再三よこしたといった家庭の事情もあったが、『明治十二傑』に記すところによれば、排外主義・保守主義の強い名古屋人の多くは、圭介の長崎遊学をもって、「徒らに客地に流寓するものとなし、或は其死を伝へたる者も」あったというから、所詮当時の郷里の客観情勢は、圭介に長期の滞在をゆるさなかったのである。

まことにあわただしい滞留ではあったが、しかしこの半年、毎日のようにシーボルトに接して、その人間的・学問的な強烈な感化を受けたことは、圭介のこの後の学究生活にたいして、計りしれない影響をあたえた。若年から当代としては、もっとも科学的な尾張本草学の雰囲気を、身につけて成長したのではあったが、何といっても新進気鋭の西欧科学者が、身をもってしめした近代科学精神の高さに直接触れえたことの意義は大きかったと思う。

近代科学とその精神の洗礼をうけた江戸時代後期のわが知識人が、封建的思惟の呪縛からどのようにして自分を解放しようと努力したかは、多くの洋学者の血のにじむ苦難の歴史が如実にわたしたちに語りかけているが、やはりこれまでの蘭学者たちのように、単に書物だけからでなく、新鋭西欧科学者によって鳴滝の学舎で近代科学の高度な訓練をうけた一群の洋学者——岡研介・高良斎・伊東玄朴・高野長英その他数十人の学徒中より近代日本の黎明をもたらす先覚者が輩出したのは、決して偶然ではない。シーボルト自身「鳴滝は欧洲の学術を信奉する日本人の集会所となり、……その一小天地よりして科学的開発の新光明が四方に放射した」（『日本』"Nippon"）と回想しているような、高度な学問的雰囲気がかもしだされていたのである。

圭介はこれらの俊秀なシーボルト門下生たちと同志の交わりを結び、ともどもに厳しい学問的鍛錬に従事したのだから、これらの向学の徒からも多大の刺激と感化を蒙ったにちがいない。それはともかく、圭介が将来わが国一流の近代科学者＝文化人の列に加わる基盤が、このあわただしいが、しかし熱意と善意に充ちあふれた長崎遊学によって、確実にすえられたことは疑いをいれないであろう。

さて圭介は長崎滞在中に幾冊かのオランダ文献や舶来の器物などを買いもとめ、また寄寓した吉雄権之助からはクルムスの『解剖図譜』（ドイツ人 Johann Adam

シーボルトに別れを告ぐ

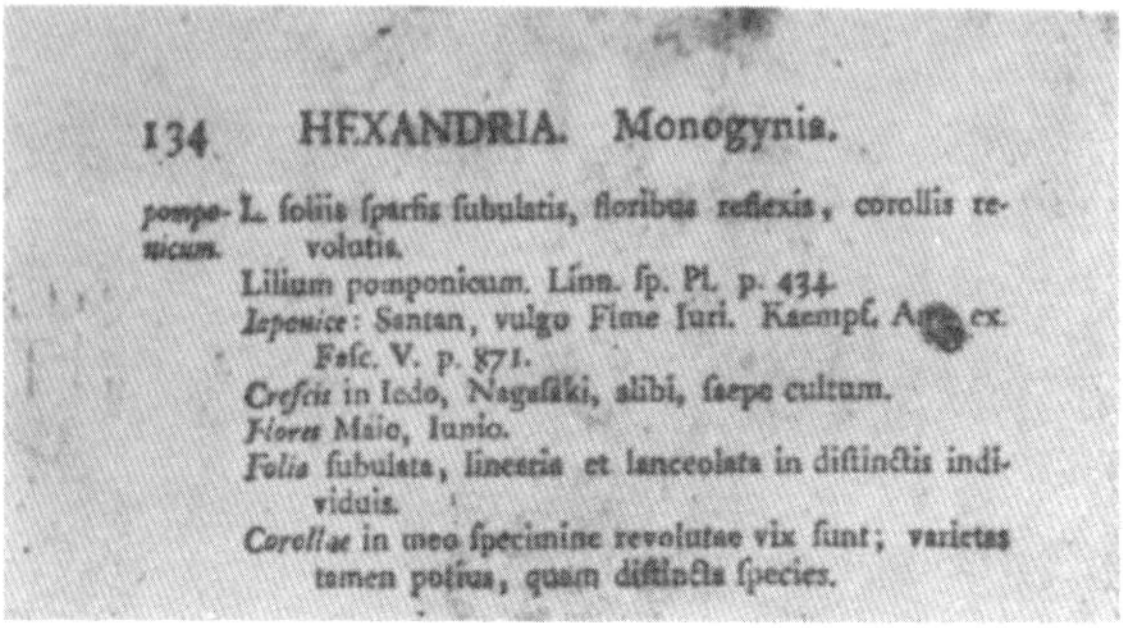
134 HEXANDRIA. Monogynia.

pompo- L. foliis ſparſis ſubulatis, floribus reflexis, corollis re-
nicum. volutis.
Lilium pomponicum. Linn. ſp. Pl. p. 434
Japonicе: Santan, vulgo Fime Iuri. Kaempf. A[illegible] ex. Faſc. V. p. 871.
Creſcit in Iedo, Nagaſaki, alibi, ſaepe cultum.
Flores Maio, Iunio.
Folia ſubulata, linearia et lanceolata in diſtinctis individuis.
Corollae in meo ſpecimine revolutae vix ſunt; varietas tamen potius, quam diſtincta ſpecies.

シーボルトより餞別の『フロラ・ヤポニカ』の本文。
圭介の鉛筆書入れがある。（国会図書館蔵）

Kulmus. Tabulae anatomica 蘭訳本）を譲りうけ、その他同志からも珍奇な資料を入手したというが、とくにシーボルトに別れを告げて去るにあたり、餞別として秘蔵のツンベルク著『日本植物志』（スェーデンの博物家 Carel peter Thunberg. Flora Japonica 一七八四年刊）と、ツンベルクの『日本紀行』中から同人の肖像画を切りとって贈られたのは、何よりも貴重な記念品となった。

ツンベルクはかの有名なリンネの高弟で、リンネの死後そのあとをついでスェーデンのウプサラ Upsala 大学の博物学教授となった碩学であるが、一七七五年（安永四年）出島蘭館医官として来日した。『日本植物志』はかれが滞日中、リンネの植物分類法二十四綱目によって、日本植物を分類研究した貴重な文献であったから、圭介はこの珍籍を昼は頭陀袋にいれて雲水のごとく頭にかけ、夜は枕許において大切に守りながら旅を続けた。ところが一夜旅宿で盗賊に財貨と見誤られ、まんまと盗られてしまった。翌朝目覚めてこれを知った圭介の失望落胆は言語に絶したが、宿屋総出で附近を隈なく捜索した結果、ついに裏の竹藪に捨ててあるのを発見、欣喜雀躍、手の舞い足の踏むところを知らぬ有様であった。このときの悦びは実にたとえるものがなかったと、晩年になってもみずから人に語っていた（吉川『むかし語り』所収「伊藤圭介翁の苦学と長寿」）。

途中盗難に遭う

帰郷後、圭介はこの『日本植物志』の研究に打ちこみ、やがてこれを翻訳注解して名著『泰西本草名疏』を刊行するにいたるのであるが、そのことは第四の二であらためて述べることにし、ここにはなお圭介帰郷後におけるシーボルトへの

シーボルトへ腊葉を贈る

協力の事実をつけ加えておこう。

第一には圭介が各地において採集した植物を腊葉(おしば)にしてシーボルトに贈ったこと。これには水谷豊文や大河内存真も協力しているが、圭介がシーボルトに贈った日本産植物腊葉十余冊が、現にオランダ国ライデン博物館に蔵されており、国会図書館にはその目録一冊（『シーボルトへ所贈腊葉目録』）が収蔵されている。その巻末に明治四年四月八日附の次のような圭介自身の貼紙がある。

此冊子ハ先年シーボルトヘ腊葉ヲ贈リシトキ之目録ニシテ、此番号ニテ引合セ洋名ヲ記シ返シクレト云テ、即チ之ヲ記シ、彼ゟ差戻シタルモノ也。右贈リタル本ハ赤表紙ツケ、中ハセンカ紙ニテ腊葉ヲコヨリニテ貼シ、七冊斗(ばかり)アリシ覚ヘ也。ソノ本ヲ引キ、ホフマン及スキュルテス両氏撰ノ草木和漢名疏ノ中ニ（Herbar. Ito'K.）ト記スモノ是也。伊藤圭介腊葉本ト云義也。……但此冊子ハ二百七十二ノ杉ニテ終ル。勿斯(ホフマンキユルテス)ノ書中ニ引ク所ハハクチヨウケハ四百廿二号トアリ、如レ此モノハ其後追々贈リタルモノヲ、彼地ニテ番号ヲ記シタルモノトミユ。勿斯ノ書ノ外 Miquel ノ日本本草 大本也、クラニモ蔵ス 中ニモ亦同ク

herbar. Ito. K ノ数号ヲ記セリ。……

圭介がこう記しているように、この目録所収の腊葉数は二百七十一点あり、シーボルトの学名記入が多いが、実際に贈った数は、もっとずっと沢山あった。またオランダの植物学者ホフマン Hoffmann・スキュルテス schultes・ミケル Miquel らはその著書にいちいちこの腊葉を引抄し、詳細な目録をのせて研究報告をおこなっている。

のみならず、シーボルト自身一八三五～四四年に刊行した『日本植物志』(Flora Japonica) 中にしばしば圭介の助力をあげている。たとえばシュラモチ・ウラシロモチの条下に水谷豊文と伊藤圭介が尾張・信濃より採集して贈ったこと、オオフキの条下には圭介が一葉の直径五尺と報告したことなどを記述しているのである。

シーボルトへの動物学上の協力

第二に圭介は動物学上でもシーボルトに協力している。ベルリン日本学会所蔵

「シーボルト文献」中には著者不明の『動物図鑑』があるが、これはおそらくシーボルトが日本に持参した書物で、圭介がこれに自筆で動物の和名を三百余り記入している。そして巻頭には圭介が蘭文で、これらの種々の昆虫・鳥類・獣類はドクター伊藤圭介によって精密に調査された旨、書入れをしているのである。この書物は日本昆虫学の泰斗故江崎悌三博士によれば、オーケンの動物図譜（Lorenz von Oken; Lehrbuch der Naturgeschichte 1815〜16）と認定せられ、圭介が長崎のシーボルトのもとで勉学中か、帰郷後かに、この和名書入れの仕事をしたものだろうといわれる（江崎「名古屋の昆虫学回顧」『昆虫研究』一ノ一所収）。

なおシーボルトの一八五〇年刊『日本動物志』（Fauna Japonica）巻五甲殼類にも、圭介の採集がいくつかとり入れられている。それにシーボルトの『蒐集和書目録』（catalogus librorum et manuscriptorum Japonicarum）には、豊文や存真らの著述とともに、圭介の『泰西本草名疏』・『日光山草木写真』・『修養堂本草会目録』

等がのせてある（『シーボルト先生其生涯及功業』・日独文化協会編『シーボルト研究』）。

『勾玉考』の執筆と提出

シーボルトは滞日中かれのもとに集まった日本の学生たちに、日本に関する各種の参考資料を蘭語報告論文に綴って提出させているが、伊藤圭介にも『勾玉(まがたま)考』を起草させた。この論文も前記「シーボルト文献」中に他の学生たちの論著とともに収められており、『施福多(シーボルト)先生文献聚影(しゅうえい)』の第六冊としてその複製本が刊行されている。その扉に圭介の自筆で

BESHRYVING VAN DE MAGATAMA OF BULGENDE IUWEEL DOOR M D. DK. I. KEISKE MDCCCXXVIII（勾玉、即ち曲げたる玉に関する記述・医学士伊藤圭介著一八二八年）

と記し、文政十一年の作であるから、多分圭介が長崎から帰ってから間もないころの執筆ではないかと思われる。表紙とも十六葉の小冊子ではあるが、近江の愛石家木内石亭の学説を紹介し、おそらく自分の調査した事柄をもまじえて、勾玉

の種類・形状・用途・出土のありさま等を実例・図版を列挙し、科学的に系統づけた概説で、簡にして要を得ている。

シーボルトがその大著『日本』(Nippon)中の考古学部分の主要資料にこの論稿を用いたことは、第一版勾玉の章の脚註に、参考文献として"Japaner I. K"のイニシアル入りで引用していることから明瞭である。後に述べるように、圭介は宝玉のほか古瓦などの考古学的遺物にも造詣が深かったが、この論文が小粒ながら日本考古学発達史上からも逸しえない文献として注目されるのも、故なしとしないのである(『施福多先生文献聚影』第六冊、板沢武雄「解題」・『シーボルト研究』所収大久保利謙「伊藤圭介勾玉記」)。

第三　町医より藩医へ

一　医業を開く

幼少より医術と本草を、やがて青年時代からは蘭学へと修学を積んで行った伊藤圭介は、これらの三つの部門とともにそれぞれ早くから頭角をあらわし、つぎつぎに刮目すべき業績をあげて、どの分野においても尾張一流の名をなすにいたるのである。そこで順序として最初に開業した医の部門から、その活躍ぶりをたどってみたい。

父を助けて医業に励む

天保五年（一八三四）の『（尾張）医家姓名録』に、

伊藤圭介　父玄道より文化七年本道修行　文政三辰一人立二段席

とあるのが、圭介の医学修行とその開業を確かめうるほとんど唯一の典拠であることは、医学修行の項でもふれたが、文政三年に圭介はまだ十八歳、父西山玄道はすでに六十九歳の老齢で、町医として最高の御用懸りの地位にあり、名古屋呉服町に門戸を構え、令名が高かったのだから、一人だちの開業といっても別に一家を立てたわけではなく、すくなくとも文政六年玄道が老衰のため御目見御用懸りを隠居するまでは、いわば部屋住みであったわけだ。しかしこのときすでに兄存真は大河内家の嗣子となっていて、実家にはいなかったから、圭介は若年ながら老齢の父を助けて生計を確保するため、家業に尽瘁せねばならない立場にあった。

名古屋の医事制度

ところで御用懸りとか二段席とかいった当時の名古屋の医事制度は、一体どのようなものであったろうか。尾張藩は御三家の筆頭として六十一万石を領有した大藩であったから、医事制度も大体幕府の制を雛型とし、これを縮少した規模を備えていた。藩医には典医（執匙）・奥医師・奥医師並（格）・奥詰医師・番医師・寄合医師・小普請医師・御目見得済等の職階が設けられていたが、名古屋市内の町医にも何時のころからか階層が定められた。なかでも定評があって藩主への謁見を了った町医を「御目見得医」と称して、その地位のすぐれていることを証明する名誉の象徴とし、特権医師層を形成していたが、町医は御用懸り・一段席御目見・一段席・二段席・三段席の五段階に分かれていた。

町医としての圭介の地位

文化十二年書改めの奥書のある町医の表が残っているので（『名古屋市医師会史』所収）、これをみると、御用掛りは十五名（そのうち七番目が西山玄道）「一段席御目見が十八名、一段席が三十二名、二段席が六十二名、三段席が五十八名、その他三段格・町組等五十名ほどがのせてある。なお嘉永・安政ころの名古屋における総医師数は三－四百名といわれ、推定人口二十万とくらべてみて、かなりの過剰であったことが知られる。

それはともかく、こうした尾張藩の町医の階層構成のなかで、開業当時の圭介の地位がおおよそどのへんにあったかは想像がつくと思う。最初から中位にあったとはいえ、かれはこのような平凡な町医の境涯に漫然と甘んじていることはできなかった。開業の翌年かその翌年かに京都に遊学、藤林泰助について蘭学を学び、帰郷後は吉雄常三にしたがってさらに蘭学にはげみ、文政十年から翌年にかけて長崎でシーボルトに師事したことは、前章でみたとおりである。

蘭方医として活動

文政十一年長崎から帰ると、圭介は本草学の研鑽に従事しながら、本職である医業にも精魂を注ぎ、当時尾張でも野村立栄・吉雄常三などごくわずかしか名乗りをあげるもののなかった蘭方医として門戸を張ることになった。このときかれは二十六歳であったが、京都遊学以後、蘭語や博物学の勉学と並行して、どのようにしてまたどの程度に蘭方医学を身につけたか、さらにそれから十年間ほど蘭方町医者としてどのくらいの実力を発揮しえたか、そのへんの事情を伝える的確な史料がない。この年代ではもっぱら本草学徒としての活躍が、いちじるしく目だっているのであるが、といって医業がお座なりであったというのでは決してない。それどころか、浅井医学館を中心として漢方全盛の時代に、数年間の蘭学研鑽で自信と名声とをかちえたのちとはいえ、あえて蘭方医を唱えることは、まだきわめて困難で、よほどの努力と勇気とを要する事柄であったにちがいない。

蘭方医と典医浅井氏との関係

前述のとおり典医浅井氏が歴代藩医と町医の総取締りに任じていて、藩医になるには同家の試問を受けなければならない制度であったから、たとえ町医であっても何かとその制肘(せいちゅう)を受けずにはおられなかったと想像される。しかしかの蘭学者吉雄常三が名古屋に足をとめたとき、浅井貞庵が懇切に斡旋につとめ、ついにその推挙で藩医に採用されると、「是吾藩始(ここに)めて蘭科之師を得」（常三著『和蘭内外要方』の貞庵の序）といって悦んだように、総元締自身が蘭方医に好意と理解をもち、これを尊重した場合はともかく、あいにく圭介の蘭方医開業のころは、貞庵の子紫山(しざん)の代に移らんとする時期（貞庵は文政十二年歿）であった。

浅井紫山の蘭方医排斥

ところがこの紫山は父とちがい、大の蘭学嫌いで、「洋医者流ヲ憎ム讐敵ノ如ク」(『浅井家家譜大成』)であった。すこし時代はくだるが、紫山の嘉永六年(一八五三)の著『発蒙私説』には浅井家の家系と本邦医学の沿革を略述したあと、

蘭療は皇国に害あり

蘭療は近く幕府において禁止し玉ふ邪道にして、もとより風土も違ひ、凡そ飲食より男女の□□に至るまでも大に事かはりて、たゞ禽性を離れざるに、その夷狄の医療を皇国の人に施す、其害枚挙に遑あらず。如何にといふに、抑人畜とは動物なり。其食色の異也。然に人畜同じく医療を施さんやと。たとひ同じ虫類なるも、蜘蛛の百虫を食して糸を出し、蚕は桑一色を食ひ満身糸に化す。一虫同類にして同じく糸を出せども、其違ひ氷炭なり。其如く西洋夷蛮のも人なり、皇国の人も人なり。然れども其食色を始め、性情の違には則蜘蛛と蚕との如し。然るを何ぞ、彼が医療を此に施して害なき事を得んや。理をもって推す時は婦女をも迷ざるべきを、白頭の医生たゝ其新音を競ひ、正道を捨て邪経に走り、甚しきは父祖を泰め、君父を弑するにひとしく、長大息是に過たるはなし。(傍点は筆者)

と極言している。

幕府の蘭法禁止

ここにいう「蘭療は近く幕府において禁止し玉ふ」とは、江戸の漢方医らが幕府の医学館督事多紀元堅に哀訴して、幕府の要路を動かした結果、嘉永二年「近来蘭学医師追々相増し世上も信用致候者多く之あるやに相聞え、右は風土も違候事に付き、御医師中は蘭方相用ひ候義御禁制仰せ出され候、但し外科・眼科等外治相用い候分は苦しからず候。」といった布達を幕府が出したことを指しているのであるが、紫山はこの禁令を楯にとって、徹底した蘭医排斥論を展開しているのである。この調子では圭介ら蘭方医の労苦察するにあまりがある。

蘭方嫌いの一挿話

ところでここに一つの挿話が残されている。かつて名古屋の儒者秦鼎なるもの、伊藤圭介が洋学を講ずるのを憎み、これに近づけば汚れるとて、あえてその宅の前を通行せず、わざわざ廻りみちをした。ところがたまたま母が重態におちいり、漢方医術ではどうにも効がなかったので、ついに圭介を迎えて治療を受け、回春の悦びをえたというのである（「伊藤圭介翁年譜」吉川芳秋『尾張郷土文化医科学史攷拾遺』所収）。いくらもありそうな話である。

蘭方医として益々頭角をあらわす

このような反感と無理解の雰囲気のなかにあって、圭介の医業は萎縮するどころか、次第に頭角をあらわし、中京医界の重鎮と目されるにいたった。このことはかれ自身、

私儀医道学術共従来心懸厚く、平常勉励仕り、治療出精、専ら流行仕り、御領分は申すに及ばす、他国〻茂手広療養相頼み来り、就中難病之者ハ治療殊更相頼み申候儀ニ御座候。（「伊藤圭介履歴」自筆原稿）

といっているところからも察せられるが、さらに町医の身でありながら、天保九年には藩命をうけて木曾山中に病用手当のため出張しているし、嘉永三年には家に種痘所を設けて施術を開始し、同年異例の藩主の診察を命ぜられてもいるのである。それらの事績はむしろ藩医登用への階梯として、次節で述べることとする

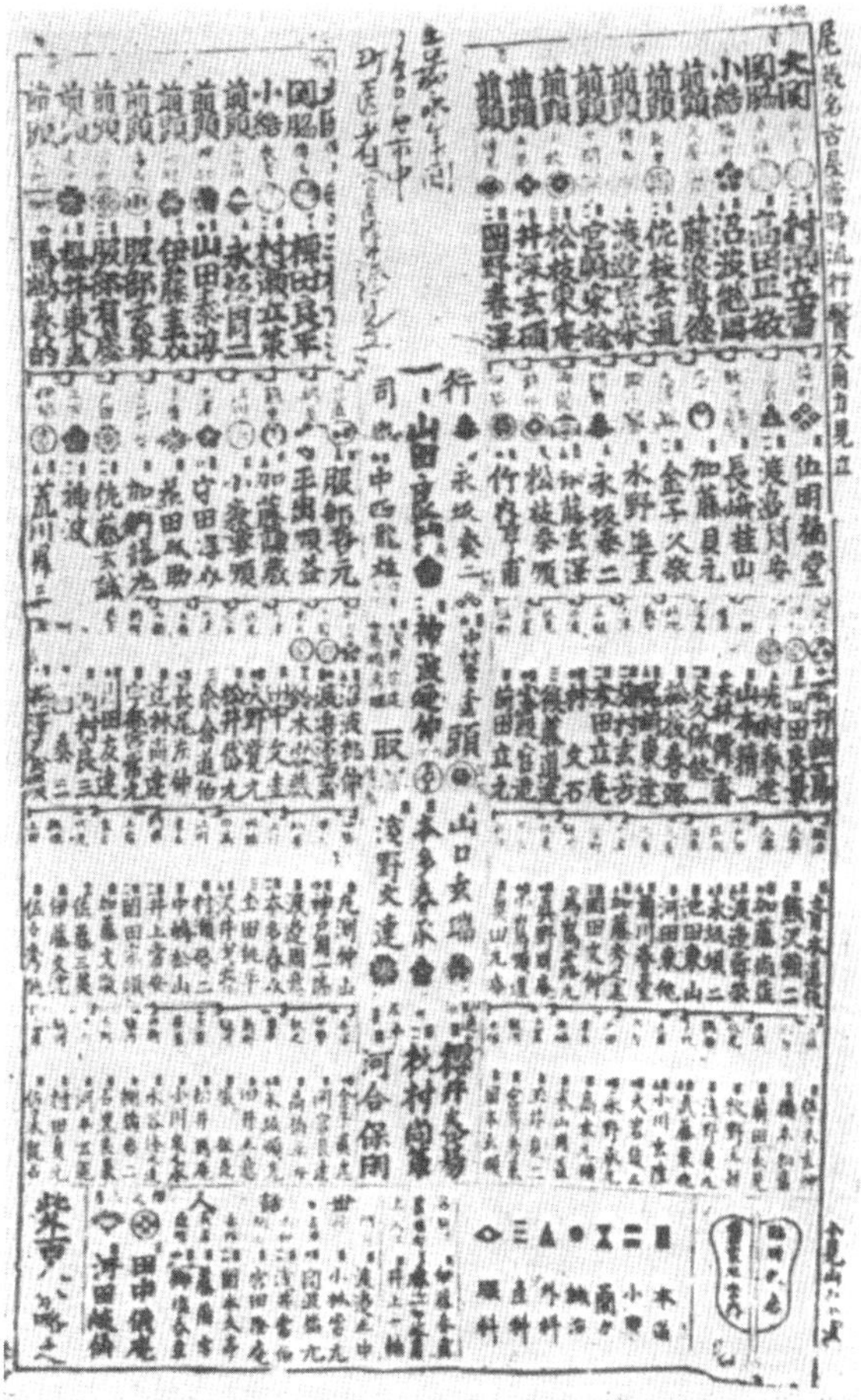

嘉永年間の「名古屋町医者番附」圭介は西の前頭三番目

が、嘉永年間になってもなお依然として町医であったことは、同年間の名古屋の「町医者番附」に、圭介は西の前頭（まえがしら）三番目に位していることで明白である。

いずれにしても、圭介の診断のすぐれていたことは、定評のあるところだったが、ただ一部の保守的な人々から嫌われていたため、玄関はかならずしも繁昌とはいえなかったと伝えられる（吉川「明治夜明前の蘭学者伊藤圭介」『紙魚のむかし語り』所収）。

二　藩医に登用

尾張藩における藩医が㈠典医（執匙）・㈡奥医師・㈢奥医師並（格）・㈣奥詰医師・㈤番医師・㈥寄合医師・㈦小普請医師・㈧御目見得済（御用人支配医師というのもある）等の階層構成をもって任用されていたことは、まえにもふれたが、これは幕府の医官制度に準じたもので、多少の差異はあっても各藩とも大体似たものであった。名古屋では町医にも五段階の階層別があり、その上位の御用懸りと御目見得医師は、藩医に準ずる取扱いを受けていたから、こうした上級町方医師になると、人材次第で藩医に抜擢されるみちも開けていたのである。

蘭医では吉雄常三がその先例で、文化十三年三十歳で来名の後、最初の十年間は町医として過し、文政九年にはじめて御用人支配医師に登用(もっともこれは蘭学心得翻訳といった役目)、同十一年御目見医師となり、天保七年寄合医師、同九年奥医師格と累進、同十年ついに奥医師にまで破格の栄達をした。登用以後はそれぞれの地位に相応して、扶持を給せられている(「藩士名寄」)。

天保後の医業略歴

伊藤圭介もこうした先例に準じて町医から藩医にとりたてられたのであるが、かれの場合は最初から必ずしも正規のルートを踏んでとんとん拍子に累進したのではないようである。まず天保九年(一八三八)三十六歳のとき藩命をうけ、病用手当医師として木曾山に出張したのが登用のはじめであるが、これは臨時の任用であって、まだ正規の藩医に列したわけではなかった。

ついで弘化四年（四十五歳）蘭学に通じるの故をもって御用人支配を命ぜられたというが、これが藩医登用の最初といっていい。そして嘉永三年（四十八歳）には藩主の病気診察を命ぜられているが、なお嘉永年間（年未詳）の「町医者番附」に出ていることは前記の如くである。これは御用人支配医師というものが、町医から抜擢されて藩医に列したのではあるが、一面なお町医として、自由に民間の診療にあたることもできたからである。しかし嘉永五年には藩の種痘所取締りを命ぜられているし、安政元年（五十二歳）には異国船渡来の節の藩筆談役を、さらに西洋天文学並地理学研究方を相心得べき旨を申達（しんたつ）されている。そして同六年五十七歳にいたってようやく寄合医師に進んでいるのである。

ところが文久元年（五十九歳）には、幕府から蕃書調所（ばんしょしらべしょ）物産学出役（しゅつやく）を命ぜられ、江戸に赴いているので、奥医師見習に昇進したのは、帰郷後慶応三年六十三歳になってからである。やがて明治二年（六十七歳）、藩の医制も改まり、ここでようやく最高の一等医に列し、さらに翌三年種痘所頭取と病院開業掛を命ぜられたが、この年明治政府より出仕を仰付けられて上京、爾後東京に永住することになる。東京移住後はもっぱら植物学の研究に従い、刀圭（とうけい）は執らなくなるので、圭介の医者としての活動は、明治三年をもって終止符を打たれるわけである。

藩医としての昇進は概しておそい

以上が大体圭介の藩医登用前後からの略歴であるが、門閥格式に縛（しば）られた封建時代のことであってみれば、町医から身をおこした家格の低いかれの場合、その名声の割に以外に昇進の遅々としていたのは、また止むをえなかったといわねばならない。これらの医者としての経歴や活動についても、史料が充分にそろっているというわけにはいかないが、わかっている事柄を順次に物語って、本来民間の出身である圭介が、藩権力と結びついていく過程を、医業の面から吟味してみたいと思う。

藩命で木曾山中へ出張

第一の天保九年の木曾山中の出張、これはこの年三月江戸に大火があり、江戸城西ノ丸が炎上した。幕府はその復興費を諸侯・旗本らに課したが、尾張藩は金九万両と木曾の檜材を献ずることになった（『愛知県史』巻二）。その伐採のため幕吏が木曾山内にはいって指揮をとり、尾張藩士や杣（そま）（樵夫）や人夫ら数百人がこれに従うことになったので、圭介はこれらの人々の病用手当として、町医から抜擢され、一行とともに出張を命ぜられたのである。

山中の仮小屋に起臥（きが）すること五月から七月初めころまで二ヵ月余、その間深山幽谷（しんざんゆうこく）を縦横に跋渉（ばっしょう）して、医療のかたわら珍草奇木の採集もすくなくなかった。圭介はこの出張中父兄にたいし三日に

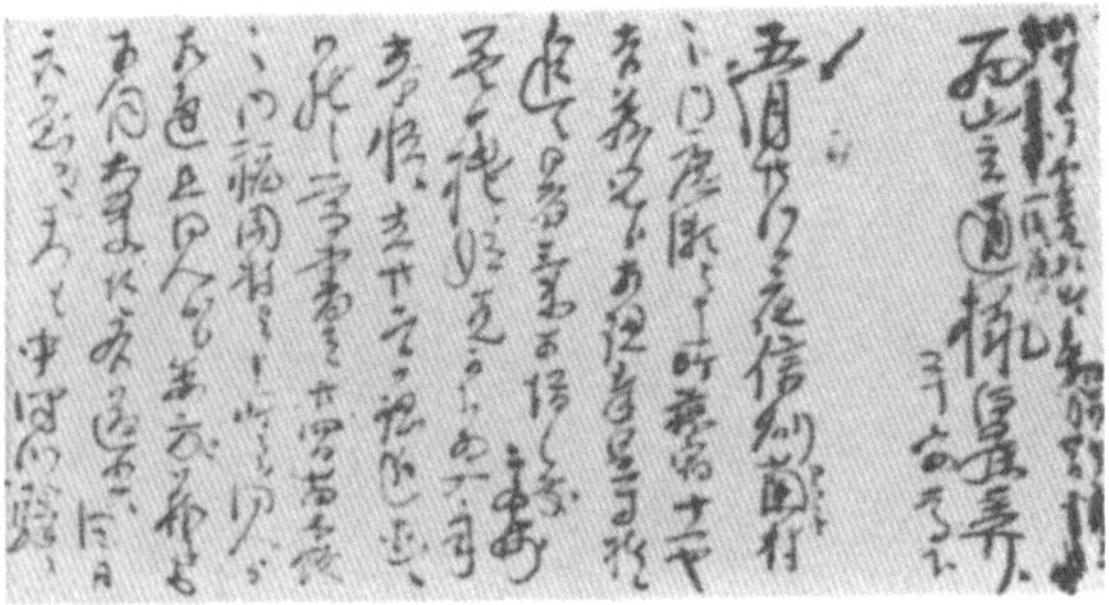

道にあてた書翰（斎藤千代造氏旧蔵）

あえず書信を送り、消息をこと細(こま)かに知らせた。当時の書翰が多数残っていたよしであるが、戦後のいまでは滅多にみることができない。そのうち父玄道にあてた「五月十九日認置、廿一日投出」の日附のある長文の一節にこんなのがあった。

出張中留守宅あて書信

一、野村立栄子も此御小屋に残られ申すべく候。私計(ばか)り木曾路行き也。

一、公儀衆青山鏡之助・内田鯛助抔(など)此地ニ残り候。

一、野村ハ山坂大義ニ而、此地ニ残り度き心願也。然処右之通り残り相成り申し候。私ハ同所ニ是ヨリ廿日斗(ばか)りモ長居ハ甚だ退屈ニ困リ入り候故、珍敷き所処々も見物を祈り候処、幸い願之通りナリ。

(『尾張蘭学者考』所収)

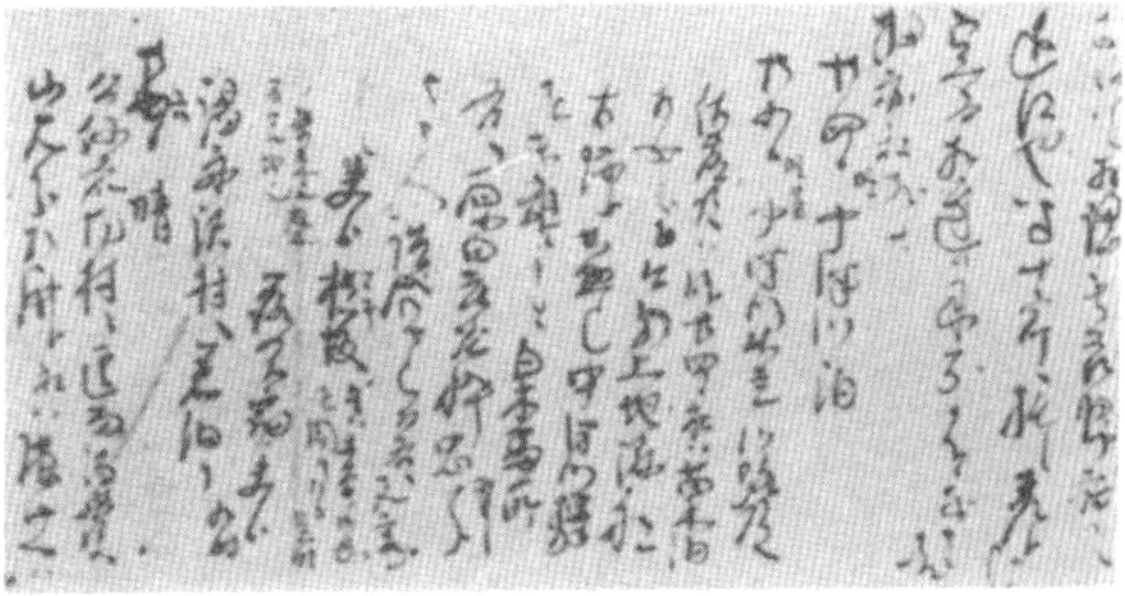

天保９年５月，木曾山中より父玄

二代野村立栄と同行す

これでみると野村立栄もこの行に参加している。しかしこの立栄は前にでてきた初代の蘭学者ではなく、二代目の立栄である。初代はすでに文政十一年七十八歳で死歿し、二代目の立伯が襲名しているからである。この人も文政二年に一段席を仰付けられ、その後御目見・御用懸りにまで進んでおり、おそらく家学をついで蘭方医を業としていたと思われる。また『枇杷島互市産物考』などの著があって、本草学にも堪能であったようだ。それで採草・採薬の点からも圭介と同行することになったかもしれないが、何しろかなりの老体で、右の文面によれば峻険な山坂の登攀は困難なので、木曾路入口の「御小屋」(地名未詳)に残留を希望して許された。

圭介だけ奥木曾に赴く

そこで圭介だけ奥木曾へいりこむこととなり、暇があれば珍しいところどころを見学して歩きたいとの願いを叶えられたと記して、若さと健脚とを誇っているのである。なお公儀衆、すなわち幕吏の名前もでていて、この手紙の一節からだけでも、いろいろな事柄が立証できて面白い。因みに幕吏が木曾山内にはいって伐採の指揮にあたったことは未だかつてなかったので、尾張藩家中の感情を著しく刺激し、たまたま起った藩主相続問題とからんで、江戸詰家老成瀬正住の排斥運動にまで進んだことを申しそえる。

木曾路からの帰路

さらに『尾張蘭学者考』には、野村立栄が人足の件で各宿場の問屋・庄屋にあてた文書がのせてあり、木曾路からの帰路がしめしてあるので、参考までにあげてみる。

証文　人足七人　　先触野村立栄

右ハ拙者儀来ル七月朔日(ついたち)加子母山出之小路出立、名古表元(マヽ)引取候間、宿々於テ前顕(ぜんけん)人足手当致シ、休泊之宿方ニ而ハ、御定之支度置下シ、三人分手当度(渡)置クベク候。此段承知ノ上、早々相廻シ方小牧宿相返スベク候。　以上

御用懸リ

御目見医師　野村立栄

六月晦日（みそか）
七月朔日泊　付知（ふち）
同二日泊　中津川
同三日立　大井
大湫（おおくて）
右同日泊　細筆
御嵩（みたけ）
同四日立　伏見
太田
右同日泊　善師野
同　五　日　立小牧
右問屋庄屋中

文中傍点をつけた加子母山は美濃国（岐阜県）恵那郡にある、いわば裏木曾にあたる尾張藩領の地で、太田代官所の支配下にあったが、林政関係では同藩勘定奉行の取扱いをうけ、財政上重要な地点、尾張藩のいわばドル箱としての木曾山林を扼（やく）する要地であった。

とにかく圭介にとってこの出張は苦難も多く、帰宅のさいは白髪を交えたということであるが、それだけに貴重な経験で、感銘もひとしお深かったようだ。山中の状景を「木曾八景」と題して謳（うた）ったつぎのような漢詩が残っている。

「木曾八景」を賦す

石径羊腸（せきけいようちょう）山万重、
孤筇（こきょう）何れの処にか仙蹤（せんしょう）を討（たず）ねん。
帰樵（きしょう）指点（してん）す臨泉寺、
猶隔つ崔嵬（さいかい）四－五峯（ほう）。
偶々（たまたま）樵家に宿して門を関（とざ）さず、
夜来の風雨躋攀（せいはん）に懶（ものう）し。
窓を推（お）し冗坐（じょうざ）煙を吹いて望む、

昨は我れ雲を穿ち薬をきりし山。
古木荒祠日夕傾く、
行々迷う細逕榛荊に没す。
蒼茫幾里人煙絶ゆ、
月は黒し前峯狼一声。
古を尋ね幽を探り閑更に忙し、
筇を扶けて石径羊腸を下る。
煙は封じ苔は護す老杉の底、
一片の残碑夕陽に弔う。
雲は迎え水は送り僊寰を出ず、
応接す幽人豈亦閑ならんや。
吟筆禿し来って腹藁脱す、
匆々看て過ぐ幾名山。
（以上原漢文）

木曾深山の幽邃な自然と、源義仲の故事についての、汲めどもつきぬ興趣が溢れでていて、これは数多くの圭介の漢詩のうちでも代表的な傑作と称せられるもの、かれ自身も格別気にいっていたとみえ、晩年まで興いたれば、しばしば低吟したと伝えられる。

この木曾出張は夏季の二ヵ月余で了ったが、これはまだ臨時の任命であったから、この年十月には藩主より出張のさいの褒賞金と手当金若干を賜与された。

御用人支配（医師）に任命

そこで正規に藩に登用された最初は弘化四年十一月四十五歳で御用人支配を命ぜられたときということになるが、その名目は「蘭学に通ずる故を以て」というのであった。この時分の史料としては、『御用人支配医師 願 達留』という綴りが残っている。それによると、尾張藩御用人支配医師のはじめは寛政三年（一七九一）で七人仰付けられたが、その後十五人に増員となった。なかに御扶持取御目見医師と扶持なしの御目見町医師の別があった。この綴りは江戸幕府の御用人支配医師の規定などが大部分のスペースを占めていて、あまり役に立たないが、幸い嘉永

御用人支配医師仲間名簿

六年（一八五三）改めの仲間の名前が出ているのであげてみる。

嘉永六丑（うし）正月　改（あらため）　仲ま

本道　河合保閑　（御中間頭）
本道小児科　松村正策
本道　高田正敬
本道兼外科　柳田良平
本道兼蘭科　伊藤圭介
本道　松枝東庵
本道兼針科　山田養淳
本道兼外科　渡辺宗英
本道兼外科　藤浪萬徳
本道兼小児科　村瀬立斎

このうち本道は内科一般を指すが、圭介は十名中五位を占め、ただ一人の蘭方医である。そのころ前述したごとく、藩医筆頭の浅井紫山らの漢方医が蘭方医に敵意をいだき、たとい排斥運動をやったとしても、蘭方医術の卓越性についてはすでに世上に定評があって、諸藩においても続々蘭医が用いられていたし、ことに尾張藩では文政十一年以来藩医に列した吉雄常三が奥医師にまで累進したのち、天保十四年不慮の死をとげたあとで、藩医中に蘭方医がいなかったのだから、藩としてもすでに優れた実績をあげていた圭介を、本式に起用することになったのだろう。

前藩主斉朝を診察す

このような圭介と藩権力との結びつきのいきさつを裏書きする事例として、圭介任用の三年後の嘉永三年（一八五〇）、前藩主斉朝（なりとも）を診察の下命（かめい）を受けたことをあげうる。尾張藩十世の斉朝（源順）はすでに文政十年以来隠居の身となり（ときの藩主は十四世慶恕（よしくみ））、嘉永三年二月おそらく不治の腹癖を患（わずら）い、三月五十八歳で死去したが、圭介は門閥格式のやかましい当時としては、まったく異例の抜擢で、その診療にあたったわけである。

さて前藩主を診察した翌年には、圭介は『遠西硝石考』四冊を訳述して藩主に献上し、またその翌年には種痘を藩で採用する準備として、取調べの内命を受け、ついであらたに設けられた種痘所取締りを命ぜられるなど、藩主との交渉が次第に緊密に向っているが、これらの事項については後述する機会があるので、つぎには安政元年（五十二歳）におこなわれた解体（人体解剖）の鑑試をつとめた件をあげてみよう。

解体の鑒試を勤む

日本における人体解剖は普通に宝暦四年（一七五四）山脇東洋が京都でおこなったのがはじめといわれるが、その後前野良沢・杉田玄白らによる明和八年（一七七一）の有名な江戸千住小塚ヶ原の腑分けのほか、各地でおこなわれるようになった。しかし名古屋における最初はようやく文政四年（一八二一）の冬になって、奥医師石黒清庵が罪人の屍体を藩に願って払下げをうけ、新屋敷御試し場（御様場）で試みたときである。当日は清庵の門人ら六十余名が藩の許しをえて参観したが、その

文政四年名古屋での第一回解体

なかには圭介の師の蘭医吉雄常三も加わっていた。圭介は当時京都遊学中でこれには参加しなかったが、そのかわりちょうど同じころ藤林泰助や小森玄良らの主催する刑屍解剖を京都で参観したことは既述のとおりである。

だから安政元年の解体は当代の日本としてはとりたてていうべきほどの事柄ではなかったが、一般にまだ保守的な空気の強い名古屋では、この第二回目かと考えられる解体も相当民心を刺激したにちがいない。このときの役割は圭介がみずから鑑試をつとめ、石黒通玄が執刀、鈴木容蔵が副となっており、その他浅井董(とう)太郎・筆生西村良三・雑事吉雄常三ほか五名、合せて四十余名が参列し、女囚新道のお春というものの解体を行った。

安政元年の解体

場所は第一回同様御試し場であった。ここは名古屋東別院に近く、元千本松原の刑場東(元の中区下前津町)にあり、藩士らがもっぱら新刀の斬れ味を刑死者若くは牢死の死囚の屍によって試みたところといわれる(伊藤圭介手記『嘉永七年解剖諸事留』)。

なお右の参加者のうち、鈴木容蔵はすでに天保年間京都で小石元瑞と小森宗二の門で学んだ蘭方医で、のちに尾張藩医として名をなした人であり、西村良三はのちの柳川春三のことで、圭介の門人としてその家に寄寓し、一時養子になったと伝えられるが、のち江戸にでて開成所の頭取にまで進んだ（第八参照）。このようにみてゆくと、やはりこの安政元年の解体が尾張における実証的な蘭方医術の普及発達に大きな刺激をあたえた点は見のがしえないと思う。

寄合医師に任ぜらる

さて右のような事歴をへて、伊藤圭介の蘭方医としての地歩はいよいよ確固たるものとなったことは了解できるが、しかしとにかく藩医として六番目の寄合医師に任ぜられ、俸七口を給されることになったのは、それからまた五年もたった安政六年（一八五九）六月のことで、すでに圭介も齢五十七になっていた。藩上層部の門閥主義の妨げはあったとはいえ、まことに遅きに失した昇進といわねばならない。けれども当時すでに本草学者としての圭介の名声は、尾張学派を代表して嘖々たるものがあった。果然、翌々文久元年には前記のごとく幕府より蕃書調所出役（のち物産局教員）を命ぜられ、あしかけ三年江戸に滞在することになった。ただし文久三年病の故をもって帰郷し、それからまた藩医の職にあること七年間に及ぶ。その間奥医師見習・一等医・種痘所頭取等に栄進するが、帰郷後における医者としてのそれらの事績は後章にゆずることにする。

三　種痘の紹介と普及への努力

圭介の種痘史上に果した役割

町医時代より藩医へ登用後にいたる前後三十年間、伊藤圭介がわが種痘史上に果した役割と意義には軽視できないものがある。かれの医学者としての業績中では、もっとも特筆すべきものといわなければならない。そこに種痘がこれまで人類に恐るべき惨害を与えていた疱瘡を一挙に駆逐して、人々に測りしれない福祉をもたらすことを、かたく信じて疑わない科学者の愛情と使命感に徹した姿を、はっきりと読みとることができるからである。特に一節を設けてかれの医事歴中より、種痘の紹介と普及に尽瘁した事績をとりだして、詳述する所以である。

わが種痘法伝播略史

日本における種痘法伝播の歴史をたずねると、それは十八世紀の中ごろ渡来した清人李仁山によって伝えられた人痘法にさかのぼることができよう。種痘法施行前の疱瘡（天然痘）が恐るべき流行病で、その惨禍の甚しかったことはここにとりたてていうまでもないと思うが、その対策はといえば、一般にはなお疱瘡神を祀り、疱瘡除けの護符を身につけるといった咒術的療法以外になく、江戸中期までの医学説でも、せいぜい胎毒を内因とし、時代邪熱を外因とする不可避の疾病とする説が権威をもち、その予防対策として患者の隔離が行われた程度であった。中国

人痘法

式の人痘法は患者の濃（うみ）や痘痂（かさぶた）の細屑を鼻孔から入れるといった方法で、秋月・大村等九州の一―二の藩で採用したところはあったが、その実施には相当の危険と困難がともなった（山崎佐『日本疫史及び防疫史』）。

牛痘法の移植始まる

ヨーロッパでも十八世紀中は、トルコから伝えられた人痘（針刺）接法が行われていたわけだが、一七九六年にいたってかの英国のエドワード＝ジェンナーEdward Jenner が種牛痘法を発見してから、急速に牛痘法時代にはいった。

日本には文政六年（一八二三）シーボルトが、つづいて天保十年（一八三九）蘭人リシュール Lischur が牛痘漿をもたらしたが、ともに失敗に帰した。大村藩医長与俊達も通詞西吉兵衛の手をへて蘭人より入手し、また自身で牛から痘苗を造って試みたが、これまた失敗に了っている。

しかしこのころ牛痘法の知識は蘭書・ロシア書・漢訳書によって伝来し、訳述校刻され、その知識はようやく進歩的医人の間に拡まっていった。それらの訳述・校刻者として紀州（和歌山県）熊野の小山肆成、長崎の西吉兵衛、上総（千葉県）佐貫の井上宗端などがあげられているが、わが伊藤圭介もこれらに伍して、というよりはむしろその先頭に立って牛痘法を創唱した一人であった（古賀十二郎『西洋医術伝来史』・井上忠「種痘法の伝搬過程」『西南学院大学文学論集』三の三所収)。圭介は文政十年(一八二七)に長崎に遊学しているので、牛痘についての知識は、早くより持っていたに相違ない。まだ町医として活動中の天保十二年(一八四一)十二月『暎咭唎(イギリス)国種痘奇書』と題して一小冊子を校刻した。

『暎咭唎国種痘奇書』の校刻

この書物はもと、ジェンナーの牛痘法発見後九年たった一八〇五年(清、嘉慶十年)在中国の英人哆啉吱が講説した同法を、同国人の嘶噹㖦(スクウントン) Sir George Staunton が漢訳し、その年六月『泰西種痘奇法』と名づけて出版したものであるが、圭介はこれに訓点を施し、花繞(かにょう)書屋蔵板として校刊したのである。これは自著でこそなかったけれど、こうした牛痘法の解説書を刊行し、牛痘知識の啓蒙普及につとめた功績において、圭介は日本における最初の人であるといえるようだ。はじめに施術用のメスや種(うえ)つけるさいの臂(ひじ)形を図示し(痘形は図を欠く)、つぎに本文には「新訂種痘奇法詳悉(しょうしつ)」の内題をつけて、牛痘の由来とその製法・施術法・運搬法等を平易に説明してあり、これを読んだものはたちまちに牛痘法の福音をさとることが

圭介は牛痘法の創唱者

できたろう。ただ残念なことに、当時のわが国の医術では痘苗(とうびょう)をみずから造ることは困難な状態で、その必要を痛感し、実験につとめるものもあったけれども、ついに成功にはいたらなかった。

楢林宗建牛痘種の輸入に成功

この間にも各地における痘瘡の流行はますます多くの惨害をもたらしており、痘苗の輸入はもはや時間の問題であった。長崎の医人楢林(ならばやし)宗建もはやくより種痘術に強い関心をいだいていたが、文政十年より佐賀藩医をつとめ、藩主鍋島直正(閑叟)に建言して、ついに牛痘種を海外より取りよせることに成功した。

はじめ、これをもたらしたのは嘉永元年（一八四八）新任の出島蘭館医モーニッケ Mohike, Otto であったが、それは痘漿(とうしょう)であったため、変質していて効験がなかった。そこで宗建の意見で、翌二年改めて痘痂(かさぶた)を輸入し、同人の子供らに試みたところ、善感して良苗をえた。早速これを藩主に献上するとともに、他藩の医師や長崎の町医にもこの法が伝授され、また痘苗は江戸・大坂・越前等の各地に搬送された。

これがわが国で人痘法にかわって牛痘法が採用されるにいたったいきさつであるが、このとき水戸の人柴田方庵も長崎でモーニッケより伝習を受けた一人であった。かれは文政年間長崎に赴き、シーボルトの門に入り、さらに天保二年から長崎に在留して開業した蘭方医で、伊藤圭介や大河内存真ともかねてからの友交があった。かれは嘉永二年七月長崎で伝習をうけると痘苗を水戸藩公に献上すべく、十九年ぶりに長崎の仮寓から江戸をへて帰郷することになったが、その途中十一月二十二日名古屋に立ち寄り、圭介の末女（五女小春か六女楳か未詳）やその隣家の子に種痘を施したのであった（「柴田方庵日録」『新撰洋学年表』所収）。

柴田方庵牛痘法を伝習

方庵圭介の末女らに種痘を施す

前々から牛痘法の採用方を要望し、他にさきがけて、啓蒙のための書物まで刊行していた圭介のことであったから、おそらく方庵の伝習の件を聞き知り、まず自分の娘への実験を希望したものと思われる。

種痘法を名古屋に導入

名古屋は東西間の種次地の観を呈す

『伊藤圭介履歴』自筆草稿には「嘉永二酉(とり)、阿蘭陀(オランダ)医師渡来仕候而、種痘法長崎表医師柴田方庵江伝授仕候処、同十一月方庵ゟ右伝相受候付、良法相開キ」と記すのみであるが、そのときのこと、施術した小児が発痘せず、痘苗が欠乏して困ったので、わざわざ京都から植えつぎの子供をとり寄せることにしたところ、幸い施術を受けた一人が善感したため、それには及ばずにすんだという挿話が伝わっている。

しかしまた『柴田方庵日録』には、「十一月京都滞在。大槻俊斎へ、病苗江戸に無之候はば、名古屋にて種次ぎ参り申す可き旨、書状差出す。……十二月五日大槻返書、佐賀侯（鍋島閑叟―筆者註）痘苗御持越し、社中植方八日目百人つゝ放苗と申し来る。因て長崎に帰る。」とあり、方庵が東国での所用を済ませて長崎に向う途中、京都から仙台藩医の大槻俊斎（のち幕府の種痘所および西洋医学所の頭取となる人）に、江戸に痘苗がない場合には名古屋より種次(たねつぎ)すると申し送り、俊斎がその返書で佐賀侯が長崎から取りよせたものを譲りうけて間に合ったと答えている。

種痘創業と蘭方医の協力

さきの挿話といい、このやりとりといい、東西各地の蘭方医たちが当時たがいに緊密な連絡網をしいて、種痘法の創業という医学上の大事業に協力したありさまを彷彿（ほうふつ）させるものがあるが、同時にそれらをとおして、東西の中継地に位置する伊藤圭介が、この事業にたいして熱意をこめて貢献していたことに刮目（かつもく）したいのである。

種痘創業の苦心

創業の苦心はさらに倍加した。今日では種痘の痘苗（とうびょう）（ねた）は仔牛（こうし）に植えついで、それから採ったものを保存しておくことで、管理は容易であるが、伝来当時は人から人へと植えついで、たねを絶やさぬようにつとめねばならなかった。だから圭介としても、できるだけ早急に藩内にひろめることの必要はいうまでもないけれども、それよりまえにとりあえずいい種を絶やさないように、維持してゆくだけでもひととおりの苦心ではなかった。

伝えるところによれば、この術をひろめようとしても、世間で進んで施術を求めるものがない。やむをえず、貧家の子に銭を二百文・三百文とあたえて種痘し、また近村まで人を派して幼児をもとめ、手をつくして勧誘した末、ようやくその効果のあがるのをみて信用するものが日々に加わり、ついに施術を依頼するもの幾百の多きに達したので、家に種痘所を設けて、毎月八の日をもって施術の日に定めることにしたという（岸上操「理学博士伊藤圭介君」『明治十二傑』所収）。

緒方洪庵の苦心譚

このような苦心はどこにでもあったようで、おなじ嘉永二年秋のころ、かの大坂の名医緒方洪庵（こうあん）も同様、長崎より京都をへて、種を手に入れて種痘の普及につとめたが、はじめのうちはやはり一般の信用をえることはむつかしかった。洪庵は自著の『除痘館記録』（緒方富雄『緒方洪庵伝』所収）にその模様を記して、

然るに都下悪説流布（るふ）して、牛痘は益無きのみならず、却て児体に害ありといひ、之を信ずるもの一人も無之に至れり。茲に於て已（や）むを得ず、頗る米銭を費し、一会毎に四－五

人の貧児を雇ひ、且つ四方に奔走して之を諭し、之を勧め、辛じて綿々其苗を連続せること三－四年、漸くにして再び信用せらるゝことを得たり。其間社中各自の辛苦艱難せること敢て筆頭に尽す所にあらず。

さらに伝来の年に、いち早くも大坂に種痘所を開いた洪庵とその同志二名は誓を立てて、

是唯仁術を旨とするのみ。世上の為めに新法を弘むることなれば、向来幾何の謝金を得ることありとも、銘々己れが利とせず、更に仁術を行ふの料とせん事を第一の規定とす。

（「除痘館記録」）

と申し合わせている。医を仁術と心得え、民生の福祉増進を第一の任務として、そこにすこしの私心をもまじえないことを期したこの医師の使命感は、当代の先進医学者に大なり小なり共通した精神であった。伊藤圭介の尾張における種痘創業の苦心譚も、またその典型的なあらわれにほかならなかった。

名古屋での種痘普及

まえに圭介がようやく種痘依頼者が増大するようになって、家に種痘所を設け

たとの伝えをのせたが、緒方洪庵の『除痘館記録』のような史料が残っていないので、これに関する詳細はわからない。しかし『名古屋市史』学芸編によると、痘苗の名古屋伝来の翌嘉永三年の正月には、橘町の麻生(あそう)種痘館から「種痘前書」と題した引札(宣伝ビラ)を印行し、あまねく種痘の安全と利益とを吹聴(ふいちょう)したといい、また同じ年蘭方医の鈴木容蔵(快然堂)が京都の医者長柄春竜から種痘法を伝習して帰り、名古屋の長崎桂山・中野静載・奈倉導伯ら十数名の医者に伝授したという。

藩種痘を取締る

しかしこのように種痘が流行してくると、なかには正伝でない者までがみだりに種痘を行うようになったので、藩では名古屋町奉行に、「正伝を受けず、取行ひ候者之有(これあり)候ては能(のう)も之無く、却て害にも相成るべく容易ならざる儀に候」(『種痘所用留』)との禁令を出して厳重に取締らせた。そして嘉永五年五月には藩主慶勝よりとくに伊藤圭介に種痘法創業について取調べの内命があり、やがて同年八月に藩営種

藩営種痘所の設置

痘所を、名古屋山田町之内広小路大津町角より西六軒目の地にあらたに設置した。

圭介等を種痘所の主任とす

こうして種痘にたいする藩の統制は強化整備され、同所以外に民間で施術を行うことはまったく禁じ、大河内存真・石井隆庵・伊藤圭介の三名を同所の主任とし、尾張藩の種痘の取締りと監督を命じた。さらに翌六年二月には、種痘依頼者が多数来集して手狭になったので、下御園町田島与左衛門の控家に西種痘所を設け、東西に分けて種痘を営むといった盛況を呈した。

藩主より貢献を賞賜さる

伊藤圭介は、尾張における種痘の創業普及にはこのように終始一貫、貢献した。藩主はこの功にたいしてのち文久二年、圭介の江戸在住中銀五枚を賞与して労をねぎらった。また藩主慶勝がかつて種痘を所望したさい、侍医中でこれをよくするものがなかったので、圭介に命じたかどをもって、慶勝存命中、毎年盆暮には下賜銀があったということである。

圭介と種痘との因縁はこれだけにとどまらない。明治維新以後になって、同三年石井隆庵とともに種痘所頭取を命ぜられた。ときに圭介の齢(よわい)六十八歳に達していた。しかしこの年明治政府から出京を命ぜられるのであるから、この辺の事情は後章にゆずろう。

第四　本草学者として

一　本草会の開催

従来の本草学の欠点

自然誌 natural history としての本草学の研究には、実物資料の採集とその実験とが当然要請される。ところがこの当然の操作すら日本の本草学ではながく実行されず、学問といえば大陸古典の註釈・訓詁と考えがちな学界一般の風潮に禍されて、『本草綱目』等の漢籍に記された知識の習得、つまりそうした中国本草学書を考究してせいぜい漢名と和名の当否の吟味をもって第一義としたのが、十八世紀までの正統本草学の実情であった。

水谷豊文を盟主とする尾張の本草学者たちは、こうした正統本草学の伝統を一応継承しながら、しかも協力して採集・品評・討論といった経験的・実証的研究方法を多分にとりいれた点で、きわだった特徴をそなえていることは、まえ（第二の二）にも指摘したところであるが、本草学者としての伊藤圭介は、このような恵まれた雰囲気のなかから成長し、師豊文の主宰する研究団体の有力メンバーとして、名をあげていったのである。圭介にとって、生業はむろん医であったが、学問の本領は本草の科学的研究であったということになる。

圭介実証的研究を推進

ここでは圭介が少年時代からさかんに各地の採集に参加して練磨した修学状況の記述に続けて、採集した庶物を持ちよって同志らと開いた本草会（もしくは薬品会）を中心に、本草家としてのスタートのありさまから吟味することにしよう。

嘗百社の集会

本草会開催の史料としては、やはり圭介の自著『尾張博物学嘗百社創始沿革並諸先哲履歴書』（前出）が第一にあげられよう。これによると、尾張の本草学者らは、文化二年ころから同好者が集まってたがいに講習したが、その有力なメンバーは水谷豊文はじめ、大窪太兵衛・岡本清達・柴田洞元・浅野文達、それに圭介の父の西山玄道や兄の大河内存真の面々であった。

かれらの集会では薬物その他の品物の鑑定に力を注いだが、そのころ「詩経名物会」を本町の覚正寺に開いたこともあった。これは『詩経』にのせた庶物の名と実とを考証する会合で、伊藤圭介の家でも一回開設している。

『灌園余課』を編集

その後石黒済庵や伊藤瑞三(ずいさん)も参加し、毎月七の日にまわり持ちで各自の家に会合し、めいめい携えてきた品物について「相共ニ討論シ、名実ヲ訂正シ、性質効用を弁断(べんせき)」した。また吉田平九郎（巣庵と号し、昆虫にもっとも卓越した）の家でも毎春必ず博物会を開いた。さらに大窪太兵衛の子の舒三郎や神谷喜左衛門が加わったが、これとあい前後して圭介も「驥尾(きび)ニ列」したのであった。

文政十一年ころこの同志の集会を、大河内存真が嘗百社と命じたが、その「出品ニハ、各自ソノ発明・新聞・創見等ノ図説ヲ出シ、互ニ品評シ」、この図説を綴ったのが、『灌園余課』であった。豊文の養子水谷義三郎も嘗百社同人に加わった。

薬品会＝本草会＝博物会

しかし右の記述にみられる集会は、要するに同志の共同研究のための催しであった。ところがここで問題とする文政十年と天保三年伊藤家で開いた薬品会をはじめ、天保六年城南一行院での本草会、さらに安政五年以降年々伊藤家別業旭園（きょくえん）で開いた博物会等は、一般に公開して衆人に縦覧（じゅうらん）させ、博物知識の普及をはかることを目的としたものである。そのうち旭園開設後の博物会はあとに廻し、文政〜天保期の三度の展観の模様を、やはり主として圭介自身の記述（『沿革』）をかりて眺めてみよう。

第一回薬品会

まず文政十年（一八二七）の第一回薬品会を開いたのは三月十五日のことであった。当日の会場は名古屋呉服町一丁目伊藤邸内の修養堂で、同好の士があい謀（はか）っておびただしい品物を陳列した。その目録によれば虎頭・象皮・象歯・犀（さい）皮・鱧（はも）魚・

出陳品――シーボルトの鑑定植物等

木綿莢・竹苓・トキワガキ等当時としては珍奇なものがあり、盆栽類も多かった。そのうち西医シーボルト鑑定の品が十七点、おなじく西医ビュルゲル鑑定の品が五十点あったという。これはシーボルトがその前年の春江戸参府の途中、尾張宮駅で、水谷豊文・大河内存真・伊藤圭介らと会見したときの品で、

余は水谷の求めにより輿中にて点検して、余の知れるものにつき鑑定することとせり。鉱物は皆ビュルゲル君に送り、精細なる点検を求めたり。

とシーボルト自身その『江戸参府紀行』に述べている記事に該当する。なおこの薬品会には貝原益軒・稲生若水・松岡玄達・小野蘭山の四大家と、江村如圭ら諸物産家の遺墨数幅を展観している。

第二回薬品会

つぎに天保三年(一八三二)の薬品会は九月一日また修養堂で開催、水谷豊文・石黒済庵・浅野春道・大窪舒三郎・吉田平九郎のほか、岡村万三郎・白木屋翠嶽その他数十人が幹事となり、すこぶる盛会であった。列品には山珊瑚・クモヒトデの

化石・石牙・ウミアワ・シュミセン介・熊野産のヒタカ木・同産サルカキイバラ・毎枝対生ノ竹・琉球キマメ・飛驒魚尾竹・山豆根・漂著の異果・ハリフグ・鉄蕉澱粉等の珍品や草木・盆栽・折枝、またインド産植物腊葉数十種や、古鏡・古銭の類も沢山あった。なかでも寒葉斎筆写魚図に小野蘭山筆鑑定記名の巻物一軸は注目をひいた。

ところで第二回薬品会がおわって半年後の天保四年三月二日、嘗百社盟主の水谷豊文が五十五歳をもって亡くなった。その後継者としてまだ三十三歳の若さではあったが、伊藤圭介が推されることになった。やがて天保六年三月十五日にいたり、旧盟主豊文の霊を慰めその徳に報いるため、三回忌追薦の本草会を開いた。会場は南寺町の一行院、幹事は石黒済庵・大河内存真・吉田平九郎・大窪昌章と圭介がつとめた。

『乙未本草会物品目録』

この大会の主旨は『乙未本草会物品目録』巻頭の小引にでているので、その大

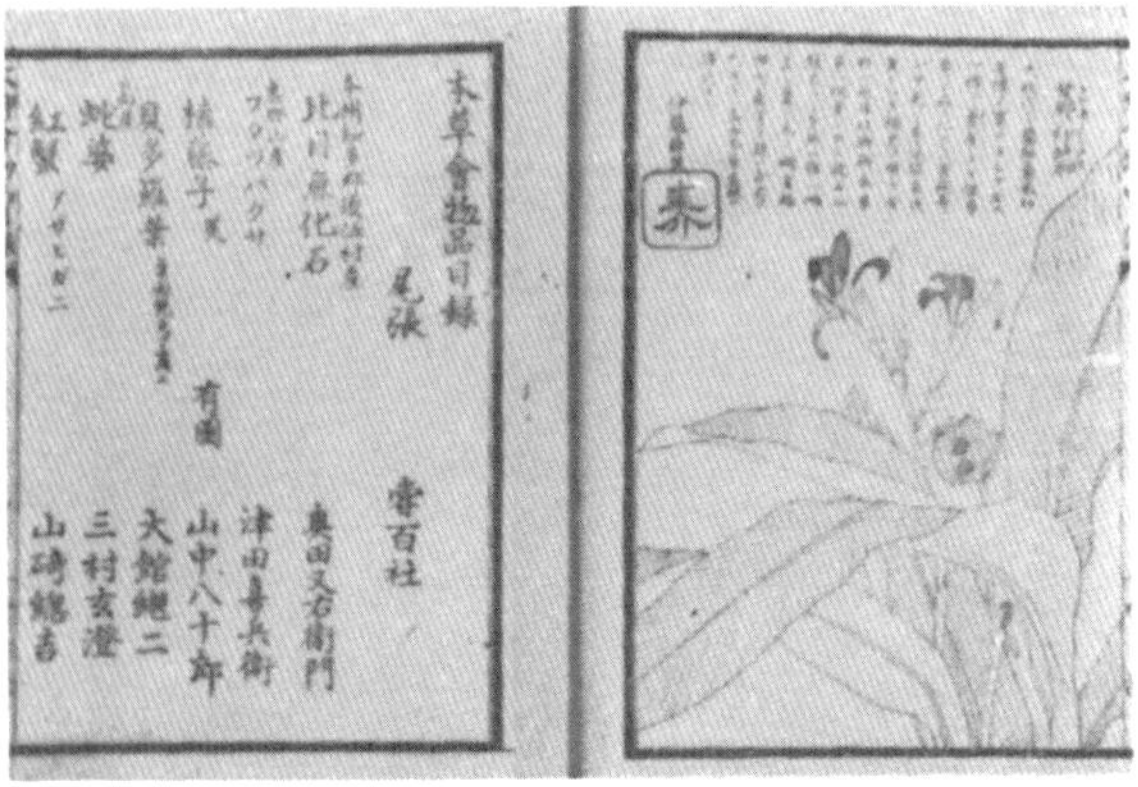

天保６年の嘗百社『乙未本草会物品目録』

意を要約すると、鉤致水谷先生は鳥獣・草木の名を多く識るの故をもって、その名は海内にあまねく、医者より儒者・農人・種樹者らで先生に相談しないものとてはない。われわれ同人は先生を盟主に推していたところ、仙去されて三年になる。嘗百社はますます興隆のみちを進んでいる。いま先生の指教の恩に報いるため本草会を開き、四方から集まった金石・動植の珍奇の品若干種を記録刊行し、各地同好の士に送ってその一班を告げる。目録刊行後も諸家続々物品を送られれば、続刊したいというのである。

出品物三千種におよび、見物の人おびただしく、朝より夕方まで押しあいへしあいして、さすがに広い一行院も立錐の余地なきほどであった（『名陽見聞図会』四編所収「天保六年乙未日記」）。

出品者

出品者二十七名、うち上位者五名をその点数順にあげてみると、

伊藤圭介　一〇五　水谷義三郎　七〇
大窪舒三郎　六八　吉田平九郎　三一
大河内存真　三八

伊藤圭介の出陳中には東インド産およびマレー産の腊葉七〇種、水谷義三郎出陳中にもジャワおよびインド産の腊葉八品があったが、これらは天保三年薬品会出品中インド産植物腊葉十種とともにシーボルトから贈られたものであろう。この『乙未本草会物品目録』はこの種目録中ではもっともよく知られ、本草物産学の普及に貢献した。のみならず、「西洋ニモ伝ハリ、即チ編中所載ノ「イバラガ

ニ」ノ図ハ、洋書中ニモ模写シ」（前掲圭介『雑記』）て紹介された。

嘉永元年の薬品会

その後嘉永元年（一八四八）三月十五日にまた修養堂で薬品会が開かれた。このときの幹事は戸田寿昌・石黒通玄・伊藤清哲と顔ぶれが変っているが、列品には、甘草莢（かんぞうざや）・椰子（やし）一種狭長の者・蜩蛇皮・ウミダイコン・ウミデッポウ・潜竜魚（せんりゅうぎょ）・綿魴・雷鳥・蛇足・鯨蝨（くじらじらみ）等の乾品その他植物の類がすこぶる多かった。

薬品会開催の意義

以上多少煩わしいまでに出品名を列挙したが、これらを通覧して、薬品会とはいいながら、必ずしも「日用薬品」として知られているものばかりでなく、「効用未詳」の動・植・鉱物や考古学的遺物の類まで出陳して、「博采多識の涵養」につとめ、未知の領域を開拓して不断に「自然誌」の進展に尽瘁（じんすい）した嘗百社員の熱情のほとばしりを感得せずにはいられないものがある。それとともにこの薬品会＝本草会が博物学的ないしは物産学的展覧会の性格をおびてきていることをも見のがしえない。この点当時浅井医学館においても毎年六月定期的に薬品会を開催し、動・植・鉱の奇品、唐・天竺・和蘭・西洋の産物一万余種を陳列して衆庶の覧に供した事実（『尾張名所図絵』）などとともに、明治以後におけるわが勧業博覧会の濫觴といわれているが、それもあながち否定できないと思う（吉川「尾張本草学の回顧」『尾張医科学史攷』所収）。

この節をおわるにあたり、圭介の事績の一端として、つけ加えておきたいことがある。それは天保四年（一八三三）七月名古屋の南部熱田前新田で、丈六尺五寸、廻四尺二寸という珍獣の捕獲

「海獣ポカ・レオニナ考」天保4年7月11日記

（山中武雄氏旧蔵）

があり、附近の庶民が物見高く集まった事件があった。このとき圭介がその鑑定を行い、蛮名ポカ・レオニナ Phoca Leonina なる海獣であろうと考定した（前ページ挿図参照）。一瑣事ながら、この一件など本草学者としての圭介の名をたかめる上に、大いに役立ったと思われる。

二 『泰西本草名疏』の刊行

尾張本草学界の首班となる

前節でみたように、伊藤圭介は自宅修養堂でしばしば薬品会を開催して本草学者としての実力をたかめ、師の豊文のなきあとは、若年ながら嘗百社を主宰して名実ともに尾張本草学界の第一人者となった。このかれの名声を決定的としたのは、何よりも文政十二年（二十七歳）刊行の著述『泰西本草名疏』であったといってよい。

圭介の処女作は『人参之説』（文政十年）といわれるが、これは実物が残っていないので、その内容など全くわからない。これにつづいて『日光山草木写真』（前出、シーボルトの蒐集和書目録に載っている）や、シーボルトのもとめに応じて書いた『勾玉考』（まがたまこう）などがあるが、刊本としては『泰西本草名疏』が最初のものであろう。そこで以下圭介の青年期のこの名著について、成り立ちの事情、その内容、日本本草学史上の意義など若干の説明を加えてみよう。

著述刊本のはじめ

『フロラ・ヤポニカ』を翻読研究

　圭介が文政十一年（一八二八）春長崎を去るにあたって、シーボルトから餞別にツンベルクの『日本植物誌』（フロラ・ヤポニカ）を贈られたことはさきにふれたが、そのさいシーボルトは「これを繙（ひもと）いて学術上に裨益（ひえき）されよ」と激励し、圭介はこれにこたえて、「必ずこれを基礎とし、泰西植物学の書を著わします」と誓ったと伝えられる。

　こうして圭介は心に深く期するところあり、帰郷後蘭方医業を開いて多忙の折から、少しの余暇をもさいて、『フロラ・ヤポニカ』の翻読研究を進めた。その成果はたちまちにかたちを整え、おそらく年内には早くも、『フロラ・ヤポニカ』

にのる日本植物のラテン名をとりだして、これに和名と漢名とをあてる仕事をおえたものと考えられる。

『名疏』の原稿成る

こうして一まず『名疏』（以下同様に略す）本文の原稿はできあがった。この自筆原稿は現存し、圭介が長崎に持参し、シーボルトが学名を書きいれたかの『物品識名』ならびに圭介からシーボルトへ贈った『腊葉（おしば）目録』と同じ箱にいれて国会図書館（伊藤文庫）に収蔵されている。箱書により圭介から孫の篤太郎に譲られ、秘蔵されていたものであることがわか

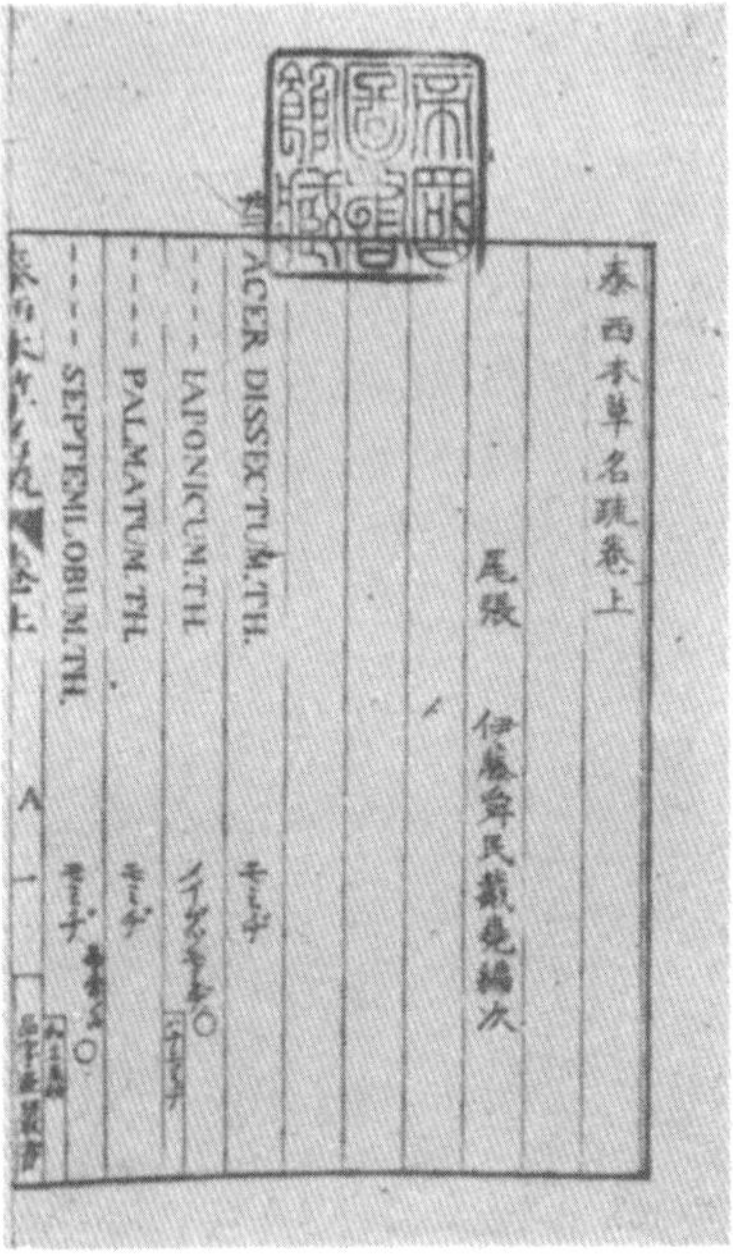

上巻の蘭文内題と本文

NAAMLYST
VAN
GEWASSEN
DOOR DEN BEROEMDEN
NATUURONDERZOEKER
C. P. THUNBERG, M. D.
OP JAPAN GEVONDEN.
HERZIEN EN MET JAPAN
SCHE EN CHINEESCHE
NAMEN VERRYKT
DOOR
JTOO KEISKE.
TE NAGOJA,
BY
BOENZY XI. (1828)

『泰西本草名疏』刊本

る。この草稿には親友の賀来佐一郎の朱書とともに、随処にシーボルト自筆のペン書き洋字の記入があり、圭介は脱稿するといち早く長崎にこの草稿を送って、シーボルトの校閲を求めたものと思われる。刊本と比べてみて、まだ本文と以呂波目次の一部だけしかない未完稿である（巻頭口絵参照）。

初版刊行

やがて原書綱目や附録上下のほか、序・跋・題言等をのせ、翌文政十二年十月、ちょうどシーボルトが国外追放の処罰をうけて帰国の途についたころ、名古屋で刊行、藩主に献上した。参考のため初版本の構成をしめすとつぎの通りである。

目録

上巻
石黒敏（正敏）の序　大河内重敦（存真）の序
著者題言　凡例
和名以呂波目次　原書綱目
蘭語の本書名　リンネ肖像画（銅版）
巻上――本文、本邦産植物名（A～F）

下巻
巻下――同右（G～Z）　水谷豊文の跋

附録
著者の附録小引　附録上――西籍所載漢名抄録
附録下――二十四綱解　二十四綱図
吉雄南皐（常三）の跋

嘗百社同人の石黒正敏（済庵）の序を筆頭に、兄の大河内存真の序、恩師の水谷豊文と吉雄常三の跋（ばつ）を載せてあるので、尾張本草家のこの書にたいする評価を知る手がかりにはなるが、本書訳述の理由については、著者みずからの題言・凡例・附録小引をみるのが一番の早道である。そこで少し長いが、圭介の本草学観をうかがう上からも参考になるので、まず題言から本書刊行の理由を聞きだしてみる（原漢文、和文に意訳する）。

題言と本書刊行の理由

西洋本草書が備わらず

一、近年西洋の学がわが日本で行われ、天文・暦・地誌より医学に至るまで具備するようになったが、本草の説は彼我方域（ひがほういき）がちがうので産物も同じでない。故に先輩の訳したものにも牽強附会（けんきょうふかい）のものが多く、この学はまだ全く備わらないといってよい。実にわが医学の欠典（けってん）である。

本草の未熟は実害あり

一体「生民の大患」では疾病にすぎるものはない。われわれが西学に従事しているのは、ほかでもなく、この大患を救うためである。いやしくもこの大患を救おうとすれば、本草の学を講じないわけにはいかない。天文・地理の諸説などはたとえちがいがあっても、「生霊」はそこなわないが、本草では少々熟達していなくても、少なからざる実害を受ける。自分はこれを憂えて今まで本邦の産物を集め、西洋諸家の本草説によって体系的な書物を編纂したいと前々から願っているが、事は容易でない。とりあえずこの書物を編して他日の考証に備えたいと思う。

一、われわれ西学を修めるものは、本邦の産物をひろく集め、これを西説をもって検討し、名を正し真を明らかにし、治病の役に立てることをもって急務とするが、その人に乏しく、まだそうした書物があるのをみない。何故か。それはもっぱら翻訳を事とする者は本草の説を講ぜず、本草者流はただ漢名の当否を弁じるばかりで西学に従事せず、二者の一致をかくのでこの学は明らかとならないのである。

西医の日本本草研究

西医でわが国の本草を修めたものは必ずしも日本人のたすけをかりないが、すでにケムペルやツンベルクはひろく本邦の産物を集めてそれぞれ著書をかの地で刊行している。その用心の厚いことは感服のほかない。どうして日本の学者がこれに敗けていられようか。

ツンベルクの功績

一、西洋人で日本の本草を撰修したのは前記二人だけといってよいが、とくにツンベルクはリンネの門人で、安永四年長崎に来り、わずか一年の滞在でその採集はひろく、著書も多い。その鑑定するところは新類二二属、新種三一六品もあり、功績は大きい。

西洋本草学の分類法

一、西洋本草学は科条を分け、物類を区別する。とくにリンネは花蕋を解剖して分類の基準を立て、二四綱を定め、毎綱に目をかけ、目はさらに類に、類は種に分けている。西洋近世のこの学を修めるものは、みなこの説に従っており、世界中一切の植物の種類は多く、究めつくしがたくみえるけれども、要するにこの二四綱の範囲をでない。かの地の本草学の規則は和漢の流とははるかにちがっている。リンネの説を詳細に知って、各綱目類種の「徴証」を精究したうえでこれを定めることなく、みだりに臆測して充用するときは、誤りを免れることはできない。学者はこの要領を察しなければならない。

医者としての使命感

一読してそこに「生民広済」の任をもつ医者としての使命感から、精密な本草知識の修得を絶対必要と確信した若き学徒が、西洋植物学の方法論を率先わが国に導入すべく、前人未踏の境地開拓に身を挺した、その先覚者としての気概の躍如としていることを感ぜずにはおれない。医は仁術の使命感、同胞愛と科学的真理へのひたむきな情熱との結びつきは、幕末の洋学者、とくに鳴滝塾に学んだ主介同門の人々にひとしくみられる傾向で、ここでもシーボルトの感化力の強大さを想起させられる。

『名疏』の刊行を推奨さる

とくに当時ようやく洋学の勃興著しきにもかかわらず、本草の面では先人の業績が至って乏しく、リンネ分類法を日本産植物に適用したツンベルクやシーボルトの企図を継承して、はじめて本格的な日本植物学の建設にのりだした圭介の意気込みは、恩師らの序跋にも強く推奨されているところで、水谷豊文も「本草の物形に精窮することは余は戴堯（圭介）より専らであるが、和漢の説に西説をまじえて該通・折衷することは、戴堯の方が余よりも博い。余は戴堯によって西学を窺うことができた。その花蕋の雌雄を分つ説を聞いて心酔歆慕すること久しかった」（原漢文）と最大の讃辞を贈っているのである。

本書の構成内容

つぎに構成内容についてであるが、本文はリンネの『日本植物誌（フロラ・ヤポニカ）』に収録された日本産植物のラテン名に、和名と漢名をあてたものであるが、原書が綱目に分類してあるのにたいして、圭介は初学者の検閲に便するため、アルファベット

（亜別泄（アベセ））順に編纂しなおし、別に原書の綱目を掲げ、その数字の符号を品名の欄上につけて、原書との連絡に留意している。またイロハ目次をつけて和名の検索にも便してある（同書凡例）。一―二を例示すれば（一二〇ページ挿図参照）、

（一丁表）

廿二　ACER DISSECTUM. TH.　モミヂ

……　IAPONICUM. TH.　メイゲツモミヂ○［ハナモミヂ］

……　PALMATUM. TH.　モミヂ　尋常ノ品○

……　SEPTEMLOBUM. TH.　モミヂ　［和名原缺］

（二丁裏）

AMYGDALUS PERSICA. LINN.　モヽ　桃

…………　NANA. LINN.　ウメ　梅○云此説恐誤

右諸例中ラテン名の次にTH.もしくはLINN.とあるのは、ツンベルクまたはリンネの鑑定にかかるもの、また下欄の○□等の符号については凡例に、

稚胆八郎ノ説

一、和名ノ下〇ノ符ヲ載スルモノ多シ。是本ト稚胆(わかい)八郎ノ説ナリ。ソノ説間(まま)春氏(チュン)（筆者註―ツンベルクのこと）ノ説ト同ジカラザルモノアリ。今併(あわせ)テ是ヲ挙載(きょさい)シ、傍ニ［　］ヲ作テ春氏ノ旧ヲ存ス。是西名一ニシテ和名異ルモノナリ。〇下略

一、原書和漢名ヲ欠クモノ、幸ニ稚氏ニ因テ是ヲ得ルモノハ皆傍ニ［和漢名原缺］ノ標ヲ以テ是ヲ差別ス。又春氏ノ説ニシテ原書ニ載セザルモノ、亦幸ニ稚氏ニ因テ一二ヲ得ルモノアリ。今是ヲ収入シテ分ツニ補［ノ］標ヲ用フ。

稚胆八郎はシーボルトの仮名

と説明してある。この稚胆八郎がシーボルトの仮名であることは、本文中の和漢名について右のような符号が非常に多く註記してあり、また同じく凡例に、

一、蓋(けだ)シ春氏ノ説彼自ラ誤考スルモノ、又和名ヲ伝フル人誤リタルモノ、或ハ彼亦訛伝(かでん)スルモノ等アラン、故ニ謬誤(びゅうご)頗ル多キニ似テ、考ヘ難キモノ多シ。因テ稚氏ノ説ト異ルモノ少カラズ。ソノ稚氏ノ説亦必シモ誤ナシトスベカラズ。余浅学寡聞(かぶん)、今斯(この)編ニ於テ断然是ヲ訂正スル事能ハズ。姑(しばら)ク二氏ノ説ヲ存シテ、海内博雅ノ士ノ参考ヲ竢(ま)ツノミ。

仮名使用の理由

と記してあるところからみて、疑う余地はない。このような仮名をあえて使った

理由も明瞭である。文政十一年の暮いわゆるシーボルト事件がおこり、シーボルトは一年抑留、取調べの上、『名疏』の刊行とちょうど同じ十二年十一月に日本放逐の刑に処せられるという事態に立ち至ったから、圭介もシーボルトの名を公然と出すことは、はばからざるをえなかったのである。前記凡例「和名ノ下〇…」の頭註に「稚胆八郎ハ伊豆ノ産、今死スト云」としたのも、鎮西八郎為朝の故事になぞらえ、稚氏を故人とすることによって後顧の憂いのないようにとの慎重な配慮に出るものであろう。

本書の日本植物史上の意義

それはともかく、圭介が未定稿の検閲を乞い、シーボルトから懇切な註記を得たことが、この訳著の学問的厳密性をたかめるうえに、きわめて大きなプラスとなっている事実は充分認識されなければならず、それはまた本書の日本植物学史上の意義を考えるうえからも、明確にしておく必要があると思う。もっともこの点については、すでに植物学専攻の田中長三郎博士も、「『植学啓原』(宇田川榕庵著）や『泰西本草名疏』の現はるるに及んで、日本も植物学時代に確然と入つて居る事を知る。……若しリンネを中心で云ふならば、水谷豊文が日本近世植物学の元祖で、伊藤圭介に至つてシーボルトの教を受け、新紀元を確定したと云ひ得る」（『本草』第二号所載「泰西諸国の本草学を論ず」）と論述し、一応指摘ずみである。

つぎに「附録上」は圭介の長崎遊学中に読んだ洋書数編中にのせた漢名植物のラテン名との対訳をアルファベット順に排列抄録したものであり、「附録下」は

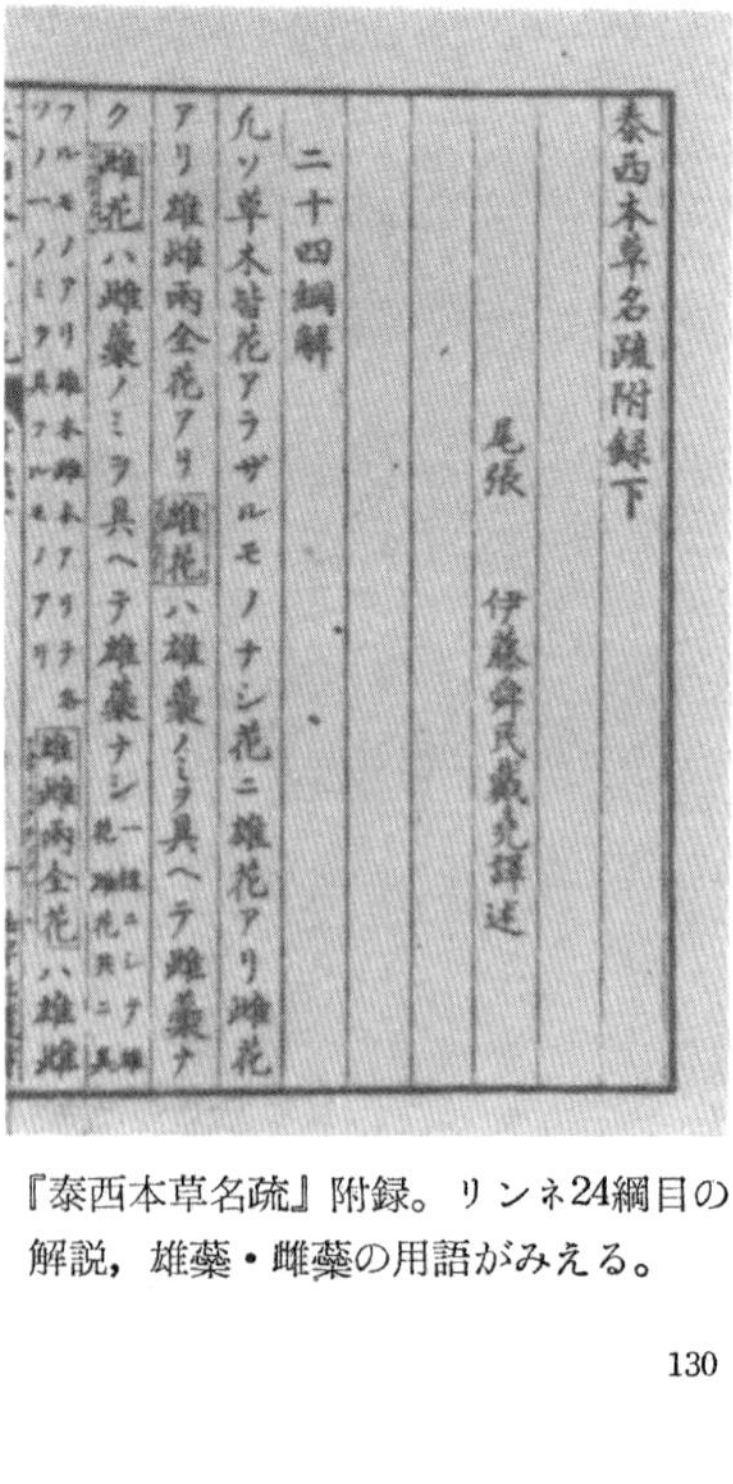
泰西本草名疏附録下
尾張　伊藤舜民戴堯譯述
二十四綱解
凡ソ草木皆花アラザルモノナシ花ニ雄花アリ雌花アリ雄雌両全花アリ雄花ハ雄蘂ノミヲ具ヘテ雌蘂ナク雌花ハ雌蘂ノミヲ具ヘテ雄蘂ナシ……雄雌両全花ハ雄雌

『泰西本草名疏』附録。リンネ24綱目の解説，雄蘂・雌蘂の用語がみえる。

リンネ二十四綱目の詳細な解説である。綱・目・類・種については、

○ソレ綱ハ雄蘂ノ多少、長短、位置、形状等ニ因リテ是ヲ立テ二十四綱トス。目ハ雌蘂ノ数及ビ其佗ノ諸因ニツイテ、是ヲ分チテ一百十余目トス。

○綱ト目トヲ定メテ後、類ト種トヲ区別スベシ。類トハソノ類属ヲ統ルノ名、種トハソノ品種ヲ分ツノ名ナリ。

雄蘂・雌蘂・類・種等の用語創定

と説明してあるが、雄蘂・雌蘂・類・種等、今日一般に使われている学術語がこの書物で圭介によって創定されたものであることも、圭介自身「附録小引」で、「まさにひそかに我が邦斯学の嚆矢となすなり」(原漢文)と明言しているところで、これまた注目に価しよう。

表紙の模様

なお本書の刊行にあたっては、その表紙の模様に「みのひとつだになきぞかなしき」と古歌に詠まれた棣棠の実と、俗称無花果というイチジクの花とを配して俗説の誤りであることを正し、また巻頭の口絵に、かつて長崎でシーボルトとの

訣別（けつべつ）のさい、ツンベルクの『日本紀行』から切りとって贈られた同人の肖像画を銅版に刻して掲出し、これにツンベルク鑑定の記念植物ヤバネカズラ（矢羽蔓）を配して先人の学恩に報いたなど、人知れず細（こま）かい注意が払われている。いずれも圭介の人柄をしのばせるよすがになると思う。

『名疏』刊行の反響

ところで『泰西本草名疏』が刊行されると、はたしてその反響は大きくこだまし、伊藤圭介の名は一躍海内にとどろいたばかりでなく、シーボルトによってヨーロッパの学界にも紹介された。

日本本草学にショックを与う

リンネの植物分類法は、すでに文政五年（一八二二）刊行の宇田川榕菴著『菩多尼訶（ボクニカ）経』に紹介されてはいたが、これはほんの小冊子で、榕菴の植物学上の主著は天保四年（一八三三）刊の『植学啓原』だから、圭介の『名疏』はこれに先だつこと五年であった。『植学啓原』がわが国における純正植物学の基礎をおいた不朽の名著であることはいうまでもないが、同書に先んじて科学的分類法を強調した『名豊文の『泰西名疏仮名』

疏』が、在来の日本本草学にあたえたショックの甚大であったことも疑えない。『名疏』のあたえた影響について一―二の例をあげれば、まず圭介の師の豊文はいちはやくこれをテキストとして使用した。それは国会図書館(伊藤文庫)に豊文自筆の『泰西名疏仮名』(一冊)として残っている。

飯沼慾斎リンネ分類法を応用す

また大垣の本草学者飯沼慾斎も安政三年から文久二年にかけて主著『草木図説』(華の部)を刊行し、この書物で慾斎は榕庵や圭介によって紹介されたリンネの二十四綱目の分類式をはじめて日本産植物に応用し、わが国の「科学的植物分類法実行の鼻祖」(牧野富太郎博士)と仰がれるにいたったが、かれは圭介より二十歳の年上ながら、たがいに親交があり、おそらく『名疏』に多くの刺激を受けたにちがいない。

同書の圭介の序

圭介は安政二年(一八五五)この書に序して、自分は二十五―六のとき『泰西本草名疏』を著わしたが、当時天われに年を仮すならば、さらに本草大成の書を世に問いたいと思っていた。しかしその後多病でことに勉める能わず、三十年を空費してしまい、ついにその志をとげえなかったことを、平生深く遺憾としていた。ところが慾斎翁が刻苦研究して西洋植物学の規則にもとづいてこの書物を編集された。その説は詳悉でその図は精緻、日本の草木を網羅していて、医家・博物学者の宝典とすべきものである。翁のこの挙で自分の多年の憾みがはじめて釈けた、と卒直にその刊行を祝福しているのである（原漢文）。

圭介は新分類法の紹介に終始す

圭介は折角リンネの科学的分類法をうけいれて紹介の労をとりながら、しかもついに一生のあいだ、これにもとづいて在来の本草学の分類法を変革することはできなかった。そこにかれの学問の一つの限界があり、たしかに内心残念なことに相違なかった。しかしかれの影響をうけた精力絶倫の慾斎が、よくこの難事業をなしとげたのである。圭介たるものもって瞑すべしというべきか。

三　天保救荒策への貢献

化政期の小康

いわゆる化政期として江戸文化の爛熟が謳歌された文化・文政時代は、将軍家斉（大御所）のもと華美・驕奢な消費生活が長らく続いたが、この間に武家政治は放漫と無気力と弛緩をかさね、すでにその頽勢はこのときにきわまったといわれる。しかしともかくも為政者の無為無策にもかかわらず、表面泰平を謳歌できたのは、幸い比較的豊作に恵まれ、天災・凶饉が割にすくなかったからである。とはいえこうした平和と繁栄は、いわば「噴火口上の乱舞」であり、その背後には幕藩封建制のあらゆる矛盾は内攻し、とくに商品経済の進展は封建機構を内側から腐蝕解体させつつあり、結局大勢はいわゆる幕末の最後的危機へとずるずると落ちこんでゆく過程であった。

天保期の危機的様相

果然つぎの天保期にはいると、かの天明期以来四十年間にわたり、久しくみられなかった天変地異・凶荒饑饉・一揆打毀等の大波が一時に襲いかかり、化政期に内攻した社会経済上の矛盾が一斉に表面化してくるのである。ことに天保三・

四・六・七年にわたって気候不順・大洪水・大風・地震・旱魃等が頻発し、凶作は全国を掩った。そのため米価もたちまち騰貴し、一揆・打毀も急に高率をしめすに至り、天保八年大坂の大塩平八郎の乱を筆頭に、備後(広島県)三原・越後(新潟県)柏崎・豊前(福岡県)小倉等の各地にあいついで暴発した。

このような幕藩体制に根ざす深刻な危機の到来は、幕府はじめ諸藩の政治改革(いわゆる天保改革)を不可避とするのであるが、尾張においてはこれら一連の全国的現象はどのようなかたちをとってあらわれたであろうか？

尾張の凶作

この地方では天保三年から四年にかけて不作ではあったが、凶年というほどではなかった。しかし全国的な凶作のため米価は騰貴し、四年十一月には一両につき五斗六升、十二月には五斗二升となった。そこで藩でも貧民に米銭を給与したが、五年には一旦持ちなおし、六年にまたやや不作、七年秋から八年にかけて饑饉の惨害は言語に絶するにいたった。八年正月には米一両につき三斗三－四升、

米価急騰

七月には三斗一升にまで急騰した。

藩の救荒策

そのうえ八年三－四月ころから疫病が流行し、猖獗をきわめた。藩では米価調節のため囲米（穀貯）の払下げを行い、七年より九年まで御救小屋を設けて、行倒れ病人や無宿貧民を収容し、また市中有志から米金を集めて窮民に与えるなど救荒対策に力を尽した。そして六年正月疫病流行を予期して『御薬方心得』を編纂して村々に頒布、さらに八年五月には京都鳩居堂主人著『きゝん年の食物』と『饑饉せざる心得書』の二部を摺物にして配布し、饑饉年の食物製法を知らせて餓死防止にもつとめた。

尾州に農民一揆なし

農民一揆は隣接の三河では頻発したが、尾張ではほとんどその例をみない。大藩で農民統制力が強く、財政困難でもどこかに余裕があり、農民を死線に追いつめるような誅求をしなかったからであろう（以上『愛知県史』巻二）。

天保年代に勃発した右のような凶荒とその対策に関しては、本草学者にとって

救荒専門書

はたすべき多大の役割が与えられている。和漢の本草書には古来大抵、救荒植物の記述がみえるが、とくにその専門の書として、たとえば明(みん)の徐光啓編『救荒本草』、おなじく王西楼著『救荒野譜(やふ)』、またわが小野蘭山著『救荒本草会誌』・建部清庵著『民間備荒録』・岩崎常正著『救荒本草通解』などがあった。天保年代になると、全国凶年の四年には半井(なからい)宗玄『忘飢草』・舘機(たてはた)柳湾『荒年充糧志』・藤堂高献『福州府志物産便覧』・高井蘭山『麁食(そしょく)教草』等が輩出し、五年には大蔵永常(おおくらえいじょう)『農家心得草』、七年には遠藤通『救荒便覧』・高野長英『救荒二物考』などがでて、各地における本草学者らの活動がにわかに目だってきた。

『救荒食物便覧』を刊行

　尾張藩では前にふれたように、天保八年に京都鳩居堂主人作の二部の心得書をとりあえず印行頒布したが、伊藤圭介もこの年四月『救荒食物便覧』を開版して藩の救荒対策に協力したのである。このことは一般に知られているが、圭介には

『救荒草私考』

これよりさき天保四年(三十一歳)八月著わした『救荒本草私考』一編があり、国会

図書館（伊藤文庫）に収蔵されている。これは「的当ノ者救荒本草」として大薊・大藍・紅花以下の植物名をあげ、簡単なメモをつけてある程度の未定稿ではあるが、圭介が天保饑饉の最初から救荒に思いをひそめていたことを物語る貴重な史料である。

『便覧』刊行の主旨

『救荒食物便覧』も一枚摺りの小冊子で、圭介が口授したのを門人の尾張（愛知県）西尾泰二・信濃（長野県）松崎寛一が筆記したものであるが、伊藤文庫本には表紙見返しに圭介の自筆で、

> 救荒ノ説世ニ多シ。大概漢土ノ説に繇レリ。此便覧ハ我邦諸国相伝ヘ、凶年ニ食スル的実ナルモノヲ挙ゲテ、遍ク四方ニ知ラシムルモノニシテ、実験親試シ、謬誤ナキモノニ係ル。

と明記してあり（一四〇ページ挿図参照）、本文にも、

> 荒年には貧民務て食用となすべき艸木を山野に采りて、米麦の乏しきを補ずばあるべ

からず。食品諸国各発明ありといへども、此に知りて彼に知ざるもの多し。今是を普く知らしめ、救荒の一助たらんことを欲す。〇今茲に纂る者は、支那及荷蘭等諸本草書の説を主とせず。当今我皇国四方の地に於て、田父山民采用する者と、古老相伝へ凶歳に食し害なき品等の的実に見聞せしとを挙げ、殊に余親ら試験るものを第一とせり。その異邦の説を主とせざるものは、方土迥に異にして性能或は変ることあらんを恐れ、且は先輩本草の諸説、漢名等の信じがたきもの少からず、名実相違へば、人を誤る

表紙見返し，左本文。
（国会図書館蔵）

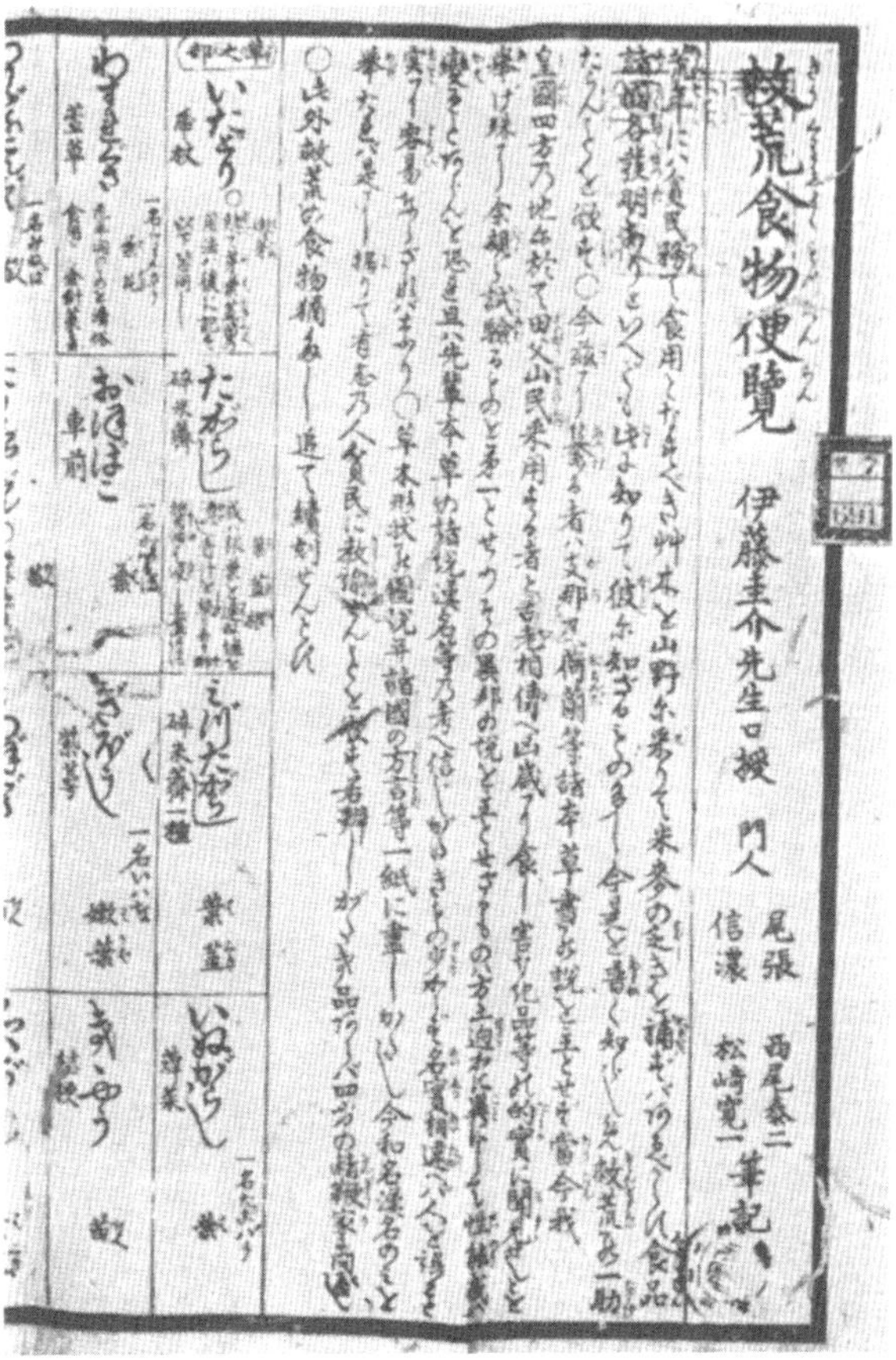

『救荒食物便覧』圭介手沢本。右，

こと実に容易ならざればなり。（ふり仮名は原著のまま）

と卒直明快にその趣意をのべてある。救荒食物にたいする一見識をしめすものであろう。本書に収録した六十草・十二木の植物は表にして草・木の二部に分け、例えば草之部では「いたどり」・「たうがらし」・「みづたからし」等の嫩芽（わかめ）・葉・茎・根等の食用に供しうべきものを指摘し、間々（まま）その食べ方にも言及している。

尾張藩『便覧』を頒布

尾張藩ではすでに鳩居堂のパンフレット等を村々に配ってはいたけれども、この『救荒食物便覧』を有益の書と認めて、圭介から板木を借り上げ、数千部を印刷して封内の尾・参（愛知県）・信（長野県）・美（岐阜県）諸国の窮民にひろく頒布し、かつ藩主からその賞として金若干の下賜があった。

『救荒植物集説』の編述

なお圭介の救荒関係著述には、後年の『救荒植物集説』（『有毒植物集説』と合綴）があるが、これについては孫篤太郎が『救荒本草私考』に寄せた「題言」に、「由来、救荒植物の問題は、翁が終生の一課題にして、翁の老後、明治十七年の

『官報』に掲載せる『救荒植物集説』あり、又之を抜萃し、別刷の小冊子として印刷せるものあるも、定限判なれば、之を得難きの憾（うらみ）あり。依て余は博文館発行の雑誌『太陽』の復刊第一三巻第九号（明治四十年六月発行）『明治名著集』に掲載し置けり。（昭和十五年七月十日記）」とあって、圭介が天保期以来救荒植物の研究を終生の課題としていたことを、充分に裏書きしているのである。

四　採草研究の進展と旭園の開設

圭介の事績の上で天保年代は劃期

右の三節にわたり、わたくしは本草学者としての伊藤圭介の事績を種々の面から語ってきた。しかしそれらは本草会の開催といい、『泰西本草名疏』の刊行といい、また凶荒対策への貢献といい、どれも天保年代までの事歴であった。天保年代を劃期としてかれの社会的活動は、本職の医業においてもさきにみたとおり、藩医に登庸（とうよう）され、種痘法の導入等で一段と力量を発揮するし、蘭学者としても次

本草学の分野でも時期を劃す

章でのべるように、多面的な仕事を展開する。本草学の分野でも、天保四年師の水谷豊文の死後、嘗百社の事実上の盟主となり、同人らとあい率いてさかんに採草の共同研究に従事し、安政五年には名古屋袋町に別業旭園を開き、爾後毎年同所を嘗百社の博物会場とするなど、やはり天保年間はその活動に一時期を劃しているのである。そして文久元年五十九歳で幕府から命ぜられて蕃書調所の物産取調べに任じるまでの中年期を、尾張本草学の完成のために尽瘁するのである。

そこで以下天保期以降、主として嘉永・安政年代に時期をかぎり、本草学研究上で最も基礎的な作業である採草活動の進展のありさま、尾張本草学の本拠としての旭園の開設、嘗百社博物会の発展のあとなどをたどってみたいと思う。

天保期までの採草歴

まえにもちょっとふれたが、最初に天保期までの主介の採草歴をふりかえってみよう。かれの採草＝採薬の事歴は少年期の文化・文政ころにさかのぼる。このころ父兄や水谷豊文につれられて尾・三・勢（三重県）・志（同上）・濃・信の諸国を遍歴している。文政四年京都遊学中には蘭学学習の余暇、しばしば比叡・貴船・鞍馬・愛宕(あたご)等の諸山に採草し、翌五年京都を去り、城(京都府)・摂(大阪府)・和(奈良県)・勢(三重県)・志(同上)諸州の山野を跋渉(ばっしょう)しながら帰郷、さらに同年豊文に従い、尾州知多郡の海浜より篠(しの)島・日間賀島等に赴き、動・植・鉱諸物を採集して参河(愛知県)猿投(さなげ)山まで行っている。

こうして集めた庶物は本草会(薬品会)を通じて考究・鑑定され、学的に整頓されていったが、それらの多くは文政九年シーボルトと宮での初会見以来、その植物分類学的な鑑定をもうけ、またそのうちから幾多の腊葉を寄贈し、シーボルトの手をへて欧州の学界にも紹介されることになったのである。

なお文政十年には三月伊藤家修養堂で第一回薬品会を開いたのち、参・遠(静岡県)・駿(同上)三州の採集をしながら江戸へ出て、宇田川榕庵の家に寄宿し、榕庵とつれだって日光に採訪。さらに七月江戸を発し、上州(群馬県)の榛名(はるな)・妙義をへて一旦郷里に帰るが、八月長崎遊学のため出立、濃(岐阜県)・江(滋賀県)その他諸国で、また翌文政十一年帰途にも九州各地や播州(兵庫県)等で採集を怠っていないのである。つぎに

天保期の採草

天保年代になると、三年四月母たきの善光寺開帳の参詣に同伴して信州路を往復し、孝養をつくしながら帰路は戸隠山(長野県)に立ちよって採草している。さらに九年には藩命により病用手当医師として木曾山に出張、公務のかたわら多数の珍草・奇木を検出したことも前述した。

採草記録見当らず

以上列記した天保期(三十代)までの採集旅行のあとをたどっただけでも、本草研究の広汎な進展ぶりを想像させられるが、そのほか嘗百社中は、伊吹・戸隠・白山等近国諸山の採集を年々行ったと伝えられる。しかし残念なことには、これらの採集紀行といった記録類は寡聞にしてその存否を知りえない。筆まめな圭介のことだから、水谷豊文の『木曾採薬記』(文化七年)や『知多紀行』(享和元年、続編は文化六年)のような採草記はありそうに思えるが、圭介の編集にかかる『採草叢書』(名古屋大学附属図書館蔵)に

も前記二著の豊文自筆本を収録して「錦窠百珍之一」と特筆しながら、自分の採草紀行はこのなかにもいれず、言及もしていないのである。

さて天保の劃期以降、弘化・嘉永年代にはいると、種痘・海防等の諸問題が山積して恐らく寸暇もえられなかったと推察されるが、この間は嘉永五年伊吹山行きのほか採草旅行をした形跡がみえない。ところが安政年代になると、二年には江州伊吹山から山城諸山・摂津有馬・伊勢朝熊山・志摩青峰等に出かけており、五年（五十六歳）五月には勢州菰野山に採集している。

菰野山採集

この菰野山採集については、幸い圭介がその後二年たった万延元年三月、桐の板に檜の縁をつけた奉納様額二面を宿舎杉屋の主人喜三郎に贈っていて、その一枚には「菰野山采薬品目」と「尾張嘗百社同游人名」を記し、他の一枚には同行の画家中野月嶠が、当時の模様を彩色で描いているので、詳細を知ることができる。

同行者

同遊者は嘗百社員十五名（圭介はじめ吉田平九郎・石黒通玄（済庵の子）・丹波修治・大河内構斎（存真の子）・千村五郎（久々利領主の一族）田中東陽（芳男）・西山春庵（春成の子）など）、その他「社外同遊」として美濃大垣の飯沼慾斎、尾張平島の村瀬厚英を加え、杉村喜三郎を案内者とし、数日間菰野山内を採集した。「采薬品目」にのせたものは、「右通計三百六十五品、尚遺漏多し。眼倦み筆禿し、詳しく悉く写す能わず」（原漢文）とあるが、その品名は省略する（吉川「尾張本草学の回顧」『尾張郷土医科学史攷』所収参照）。

旭園の開設

ところでこの安政五年は尾張本草学史の棹尾を記念する旭園の開設された年でもあった。圭介はいまの名古屋市中区錦三丁目（当時袋町）に地を卜し、同年二月この別業を開園したわけであるが、その広さは南北三十九間・東西十間ばかりとはいえ、池あり山あり、多数の内外植物を栽培し、珍石・奇木もすくなくなく、一大薬園を形成していたといわれる。そのため名声は海内に喧伝され、遠近からここを訪う人々もあとを絶たず、あたかも幕末本草学のメッカの観を呈していた。

鬱蒼と茂る樹々にかこまれて瀟洒な平屋建があり、縁が高く下は温室用とし、座敷は本草会の席にあてたが、この部屋には着色したリンネの肖像や、長崎伝来のビイドロ画の額などもかけてあった。

文久元年旭園で本草会を開催

この年の四月には早速嘗百社主催の本草会（博物会）を催したが、爾後連年ここで博物会を開き、また嘗百社中の月々の例会もここを会場として、たがいに研鑽を重ね、また後進の指導にあたった。初会の模様はいま明らかにしえないが、文久元年（一八六一）三月の博物会の特徴は、鳥類の剝製品がはなはだ多く、それに古瓦二百種ばかり、その他古升・古器物等、考古学的な資料が沢山出品された（『文久元年博物会目録』）。

出陳の古瓦

この古瓦は、圭介自身、非常な蒐集家で、家蔵品二百余にのぼった。『明治十二傑』（前出）に左のごとくその品目の一斑をあげてあるが、これは晩年、雑誌『洋々社談』（七五・七九号）に、圭介が「古瓦叢談」をのせ、また『学士会院雑誌』（第

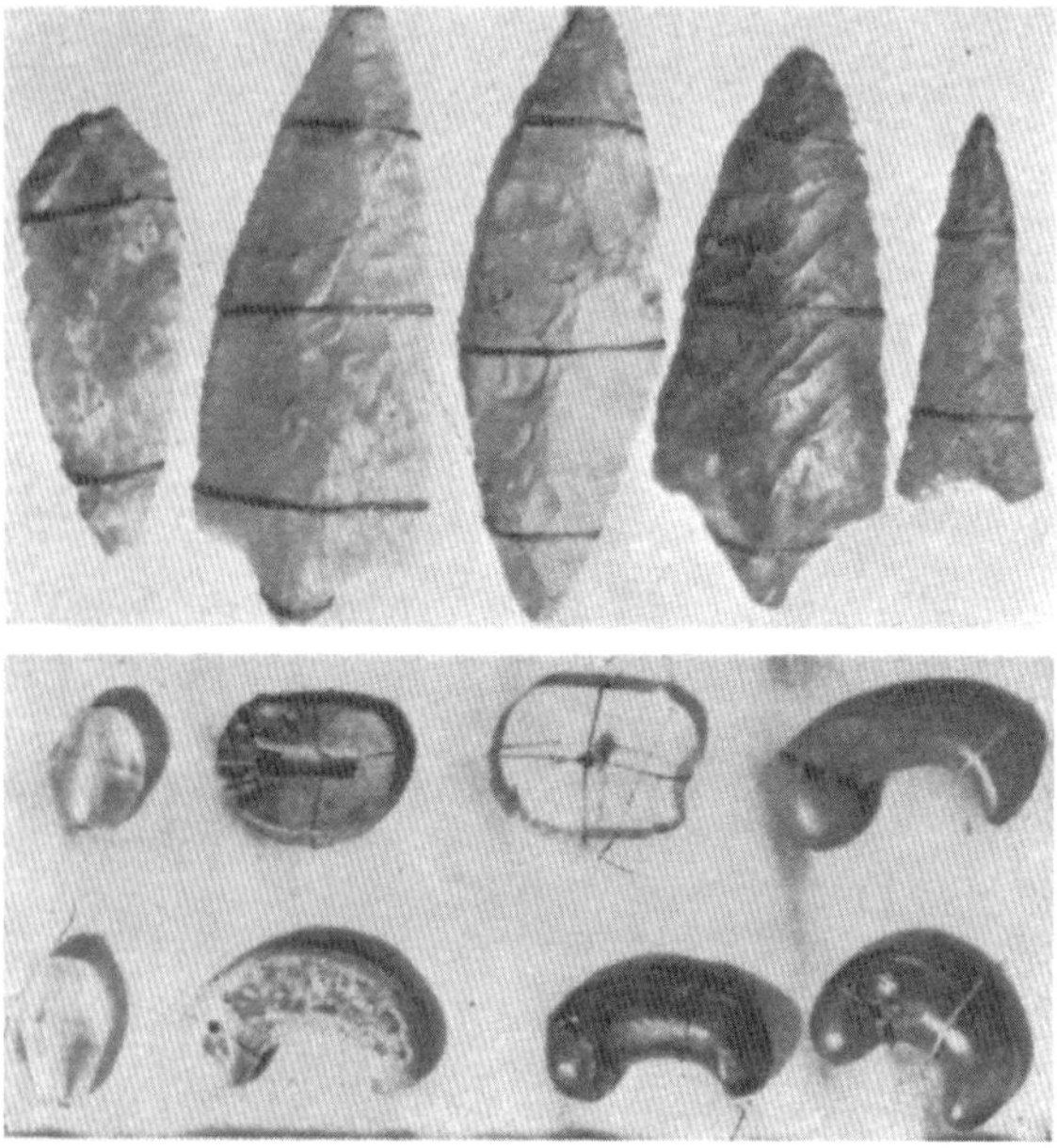

圭介の蒐集した考古学標本。矢じりと勾玉

（伊藤一郎氏旧蔵）

一六編）に「錦窠古瓦譜」を寄せたのによったものである。

太政官瓦、法隆寺瓦、伏見桃山殿金色菊紋瓦、尾張熱田社丸瓦、洛北楽亭瓦、不破関瓦、京大仏殿瓦、大和唐招提寺瓦、大極殿青唐草瓦、羅生門平瓦、京東寺瓦、同西寺瓦、平城宮殿瓦、京大内裏楽字瓦、熱田八剣宮瓦、南都大乗院瓦、三州篠塚医王寺瓦、尾張尾頭願興寺瓦、北筑都府楼古瓦硯、大坂高津宮瓦、和州薬師寺瓦、播州手枕松住吉社瓦、主殿寮瓦、宇治恵心院瓦、和州当麻寺瓦、神祇官瓦、尾州中島郡国分寺瓦、土佐国分寺瓦、鎌倉建長寺瓦、伊勢菩提山院瓦、多賀城瓦等

考古学の見識

なお逸品中でも、備中松山吉備寺の古瓦は、吉備卿（真備）が帰郷して初めて伽藍を建てた旧蹟の遺物として、もっとも珍重したという。かのシーボルトに圭介が提出した『勾玉考』といい、この古瓦の蒐集研究といい、圭介はたんなる弄石家の域を脱して、考古学者としても一家をなすに足りる見識をそなえていたと思われるが、呉服町邸内博物庫に蔵されていたこれらの蒐集品が、その後散逸に帰してしまったのは残念である（前ページ挿図写真は圭介の蒐集残留遺品の一部）。

文久二年の本草会

ところで文久二年三月にも、旭園で本草会が開かれた。このときの出品勧誘書なるものが残っているので、左に掲げてみよう。

尾張名古屋袋町筋
伊勢町東に入南側

本草会

右会年々錦窠伊藤翁の旭園に於て相続候処、当時翁東行中にても猶又社友と申合、本草研究の為め連綿不レ絶様仕度候間、毎年会員を相定置候。伏而四方同好之君子、期に先ちて動植諸品斯学に所レ係の物を初として、博く物産・珍玩に至る迄品物御差出被レ下度、奉レ希候。会終候はゞ不日に返璧可レ仕候。不具。

（文久元年）辛酉冬日　嘗百社中［尾張嘗百社印］

（吉川「旭園趾」『拾遺』所収）

文中「翁東行中」とあるのは、文久元年九月から圭介が蕃書調所物産学出役として江戸に出仕中のことを指している。このときも出品数は甚だ豊富で、豆類だけでも六十八種に上ったという。圭介はこの文久二年には江戸においても博物会を開催しており、かれの書翰によっても旭園と江戸の寓居との間には、種子・球根その他の品物の交換が行われていたことが知られる（国会図書館蔵『伊藤圭介書簡集』）。

万延二年の例会予定表

つぎに毎月の例会についても、万延二（文久元）年の予定表（一葉刷り）があるので、参考のため掲載しておく。

万延二年旭園本艸会主品		嘗百社
正月	金石類　鳥類	活児堂
二月廿五日	梅　山茶花	千艸庵
三月	山躑躅（つつじ）　桜	修養堂
四月十八日	薔薇　海藻	生済堂
五月	藻類　穂類	東岡葊（とうこうあん）
六月	水虫　織花	銀杏園
七月	虫類　禾木（かぼく）	大班廛（てん）
八月	蓼（たで）類　苔品	活字堂
九月	羊歯（しだ）　菌類	千艸庵
十月	稲　苔類	修養堂
十一月	介石　魚品	生済堂
十二月	獣品実類　砂土	東岡葊

表中活児堂は菊池有英（本史料旧蔵者）、修養堂は伊藤圭介、東岡蕣は富永武太夫のことで、その他も嘗百社中の錚々たる指導者であり、これらの人々が年間の当番（月行事）を設けて順次に主品を持寄って、社中研鑽の資としたのである（前掲「旭園趾」参照）。なお菊地家にはもう一つ『富士本宮産物目録』という横書き三枚綴りがのこされていたが、その末尾には圭介が菊地有英にあたえた左のような採集心得が記してあるので、ついでながら採録しておく。

『富士本宮産物目録』

鉱物採集心得

百姓ニ、ヤノネイシハ無哉、弾丸ハ無哉抔尋テワカルモノニハ非ズ。手本ヲ出シ見セテ、ケ様之品ハ此近処ヨリ出タ歟ト尋ベシ。存外分カル事アリ。

又ヤノネイシ、水晶又ハ瑪瑙抔、百姓ヤ（屋）之ヒウチバコ（燧箱）ノ中又ハアンド（行燈）引出シ抔ニ入レテアルコトアリ。ソノトキハハシタ銭ヲ出シテ買フベシ。

カマ（鎌）ツカヲ落サヌ様ニヒモヲ付テ、帯ニツナギオクベシ。

これは圭介が多年の体験からえた鉱物採集についてのこつを教えたものとして、

まことに興味ぶかい（吉川「伊藤圭介翁の採薬研究」『拾遺』所収）。

第五　幕末期蘭学者としての多面活動

一　蘭学教育者として

幕末蘭学者の意味

はじめに「幕末期蘭学者……」としたこの章の題目の意味と梗概とを説明しておく必要を感じる。まず幕末期であるが、これは学者によって安政開港以降とする人もあり、あるいはまた天保改革当時までさかのぼらせる人もあって、必ずしも一定していないが、ここでもそれほど厳密に時期を限定しているわけではなく、だいたい天保末年ころを端緒とし、嘉永・安政期（前期）から文久・慶応期（後期）ころとしておくが、ともかくこの期間が、幕藩体制・鎖国体制の瓦壊（がかい）期で、内憂外患が一時に爆発したためまぐるしい変革期であったことはいうまでもあるまい。

圭介も幕末蘭学者の資格を具う

この内憂外患への国を挙げての対策に即応して、幾人かの蘭学者＝洋学者は洋学の学問的真価を発揮し、それぞれ特徴のある多面活動を通じて、新日本の建設に二役も三役も買ってでるのであるが、伊藤圭介もまさにそうした幕末期蘭学者としての特徴と資格を充分にそなえた一人であった。この多事多難な変革期こそは、長命なかれにとっては、もっとも油ののった働きざかりの壮年期にあたっていた。中部日本の雄たる尾張藩においても、幕末期蘭学者としての圭介に期待するところ、まことに大なるものがあった。藩のこうした期待にこたえて、かれは専攻の医学と本草学ばかりでなく、時局のとくに要請する語学・地理・海防等の諸部門でもはなばなしい多面的な活動を展開し、ことに蘭学塾における教育によって幾人かの後進を養成し、みずからもいくつかの優秀な業績をあげたのである。

藩の期待にこたう

幕府にも徴用さる

こうしてその名声がいよいよ海内にひろく喧伝されてくると、幕府もついに文久二年（一八六二）、その洋学翻訳研究機関である蕃書調所に圭介を徴用して、当時

「必要之学科」とされ、また圭介のもっとも得意とする物産学の担当を命じるに至った。ところが、かれはわずか二年余で、健康上の理由をもって職を辞し、郷里名古屋に帰って、維新変革の重要な時期は中枢に参与せず、もっぱら一藩医として行動する。しかしこれもまた七年間のことにすぎず、維新政府が成立すると、明治三年ふたたび東京に召しだされて物産学・植物学の調査研究に従事することになり、やがて東大教授に任じ、その間なお三十年余にわたって学究生活を続けるのである。

ここでは東京移住以前までの圭介の、いわば幕末期蘭学者としての多彩な研究教育活動を、四節に分けて詳述したいと思う。

後進の教導と圭介の門人

伊藤圭介の蘭学者としての活動において、後進の教導誘掖（ゆうえき）に努力した面を度外視することはむろんできない。かれの門人には、天保八年『救荒食物』の口述筆記をした西尾泰三・松崎寛一や西村良三（のちの柳川春三）・田中芳男、またのち養子となった中野延吉、その他嘗百社メンバーの菊池有英・小塩五郎・丹波修治等、とくに本草部門において多士済々である。しかしそうした特別の門人については後章にゆずり、ここでは名古屋の蘭学塾を中心に多くの学徒を養成した、蘭学教育家としての一面を問題とする。

尾張蘭学塾（洋学館）の創始

尾張名古屋における蘭学塾の創始は、正確な文献がなくて明確なことはわかりかねるが、国学者としても有名な尾張藩士上田仲敏が阿片戦争以後のわが国をめぐる極東情勢の急転回に備えるために、洋学教授の必要を藩庁に進言して、伊藤圭介や、篤学の僧佐竹得照らとはかり、自邸内に洋学館を設けて藩内外の子弟に蘭語や洋式砲術を教授したことに端を発する。『新撰洋学年表』嘉永三年の条には、

> 尾張藩士上田帯刀仲敏、四一、其家を西洋学館と号し、蘭学・砲術を藩の子弟に教授す。

帯刀は吉雄南皐に学び、又師意を承て砲術を研究す。砲術語選・砲術便覧の著あり。藩侯後に私塾を収て藩校とし、又伊藤圭介をして其業を補けしむ。於レ是砲術講習大に行れ、他藩の人士も来学ぶ者甚多し。

とみえている。

ところが明治二十四年文部省総務局編纂の『日本教育史資料』には、名古屋藩の洋学校の項に、「旧藩主徳川氏調」としてつぎのような記述がのっている。

圭介の協力

洋学ハ尾張藩ニ於テ別ニ学校ノ設ケナシト雖、弘化四年ノ比藩士上田帯刀仲敏ナルモノ、町医師伊藤圭介ナルモノト協議シ、蘭学訳書ヲ研究セン事ヲ藩主ヱ建議シ、嘉永元年三月十四日之レガ允許ヲ得タリ。同年六月白石平蔵藩ノ出入トナリ、同二年五月西洋学及び西洋砲術ヲ研究シ、尾張藩有志者ヱ伝習ノ許可ヲ得タリ。安政六年十二月上田帯刀ノ自宅ニ於テ洋学所ヲ設ケ、洋学教授ヲ開業ス。是ニ於テ本藩ニ洋学ヲ開ケリ。

上田帯刀その自宅に洋学所を設く

この記載も必ずしも正確詳細な「記録ヲ得ルニ由ナク」とあり、上田・伊藤らの私塾は嘉永初年からあったのか、安政六年に正式に洋学所が上田邸内に設けられたのであるか、前記『洋学年表』とも一致せず、明瞭をかく。

「洋学堂」とは何を指すか？

さらにもう一つ疑問なのは、伊藤圭介が天保十二年（一八四一）に著わした『万宝叢書洋字篇』(後述)が洋学堂開刊となっており、毎冊「不出門闥（ふしゅつもんたつ）、厳禁売買」の印が捺（お）してあることである。一見この書物が「洋学堂」の生徒用教科書として編纂され、生徒以外の一般人の手に渡ることを厳禁しているようにみえる。そうだとすれば、すでに天保十二年には上田邸内の蘭学塾は存在していたことになるわけであるが、圭介は自宅内の一建物(普通十二花楼と呼んだ)を修養堂とも、洋学堂とも称しており、後述のように文久三年以降は上田邸内の蘭学塾を伊藤邸内に移しているから、それ以後は当然としても、それ以前の天保ころからその建物を「洋学堂」と呼んでいたかも知れず、そのへんのところはきめ手になる史料が見つからないかぎり、蘭学塾創始の年代ははっきりしないのである。

名称もまちまち

つぎにこの蘭学塾の名称も、前掲『洋学年表』には「西洋学館と号し」とあるが、尾張徳川家収蔵の蘭書には「尾張洋学館印」というのがあり、これも上田氏の私塾時代の名か、のちに藩校となってそのように称したのか、その辺も判然としない。それにすくなくとも伊藤家に移ってからは「洋学堂」と呼んでいる。そのほか当時の書翰（『尾張蘭学者考』所載、宮田敏より辰巳柏堂あて年代未詳）には、「西洋館入社之儀、上田総裁え相願申候。云々」とも書かれ、実にまちまちであるが、これらの史料から判断して、正式には「洋学館」（または洋学堂）と称し、通称を「西洋学館」（または西洋館）といったように思われる。

上田仲敏の邸

つぎにこの洋学館の設けられた上田仲敏の邸は、名古屋城内三の丸（俗に御太鼓筋中小路西南角、現在の中区丸の内付近、元野砲兵舎跡）で、当時尾張藩の重臣ばかり住んだ地域にあった。上田氏は八百石を領した名家であり、仲敏もその履歴によると、

一、弘化三年十月廿日　御本丸詰物頭（ものがしら）仰せ付けらる。

一、安政六年九月十一日　西洋砲術等年来心懸厚、格別出精、門弟等深切（しんせつ）に取立候付、御

書院番頭格仰せ付けらる。御本丸詰物頭是迄通相勤む可く候様ことの御事に、弥出精
師範せしむ可き旨。
一、文久三亥五月四日　病死。
（『藩士名寄』蓬左文庫蔵）

とあって、相当の重職に任ぜられていたから、洋学館も民間の私塾とはよほど性格がちがう。残された僅かな史料によっても、恐らくは半官半民のもので、仲敏の発意にもとづくのではあろうが、はじめから藩の保護と指令のもとに運営されていたと推定される。

仲敏の伝記

仲敏の伝記については早くその一族上田万年博士の「上田帯刀の事蹟に就いて」（『名古屋史談会誌』一の一）があり、前記『尾張蘭学者考』中の「上田仲敏」、また最近は吉川芳秋氏の「幕末における尾張の蘭学者・上田仲敏」（『週刊医学通信』十四年・五八〇号）もでているので、それらを参照して頂くとして、ここでは仲敏を総裁とする洋学館の教授組織や、教科目・教科書等をもうすこし調べてみなければならない。それはこの洋学

教授組織と教科目

塾の運営には伊藤圭介が仲敏の相談相手として終始緊密に協力し、やがて仲敏の歿後は、代ってその統率に任じるにいたるからである。

簡単ながら洋学館のそうした模様を端的にしめす史料に、奥村得義（とくぎ）の『金城温古録』がある。

> されば名府（名古屋）洋学の興基は此人に有りて、其一切一時に発達し、世に上田氏の邸を呼んで西洋学館と云、則公廨（くげ）と成て、有志の学生衆が日々に集り、砲術を学び、又洋学に入れり。此時御撰挙の教授役には寄合組（高三百石）戸田五郎兵衛、寄合医師（七人扶持）伊藤圭介、此人車台の大鏡を献上、今倉に納れり。御目見（無息雑用銀一枚）服部立民、町医ニ島静義日々西洋学館に勤番すと。これ大砲兵道の御興隆此時を以（もって）栄とすべし。

圭介洋学教授に選ばる

これによれば、上田邸内にあった通称西洋学館が藩営となって有志の学生を沢山集め、教科目には砲術と洋学（蘭語か）を課し、藩命により戸田五郎兵衛とともに、伊藤圭介が洋学教授に選ばれたとある。圭介が寄合医師七人扶持（俸七口）の藩医

圭介総裁心得に任ず

にとりたてられたのは安政六年六月のことだから、この記事も大体そのころの洋学館のありさまを物語るものとみてよかろう。さらに「伊藤圭介履歴書」自筆草稿(『尾張蘭学者考』所収)中の左の記載は、この間のいきさつを裏書きする。

安政六未十二月、洋学有志之族修行筋引受取候被仰付(マヽ)。右ハ惣裁之心得を以て取斗候様、且洋学所之義は御時節柄に付、先々上田帯刀宅(に)おゐて稽古場所取斗、右(私)儀出席相勤申す可き旨にて、右相勤罷在候処、文久三亥年帯刀病死後、(私)宅(に)おゐて稽古場所取斗相勤申候。

すなわち安政六年末から圭介に「惣裁之心得を以て取斗」うよう藩より申しわたされ、洋学館は当分上田仲敏方において、圭介はそこへ出勤を命ぜられたが、文久三年(一八六三)仲敏の死後、圭介の居宅に移されたことがわかる。しかもこの記述はさきにあげた『日本教育史資料』の記事とあい照応し、やはり安政六年十二月から洋学所は正式に藩の認可を受けたとも考えられる。

田口俊平と兵学教授

教授には他に蘭学者田口俊平、長崎の白石半兵衛（平蔵）らが任ぜられた。田口俊平はのち文久三年第一回留学生として榎本釜次郎（武揚）・赤松大三郎らとともに軍事技術習得のため、幕府よりオランダ留学を命ぜられたほどの篤学の士であるが、天保末年ころ仲敏らの申請により藩ではとくにこの人を聘して、兵法砲術関係の蘭書を購求して、その解読や火器の製法、銃陣の法をはじめ、天文・地理・歴史・理化学に至るまで講ぜしめた。嘉永元年末、俊平が職をやめると、その代りに白石半兵衛を招いて兵術を伝授させた（『名古屋市史』人物編第二）。

佐竹得照の助力

なお上田仲敏や伊藤圭介の同志として洋学館の創設に尽力した佐竹得照について一言したい。得照は真宗大谷派福恩寺（現中区千代田）の住職であるが、生来天文学や蘭医法を好み、蘭学に深く傾倒していたことは、その所蔵蘭書目録をみても充分察せられる。『名古屋市史』学芸編にも得照を仲敏や圭介とともに「尾州藩に於ける西洋学の率先者として互に幇助する所ありしものゝ如し」と記されている。しかし残念なことに、洋学館でのかれの事績は具体的には知られていないのである。

洋学館の繁盛

ところで上田仲敏はもともと本居大平の門人で、国学者としてまた歌人として知られていたから、その学塾にも洋学生のほか国学生や歌人も沢山集まった。それで学塾を二つに仕切って、その境に「是より西日本人、是より東西洋人」と書いた下げ札を出した。尾州藩以外の諸藩から来た門下生をも含め、東西総塾生合せて千人におよんだといわれるから、すこぶる繁盛の学塾であったと考えられる（「宇都宮氏経歴談」『尾張蘭学者考』所収）。

教科書

つぎにこの洋学館で使用した教科書にはどんなものがあったか。これも正確なところはわからないが、総裁の上田仲敏が蘭学の面ではもっぱら砲術の研鑽にうちこんでおり、したがって洋学館の塾生も大部分砲術学生であったから、仲敏のこの方面の著述である『砲術語選』（嘉永二年）と『西洋砲術便覧（ほうじゅつ）』（嘉永六年）など、手ごろな初学用砲術教科書であったと考えられる。この両著とも圭介の序文をのせている。

『万宝叢書洋字篇』の編修

しかし蘭学の研究には何よりもまず蘭語の習得が大切である。この要請にこたえて圭介の著『万宝叢書洋字篇』が語学教科書として編纂され、使用されたであろうことは、前にふれたとおりである。この書物の内容は「和蘭亜別設（アベセ）二十六字」・「二十六字真草六体」・「二十六字配韻連接図 蘭称レッテルゲレープ」・「数量字」・「洋書中常用諸符号 カラクテル又テーケン」等、つまりアルファベット・単語・熟語・綴り方等を簡易に記し、初心者の蘭語習得の捷径（しょうけい）を図ったもので、圭介の長

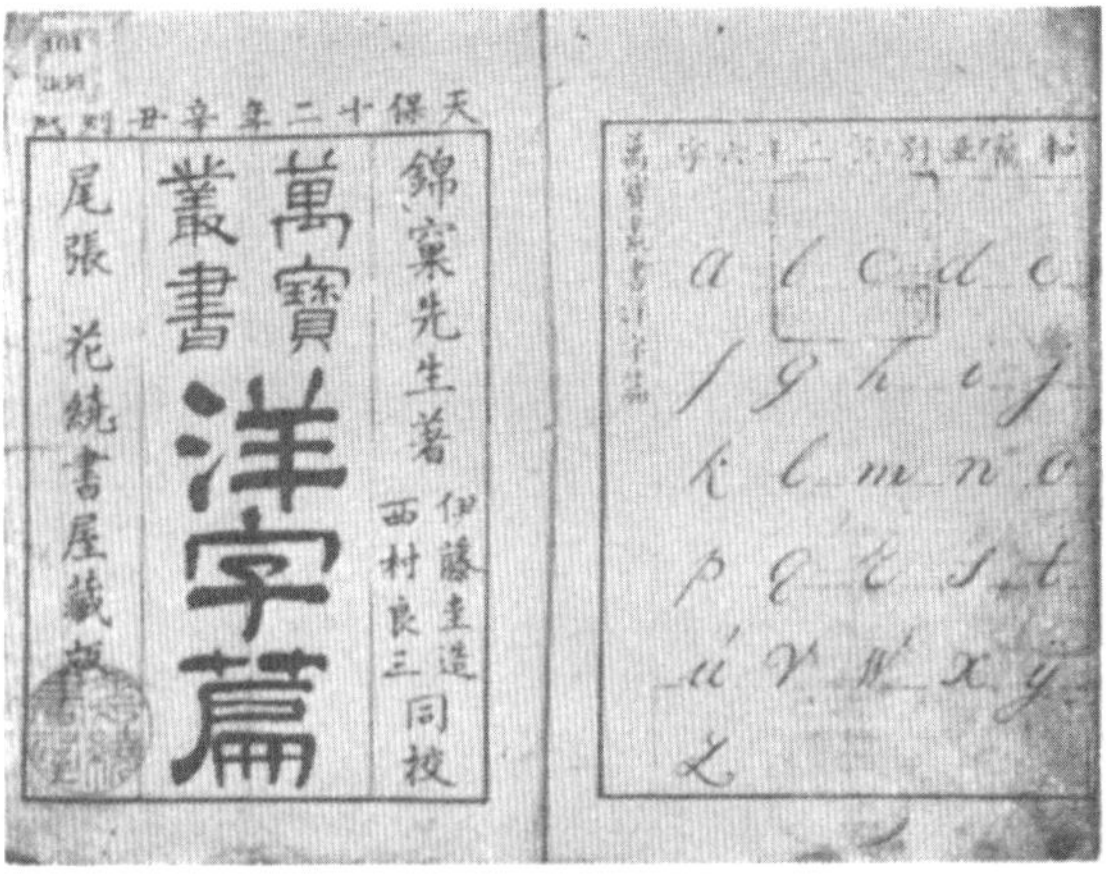

『洋字編』刊本の見返しと一丁表

子圭造と門弟西村良三が参訂している。さらに圭介は嘉永・安政期に『乍川紀事詩』(嘉永元年)・『表忠詩鈔』(同三年)・『サルモンス日本篇』(同四年)・『遠西硝石考』(同年)・『万宝叢書硝石篇』(安政元年、『遠西硝石考』の改訂版)・『輿地紀略』(同五年)とさかんに編訳著の開版を行っている。このうちどれが洋学館の教科書に使われたかは未詳であるが、おそらくそのどれもが学生らによって学ばれたことだろう。国防関係の著作については次節でふれるので、このうち蘭語学習に益するとともに、西洋地理知識の増大に資したと思われる『輿地紀略』の解説をしておこう。

『輿地紀略』の覆刻

この書物は一八二九年オランダ国ライデン市で出版の Geographisch Zakboekje door de Nederlandsche Jeugd (和蘭地理初歩) 一冊を蘭語のまま木版に覆刻した和綴本で、表紙に「初学訓蒙　輿地紀略」と記し、扉以下には日本字はない。全体に問答体をもって、地学総論ほか、ヨーロッパ各国の地理を詳細に記してある。当時舶載の蘭書が少なく、黒田行次郎(麴盧)蘭訳の『魯敏孫克蘇』の『漂荒紀

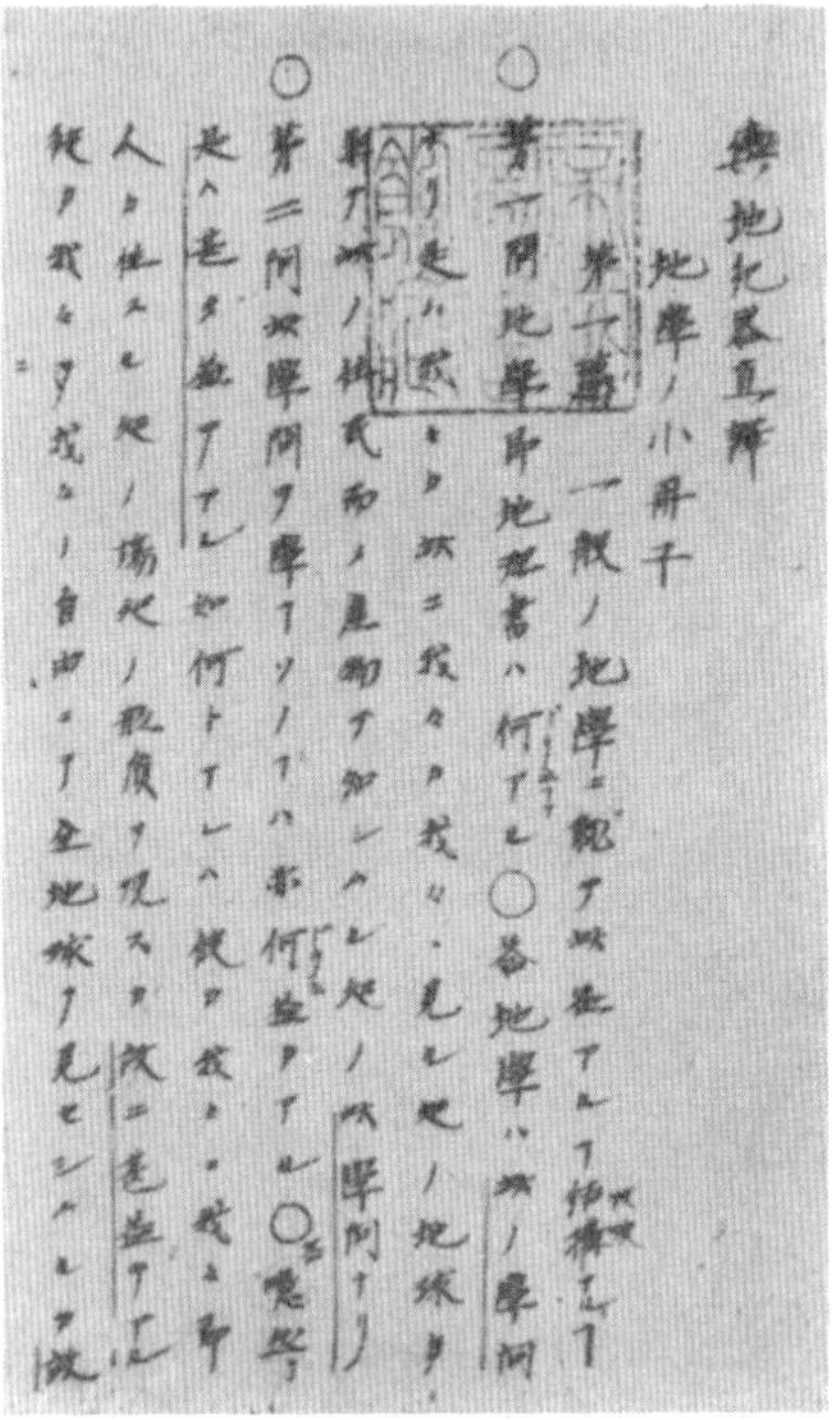

『輿地紀略直訳』長男圭造の未定稿
（国会図書館蔵）

事』を学習用の読本に充てていたが、成年者には不適当なので、圭介がとくに書生で洋字をよくするものに命じて、この『紀略』を繕写翻刻（ぜんしゃほんこく）させ、読本の用に供したと伝えられる。この種欧州地理書の覆刻として、わが国でもっとも早いものである。

『輿地紀略直訳』の草稿

国会図書館(伊藤文庫)には『輿地紀略直訳』なる草稿本がある。表紙に「不出閫外(こんがい)」「伊藤圭二未定稿」と記した附箋が貼(は)られ、字体等からみても、圭二すなわち圭介の長子圭造の翻訳であることがわかる。文字どおり原文に忠実な直訳体で、くだけた訳語を使ってあるが、多少意味不通の個所もあり、まだ和訳のできていない個所もある。圭造は安政四年九月に亡くなっているから、これは『輿地紀略』覆刻前のものである。

サルモンス『日本篇』の翻訳

なお嘉永四年六月にはサルモンス『日本篇』一冊を翻訳していることが、履歴にみえている。恐らくこれは英国人サルモン Th. Salmon の Modern history; or, The present state of all nations. London. 1725. のゴッホ M. van Goch による蘭訳本 Hedendaegsche historie; of, Tegenwoordige staet van alle volkeren. 1728. (『現代史、即ち諸民族の現状』) の第一巻日本に関する部分(ゴッホにより完全に書き改めらる)を翻訳したものと思われる(岩生成一博士の御示教による)。しかし今日、現物がみあたらないので、はたしてどのような訳出ぶりであったかを、明らかにすることはできない。それにしても圭介の地理学上の仕事の一つとして注目する価値はあろう。

二　海防のために尽瘁

洋学者として藩の海防策に貢献

上田仲敏・伊藤圭介・佐竹得照らによって創設され、尾張藩の保護奨励のもとに半官半民的機関であった洋学館の蘭学教育が、兵法・砲術に重点をおいたものだったことは、右に概観したところからも大体了解されると思うが、元来医学者・本草学者をもって任じた伊藤圭介としても、海外情勢の急転回にもっとも敏感であった幕末多難期の洋学者であった以上、祖国の安全独立に思いをひそめ、国防＝海防のために奮い立たざるをえなかったにちがいない。そこで洋学館での活動をも含めてこの方面の圭介の業績をまとめてみる必要が生じてくるのである。

圭介の海防思想を触発した事項

はじめに圭介の海外情勢認識の増大と海防思想の成長を刺激し、触発したと考えられる事柄をあげてみる。大体幕末の海防思想が露国の南下（ラックスマン・レザノフら遣日使節の来航と北辺の紛擾）と英国の東漸（フェートン号事件）を契機に擡頭し、さらに天保期になって、八年（一八三七）のモリソン号問題、十一〜十三年の阿片戦争がわが知識人の対外思想に強い衝撃をあたえて、開鎖両論の対立をもたらし、国防論や攘夷論を沸騰させるにいたったことは、周知のとおりであるが、圭介の場合その海外認識がつとにシーボルトとの接触によって啓発され、それだけにまた文政十一（一八二八）〜二年のシーボルト事件から受けた打撃や動揺もすくなくなかったことと察せられる。

阿片戦争

シーボルト事件

しかしかれの海防思想を触発するうえに、おそらくもっとも大きな刺激を与えたのは、かの「蛮社の獄」の中心人物、蘭方医高野長英と、三河（愛知県）田原藩の家老渡辺崋山だったのではないかと思われる。

蛮社の獄

長英が崋山らとともに尚歯会を結成して対外問題を研究し、長英が『夢物語』

を、崋山が『慎機論』・『鴃舌小記』をそれぞれ書いて鎖国政策を批議し、海防の急務を鳴らしたことが幕府の忌諱にふれ、天保十年弾圧を蒙って関係者が処罰されたのが、いわゆる「蛮社の獄」であるが、そのため崋山は田原で自刃して果て、長英は一旦自首したが、弘化三年江戸小伝馬町の牢獄を脱して諸国を潜行し、嘉永三年にいたってついに自殺を遂げるのである。

高野長英と親交

圭介と崋山との関係については隣国のことだから何かありそうな気がするが、今日ほとんど何もわかっていない。しかし長英とは文政年間、シーボルト師事当時から親交があった。長英は圭介より一つ年下ではあったが、西洋事情や海防策については、何といっても江戸で尚歯会を牛耳っていた長英の方が先輩格であった。

長英の尾張来遊

長英が尾張に来遊したのは「少くとも四度は下るまい」（吉川「蘭学者高野長英先生と我が尾張」『尾張郷土文化医科学史攷』所収）とみられている。しかし、第一回が天保元年長英二十七歳のとき、最後が長英自殺の前年、嘉永二年七月と推定されるほかは年月も判然としない。それはどれも潜行中のため明確な史料が残されていないからである。

第一回の来名

第一回の天保元年は、五年間の長崎遊学を了えて帰東の途中、長英は圭介の先師藤林泰助の尽力で京都でしばらく蘭学の講義をしたのち、十月圭介を名古屋に訪ねたのであるが、幸いその当時、長英から圭介にあてた手紙が三通あって、両者の交友関係を偲（しの）ぶことができる（吉川氏前掲論稿参照）。しかしそこには圭介の近著『泰西本草名疏』の所望と受贈、水谷豊文ら嘗百社中への紹介斡旋の依頼、江戸までの旅費の借用等が記されているばかりで、もとより国防に関することなど、まだ両者間の切実な話題にのぼっていないと思う。話題になったとすれば、それは二回目以後である。

嘉永二年の来名

嘉永二年に長英が名古屋に来たのは、かの藩医浅井貞庵の第五子で「不遇の志士」と呼ばれる山崎玄庵の庇護（ひご）を頼りに訪れ、城南古渡（ふるわたり）や愛知郡牧野村・北方村

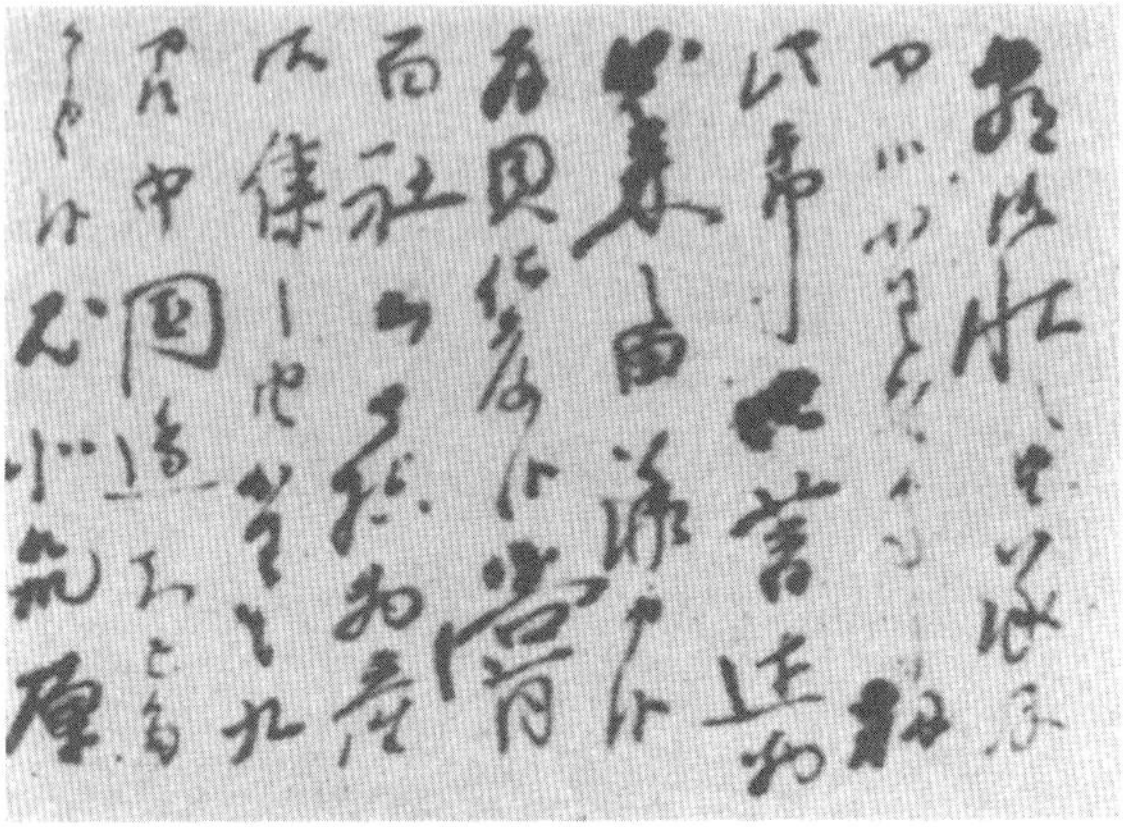

7月28日附書翰（伊藤喜兵衛氏旧蔵）

愈(いよいよ)御壮(さかん)之由承及申候。小生無事、扨此節御著述物（『泰西本草名疏』のこと）出来之由承申候。拝見仕度候。嘗百社ヲ御結（び）、物産御集之由、小生も九州・中国辺知己(ちき)多々有レ之候。尤（も）北筑厚志もの多し。水谷氏ハ未厶(それがし)知己ニ非ズ。爾来書中之友となり申度候。可レ然御伝達可レ被レ下候。其外知己中可レ然様相願候。一鼎子ゟ伝達仕候事、先ハ草々。已上。

高野長英

七月廿八日

伊藤圭介様

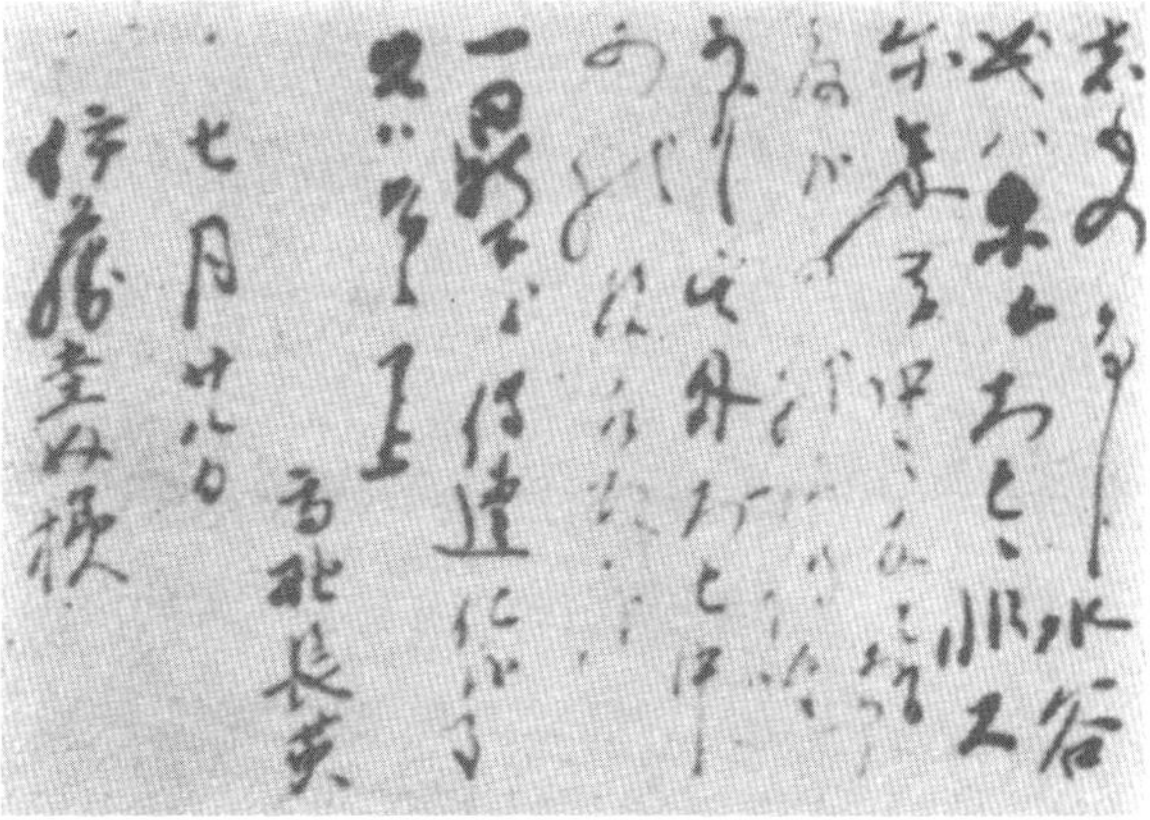
七月廿八日
高野長英
伊藤圭介様

高野長英より圭介にあてた天保5年

辺に潜伏したのであって、圭介に会ったかどうか、確証はない。しかしその邸内十二花楼や別業旭園（きょくえん）には長英や崋山らが宿泊したとの伝えもあり、当時ようやく藩に重用されつつあった圭介にとって、かなり身辺に危険が伏在していたとみられるふしもある。ともかくも時局まさに緊迫の兆（きざし）をしめした天保後半より嘉永年間にかけて、圭介が長英や崋山らの先覚の志士から、多少ともに政治思想上の影響を受け、ことに長英・崋山の開国的な海防思想、幕府の因循姑息(いんじゅんこそく)な対外策にたいする批議等について、かれらの著述やたがいのひそかな面接を通じて、どの程度かの啓発を得、憂国の熱情を湧き立たせたであろうことは想像されるが、いまはこれ以上せんさくする手だてがない。

吉雄常三の影響

もう一人圭介の海防思想に影響を与えたと考えられる人に吉雄常三がある。圭介が京都遊学から帰郷ののち、文政六年ころから常三を師として蘭学を励んだことは、修学のところですでに述べた。常三は藩医に登用されてからもひろく蘭学百科を研究し、ことに晩年は雷管銃の発明に全力を注いで、天保十四年(一八四三)その実験中ついに非業(ひごう)の最後を遂げたことは、わが銃砲発達史上あまりにも著名な事件であるが、常三のこうした異常な努力は、もともと長崎吉雄家の家学を継承発展させたものではあったとしても、やはり蘭学者としてのかれの国防上の自覚から生まれたものであることは、論をまたないところであろう。

常三雷管銃を発明

常三のこの新研究に関して、前出『金城温古録』の編者奥村得義の随筆『松濤(しょうとう)

棹筆』巻二には、

後に蘭炮の術を書て粉炮考と題し梓行に成し、此書御城代官え渡り御鉄炮奉行衆了簡御尋となりし時、余り神速の術に過て打手の過ちあらん事をも一論起り、彼是さしつかへて開行の事は先見合と成し。比しも常三死去、今其書秘して世に出さず、残念の事どもなり。火縄なくして口火を発する妙法なり。尤銃制も随て一風新作意有し物也。委しくは其書にあり。

と記し、常三が雷管の研究に一応成功し、尾張藩にその採用方を願いでたところ、「余り神速の術に過」ぎるとの理由で却下された事情を伝えているが、ここにも海防論の擡頭にもかかわらず、依然として墨守された因循姑息な藩風と、そうした環境下におかれた先覚者の運命を明らかにうかがいとることができる。

常三仲敏に砲術を伝授

常三の銃砲・砲術研究は、その砲術上の門人上田仲敏に伝えられ、仲敏は前記洋学館でもっぱら砲術を伝授するとともに、「カルロンナーデ」・「モルチール」・「ホウィツル」・「カノン」等の大砲大小数十門を鋳造して尾張藩の軍備に供し、また硝石を製造して藩の武器庫を充し、さらに知多(愛知県)沿岸に砲台を新築するなど、多面的な活動をおこなったといわれるが、詳細明確なことはわからない。

これにたいして伊藤圭介が吉雄常三から受けた国防上の感化はどのようなものであったか。この点についても典拠とすべき史料はみあたらないが、かれもまた硝石の研究をやって、著述をものし、藩主のために「加農砲」の鋳造をなしとげたりしているから、やはり仲敏とならんで常三の教えによってそうした軍事技術を習得したとみて差支えないと思う。

圭介が海防に傾倒した時期

ともかくも、圭介は以上あげたごとき先人らの影響と刺激を受けながら、洋学者としての自覚をもって海防思想を養い、さらに海防策の実践にまでのりだしたのであるが、それでは圭介が海防問題に傾倒しはじめたのは何時ごろであろうか、そしてこの方面におけるかれの業績が現われだしたのは何年からであり、その後どのような活動を展開したかという本題にこれからいよいよはいるわけだが、ここでは海防思想とか海防実践とかに分けて吟味するよりは、むしろ圭介が藩医である反面、藩の海防策推進の面で登用され、これに尽瘁した役割を中心に、全体として観察する方が理解しやすいと思う。

圭介が海防問題についてとくに深い関心を払うようになったのは、やはり前述したように、長英・崋山の文筆活動と、蛮社の獄が世の注目を集めた天保十年（一八三九）前後でなかったかと考えられる。これに引きつづいて一八四〇～四二年にわたって阿片戦争が勃発し、清国の敗戦が報ぜられると、幕府当局者をはじめわが国の識者に大きな衝撃をあたえ、この戦争に関する記述もぼつぼつあらわれたが（例えば弘化四年の塩谷宕陰『阿芙蓉彙聞』・斎藤竹堂『鴉片始末』・嘉永二年の佐藤信淵『存華挫狄論』等）、圭介も嘉永元年（一八四八）まず『乍川紀事詩』（一冊）を、ついで同三年『表忠詩鈔』（三冊）を刊行して、清国の敗北に関して警世の資にしようとした。

『乍川紀事詩』の刊行

『乍川紀事詩』は、阿片の戦乱に清国乍浦（江蘇省）の地が英軍の攻撃によって陥落したので、道光二十六年（一八四六）、里人沈筠が遺悶のため吟詠した詩を編集して『乍浦集詠』と題して刊行したのを、圭介が鈔録したものであるが、その序文をみると、次のようなことを記している。

伝え聞くところによると、英兵の侵掠にたいして清兵は防戦これつとめたけれども、敗戦をかさね、ついにその鋭鋒の阻止できないことを悟って、屈辱の和を請うの止むなきに至った、と屈服までの事情を叙し、つづいて、

序文

海防のための警世に資す

漢土の俗己に自ら尊大にして、外国を蔑視して悉く蠢類と為す。故に遠く泰西諸夷之情実を察し、而して其の精兵奇器の逈かに昔に過ぐるを知る能はず。而して一旦禍すれば意外に出で、遂に以て大衄を取る、怪しむに足る者無きのみ。近来一－二の同志亦論じて之に及ぶ者あり、皆我が心を獲。嗚呼分鈔する所の諸篇、吟誦之際、妖気忽ち起り、腥風面を撲ち、礮声霹靂を飛ばすを聞くが如し。実に人をして慨然たらしむる者あり。則ち僅々数十首と雖も、他の無用の閑語千万言を累ぬるに勝る。乃ち亦以て辺備の前車と為すべく、則ち未だ必ずしも関係するところ無からざるなり。然りと雖も、是れ浅見

寡聞、夷情に茫乎として漢弊を弁ぜざるものと、同床にして論ずべからず。曰く、然らば則ち海防唯だ夷情を察するを以て足れりと為すか。曰く、恐らくは然らず。其の要務蓋し別にあるあり。然らば吾輩敢えて軽議するところに非ず、則ち姑く置く。

『表忠詩鈔』の刊行

としている。その主旨が、清国の大敗の原因は外国蔑視の排外自尊主義のためであると断じて、鎖国偸安の夢からなお醒めやらぬわが国人が、内外情勢の逼迫を悟っていないことの危険性を暗に諷し、海防のための警世の手段たらしめようとしたものであることは明瞭である。ただこの警告を堂々揚言すれば、高野長英の『夢物語』の覆轍におわることは必定である。そうした配慮がこの生々しい漢詩集の上梓というかたちをとらしめたのであろう。嘉永三年（一八五〇）『表忠詩鈔』を刊行して藩主に献じたのもやはり同様の意図にもとづいているのであって、いずれも洋学者伊藤圭介の憂国の至情のほとばしりというべきであろう。

藩の海防に徴用さる

ところで圭介が蘭学者として、尾張藩からたんに蘭医方の面ばかりでなく、海防その他の藩政の上でも重要視されて、登用されるにいたったのも大体このころである。すでに天保十二年かれが蘭学の志厚く、またひろく治療を施すの功を賞して藩主より俸三口（三人扶持）を下賜されているが、それから六年後の弘化四年十一月、四十五歳のとき、蘭学に通ずるの故をもって、御用人支配を命ぜられたことはすでに述べた。そして『乍川紀事詩』を校刊した翌嘉永元年二月には洋書中要用のものを翻訳し、差出すべしとの藩命が下った。

海外情勢の逼迫

当時わが国をめぐる内外の情勢は切迫の度を加え、外国船の出没は天保より嘉永へと年ごとに頻繁となり、幕府もその対策に腐心し、阿片戦争の経過等をみて、かつての文政打払令を緩和して、天保十三年薪水給与令に切りかえざるを得なかった。ついで弘化三年には海防厳令の勅諭が下され、嘉永二年十二月幕府は沿海防備に関する達を諸大名に令し、国防の強化を促進しようとした。

尾張藩の海防策

尾張藩は伊勢湾の奥に位置するためか、沿海諸藩のうちでは海防策は比較的緩慢な方で、すでに天保末年吉雄常三の雷管の成功があったのにもかかわらず、これを採用する勇断を欠いたほどであったが、一方上田仲敏や伊藤圭介らは天保十二年ころより、藩の後援のもとに、洋学館を中心に砲術の研究を進めていたという状態であった。

藩主慶勝の鎖国主義海防策

ところで嘉永六年(一八五三)六月米使ペリーの浦賀来航、翌安政元年三月の日米和親条約の締結は、わが国の対外関係に一新紀元を開くこととなった。尾張藩においても、藩主徳川慶恕(よしくみ)(のちの慶勝)は幕府の諮問(しもん)にたいして、米国の開港要求をほどよく拒絶すべきことを答申し、鎖国主義の意見を表明するとともに、海防については大船を建造すべきこと、オランダより艦船・大砲等を輸入すべきこと、西国・東国沿岸の大大名にはなるべく公役を寛大にして、自藩領土の警衛を主とせしめねばならないこと、外交問題は朝廷に奏達すべきこと等を上申して、その後かれの一貫せる鎖国・尊王の信念を披瀝(ひれき)した(『維新史』第二巻)。

加農砲を鋳造、献上す

このような藩の海防策に沿うて、圭介に課せられた藩用も一層加重されることになる。すなわち安政元年(五十二歳)の二月人体解剖で圭介が鑑試をつとめた直後の三月には、異国船渡来の節の筆談役を命ぜられた。翌四月にはたまたま異国船艦来襲すとの風聞があって上下狼狽(ろうばい)したが、この月圭介は三百目加農(カノン)砲を鋳造してこれに「丹心報国」の銘を刻し、藩主に献上、賞として金若干を下賜された。

かれのこの大砲鋳造は特異な事績であるが、どのようにしてこれを造ったのか、また上田仲敏の大砲製造とどのような関係があるのか、いまのところ未詳である。ただし藩内では藩主の意見を反映して鎖国・攘夷論が盛行し、蘭学者としての圭介の大砲献上の行為をすら、非難するものがあったといわれるほどだから、かれの立場もすこぶるデリケートであったにちがいない。

西洋天文学・地理学研究方に任ず

けれども藩としても海防強化のために海外事情を理解する必要があり、八月には圭介にたいして「西洋天文学並びに地理学研究方、可二相心得一旨」の申達が下った。圭介はこうした藩の要請にこたえるべく、十月にはさきに訳述した『遠西硝石考』四冊を改訂して、『万宝叢書硝石篇』三冊として刊行した。同書は巻上は上田仲敏の参校、中巻は圭介の長男圭造の参校、巻下は西村良三の参校となっており、海防のための火薬製造上に資するところの多い研究手引となった。

『万宝叢書硝石篇』の刊行

その後数年間圭介が海防のためどのような貢献をしたかは明らかでない。ただ安政五年には前記『輿地紀略』の覆刻をおこなっているが、それはたんに蘭語学習の教科書としてのみでなく、海外知識の増進のために役立てようと意図したことは、その訳稿をみてもうなずける。

藩主慶恕幽閉さる

ところがこの年七月には藩主慶恕が、外交問題と将軍継嗣問題について水戸藩主徳川斉昭(なりあき)とともに、大老井伊直弼(なおすけ)を面詰(めんきつ)したかどで、江戸の戸山藩邸に幽閉されるという事件の起った年である。こののち維新の変革に際会して、尾張藩は相当重要な役割を負うことになるのであるが、圭介の一身にとっては、翌六年六月寄合医師に列し、俸七口を賜わって藩医としての地位を漸く確立すると同時に、改めて洋学翻訳教授に任ぜられた程度で、二年後の文久元年幕府より徴せられて蕃書調所に出仕するとは、神ならぬ身の知るよしもなかったのである。

尾張藩の兵制改革

ただこの安政六年の二月尾張藩もついに兵制改革を断行して、いよいよ西洋銃陣を採用することになり、天保末年以来圭介とともに藩の海防策に多大の貢献をしてきた上田仲敏が、銃陣師範役に起用されて、藩兵の教練に当るにいたったことを申しそえておく(『愛知県史』巻二)。

三　蕃書調所に出仕

文久元年九月、伊藤圭介は幕府より蕃書調所(ばんしょしらべしょ)物産学出役を命ぜられ、江戸に出て勤務することになった。そこで話の順序として、はじめにまず「蕃書調所」の沿革を簡略に述べ、続いて「物産学」を設けられるに至ったいきさつを明らか

蕃書調所の沿革

にしたいと思う。

蕃書和解御用

元来幕府の外国文献の翻訳事務は長く長崎の和蘭通詞の所管であったわけだが、洋学研究に最も縁の深かった天文方においても、享和三年（一八〇三）以降天文測地に加えて洋書翻訳にも当るようになり、内外情勢の著しい推移に対応して、また洋学自体の発達につれて、翻訳事務もおいおい繁多になってきたので、文化八年（一八一〇）高橋景保の建議にもとづき、天文台に「蕃書和解御用」の一局を設けて外交文書や洋書類の翻訳に従事させることになった。

洋学所＝蕃書調所の設置

その後四十余年たって嘉永六年、米国艦隊の来航によってこの仕事は一段と規模を拡大強化する必要にせまられた。そこで安政二年（一八五五）正月蕃書和解御用を独立させて、洋学所を九段坂下竹本図書頭の屋敷に設置したが、さらに翌三年二月洋学所を改めてこれを蕃書調所と称することになった。

ところでこの洋学所＝蕃書調所に課せられた任務は、安政二年六月蕃書翻訳取扱御用を命ぜられた筒井政憲（まさのり）・川路聖謨（としあきら）らの創設案に、「彼を知（しる）を急務と相心得、各国之強弱、虚実、水陸軍の模様、器械の利鈍等差向実用之廉々（かどかど）研究之上、彼之長を採り其短を探（さぐり）置」くために、「砲術学、砲台築立並（ならびに）築城の書、軍艦製造並取廻方之書、航海測量之書、水陸練兵の書、器械の書、国之強弱虚実を記し候書、地理物産の書」等の洋書を翻訳し、御用次第直ちに役立つようにしておくと記されているところからも明らかなように、軍事技術や外交上に緊要な洋文・洋書の調査翻訳と教授を第一とするが、一方また実用諸科学や殖産・工芸方面の研究の振興をも重視されているのである（『蕃書調所立合御用留』）。

やがて古賀増を頭取（とうどり）に、教授職・教授手伝等の人の陣容も整い、内容施設も次第に充実していったが、とくに万延元年（一八六〇）古賀頭取が老中に対して、蘭・英・仏・独等「蕃書観読之一科」のみでなく、国益増大のための必要学科の設置を上申し、さらにその主旨にもとづき、文久元年（一八六一）四月、古賀は頭取助勝

物産学創置の建白書

麟太郎と連署で左の如き物産学創置の建白書を提出した。

物産学之儀は必要之学科にて国家御経済之根本に御座候処、右考究仕候は格別之面倒にて、且は多年懈怠無く取調べ申さず候ては行届かず、追々外国へ交易御差許相成候ニ付ては、別して御国地内之物産調方行届かず候ては御差支に相成候に付、動植物・金石類夫々見本之を取り、其品之善悪、高下等明白に見極め致させ申度、依ては其学巧者成る者両三人出役仰付けられ下され候様仕度、右御聞済相成候はゝ名前、御手当等取調べ申上ぐべく候。

（『田中芳男君七六展覧会記念誌』）

その意図するところは、要するに今日物産学は国富増進の手段として必要不可欠の学科だから、是非その専門家を採用してこの学科の開設発展を計りたいというのであって、まだ生徒教育の面には及んでいない。

伊藤圭介起用さる

建白は採用され、当時幕臣はもとより江戸在住の洋学者中にも物産学＝本草学方面で「抜群之者」がいないので、尾張本草学を背負って当時、斯界の権威の折紙がつけられていたわが伊藤圭介を名古屋より起用することになった。この圭介の調所出仕にあたっては、調所立会の川路聖謨および大久保一翁の斡旋があずかって力があったという（前掲『明治十二傑』）。

もっともすでに洋学所創設の安政二年、創立委員（蘭書翻訳御用）の小田又蔵が教授方候補者名簿を作り、その中に、

尾州住居　西洋本草家　伊東圭輔（圭介）
大垣住居　西洋本草家　飯沼慾斎

と、慾斎と並べて圭介の名を入れているから、かれは調所創設当初から構成メンバーの候補にあがっていたわけである。

圭介の調所出仕

圭介が藩書調所に出仕を命ぜられることになったいきさつは、大体右の通りであるが、かれは当時尾張藩医で藩の洋学翻訳教授の任にあったから、幕府は同藩庁に交渉、承諾を得たうえで召出すという手続きをとらねばならなかった。その後文久三年十二月辞職して帰郷するまでの二年余、圭介は調所に勤務して、物産

取調べ、すなわち「動植物金石類の研究」に専念した。

在任中の事績と『日記』

圭介の調所在任中の事績については、文久二年三月より八月までのかれの自筆『日記』(三冊)と、主として名古屋の留守宅に宛てた『書簡集』(三冊)が国会図書館(伊藤文庫)に収蔵されていて、日々の生活について詳しく知ることができるが、任務の性質上、調所での仕事の内容には立入った記述がみられない。ただ『日記』には、物産関係の往復書簡が相当数のせてあるので、丹念に調べれば、やはり参考になる。『書簡集』は江戸での私生活の報告と、留守宅の家政等の記述が大部分である。

田中芳男と回想録

さらに調所における物産方の事業進行状況についても、詳細を伝える史料が見あたらない。しかし幸いなことに圭介の弟子の田中芳男が後年物産方を回想した記録(大日本山林会編集『田中芳男君七六展覧会記念誌』大正二年刊)がのこっている。芳男は信州飯田の人(久々利千村氏家臣)だが、圭介は江戸在任中、三男謙三郎(謙(ゆずる))・養子延吉(のぶきち)らとともに芳男を同居、修学させ、圭介の外出時には常に随従していたほどの間柄で、のちにやはり物産学の大家となっている。この回想記は物産方の事業内容を年代順に具体的に物語り、圭介の立場についても卒直な発言をしている点で、他に類をみない好資料である。

圭介の職名は物産学出役

これらによって圭介の調所在任時代の大要を描いてみると、まずかれの職名は「物産学出役」とあるが、これは終始変りはなく、ついに教授職にはなれなかった。手当は二十人扶持・年金十五両であった。

調所中の地位

当時調所には教授方として箕作阮甫（みつくりげんぽ）・杉田成卿（せいけい）ら少数の教授職と、高畠五郎・松木弘庵・手塚律蔵・川本幸民といった俊秀な教授手伝等がいたが、前者の手当は三十人扶持・年金二十両、後者は二十人扶持・年金十五両であったから、圭介の地位は教授手伝格であったということになる。物産学の権威と公認しつつも、なお他の翻訳教授なみの待遇を与えなかったのは、当局がまだ物産学のほんとうの重要性をよく認識していなかったからであろう。

つぎに圭介が実際に受取った手当の額が、留守宅あての書簡（文久二年二月二十七日附）にのっているので、参考までに掲げてみる。

一、正月廿五日受取（小ユヘ、貳石九斗トミユ、二月分御扶持、）
米屋書付之写也、
三州米　四斗一升四合
七十六両貳分切
是ハ百俵之御扶持の直段の様子也、
貳石九斗
内二升九合さし
残貳石〻
金六両壹分一匁五分壹り
この通り受取ル、
一、二月廿五日受取（大也、三月分御扶持、）
七十三両貳分切

三石
三升さし引
残貳石九斗七升
（金六両十四匁貳分二リこの通り受取候、此処三朱ニハ銭三百貳拾貫、）
○御手当金八月々渡ラズ、一年ニ二度、年ニ一ショニ渡ル也、
少々米か安なり中候

このほかになお留守宅手当としてか、尾張藩主より金十両支給を受けた。

調所の所在地

つぎに、圭介の通った調所の所在地はすでに安政六年七月最初の九段坂下から小石川門内小川町（現在の三崎町）勘定奉行松平近直邸跡に移されていたので、かれの着任当初は、その住いとした市ヶ谷尾張藩邸内の長屋より同所に通勤したわけである（圭介の『日記』文久二年四月二日の条には「手前一日おき調所に出」とある）。

洋書調所と改称
精煉・物産両局を設く

間もなく文久二年五月になって、一ッ橋外の新設校舎に移った。このとき「洋書調所」と改称し、精煉・物産両局が改めて設けられ、物産局は圭介が主任格と

開成所と改称

なった。他に同年三月から足立栄建が、五月には前記田中芳男がそれぞれ物産方出役に任ぜられて陣容が強化された。精煉局には同じく尾張の人で上田仲敏の弟子であった宇都宮鉱之進が任用され、圭介らとあい携えて殖産興業の振興をはかることになった。なお翌文久三年八月には洋書調所をまた「開成所」と改称し、学則を更定（こうてい）整備したが、その後わずか数ヵ月で圭介は辞任したわけである。

圭介も最適任といえず

ところで当時物産学の権威として迎えいれられた圭介は、調所でどのようなはたらきを示したであろうか。この疑問にたいして田中芳男はつぎのように回想し、論評する。

> そこで物産学を開きて殖産興業を以て国を富まさねばならぬといふ議論で、物産所を建てましたが、教育することは第二であつて、殖産興業の途を研究させるといふのが主でありました。ところが伊藤圭介先生は博物の大家であるけれども、殖産興業といふ方は得意でない。それはあの先生ばかりでない。あの頃の先生方は百姓や植木抔のことは知つて居らゝるものゝ、格別研究といふことはして居られぬ。（中略）又百姓が耕作した人

生の日用の品物を調べるといふことは存外迂濶である。殖産興業の方は先生は極く適当といふ方でなかつた。それから又其方の先生方が這入つて来たけれども、それは蘭学をする者とか、或は昔の本草家と云ふ方であるから、どうしても殖産興業といふ方には疎い人が多かつた。

これはあながち圭介ばかりでなく、当時のわが本草学自体、欧米の殖産興業に対応した新しい博物学を受容れる態勢が充分整っていなかったことを卒直に指摘したもので、けだし当然のことというべきだろう。

物産方の事業内容

それでは物産方の仕事の内容は？　これについても右回想記に前文に続いてつぎの記載がある。

> 斯ういふ様な有様であつたけれども、やるだけの事はやらねばならぬ。そこで其時分の和蘭書は大抵調べまして、此本にはどういふ事が書いてあるといふ書物の目録を取調べました。（中略）

米国より種物を輸入

> 其年（文久二年）の九月に亜米利加から種物が来ました。種物が来ても始末が付かぬか

ら物産所に渡された。之を見ると其品物は蔬菜・穀菽（こくしゅく）の種子が六十余種伝はつて来たのである。そこで先づ目録を編成して、それからそれを播（ま）くことになつたから、早く地面を拵（こしら）へやうといふことで、鎌入れをして空地を掘り返して、其所（そこ）へどうか斯（こ）うか種子を下（おろ）すことを始めました。（中略）

仏国よりも種子輸入

文久三年二月になりまして、仏蘭西（フランス）から一年生の花物の種子や球根植物、其他いろ〳〵のものが伝はりました。其花物の中にはムギカラハナ、キンギョサウ、ヤグルマサウ、ヒエンサウなどが来ました。是が仏蘭西から来て日本で出来た初めであります。（中略）又其年に亜米利加から花物の種子や、露西亜（ロシア）から穀物・蔬菜の種子が伝はりました。其様に方々から来るから、是も播（ま）かう、あれも播かうといふことで、目録を作り、栽培を研究して試作することになりました。其時に取扱人も居らぬので、田中芳男が小使を相手にしてやつたことであるから、如何にも拙劣なものであります。

渡来植物の新種目録

外国から渡来の植物の新種名は、文久二年の『日記』にも二―三記述があり、米国から贈られたものは『亜国植物目録便覧』蒔方等之説相記候、委敷目録ハ別ニ壹冊有之、（『帝国学士院紀事』二の三所載、原平三「蕃書調所の科学及び技術部門に就て」所引）にのっている。また国会図書館の伊藤文庫にも『文久二壬戌年東都伊

藤ヨリ名古屋大河内氏へ送ル舶来植物』という小冊子がはいっていて、その見返に、

大河内構斎（筆者註―存真の長男）撰

文久二壬戌年東都本草局在勤伊藤錦窠先生ヨリ名古屋大河内氏へ送ル舶来草類目録

と記されている。これらの史料から伊藤圭介在任中の物産方の事業が、新種植物の輸入栽培に重点をおき、単に書物の上の研究にとどまらず、親試実験を主眼としていたことが推察せられる。これは殖産興業という国策の振興上当然の任務とはいえ、またその研究方法には、圭介ら尾張本草学の特徴が活かされていることを見のがし得ない。

親試実験を主眼とす

田中芳男のいうごとく、圭介をもってしても、新しい物産学研究には必ずしも最適任ではなく、とにかく創業のこととて、物産方の運営そのものにも困難が多かったことは察せられるが、外国の有用植物の移植紹介という当面の任務もようやく軌道に乗りだし、とくに直接に殖産興業と結びつきやすい関係上、科学技術

部門（天文・地理・窮理（物理）・数学・物産・精煉（化学）・器械・画学・活字等）中で、物産学は精煉学とならんでもっとも中心的存在と嘱望されていた矢先き、圭介は在任わずか二年三ヵ月で職を辞して、名古屋に帰ることになった。

物産方出役を辞任

辞任の表面の理由は、病気ということになっているが、真相ははたして何であろうか。この点も田中芳男の回想記は次のごとく、遠慮なくずばずば記している。

辞任理由

昨年三月に漸く物産所を立てゝ、伊藤圭介先生などが命ぜられて出ました。ところが世の中がなかなかむづかしい騒ぎとなつたから、圭介先生は江戸に居つてはたまらぬ、自分の本国に引込んで仕舞ふと云ふ考へであつた。いやになつてホウホウの体で辞職して帰られた。さうなると誰も外に相手にならぬ。聞く人も無いので、我々が失望致した。それが文久三年三月でありましたが、其後は教授職の人からいろいろ世話を受けたり、我々の仕事を監督して呉れる人もありました。

なるほど文久年間になると、幕末情勢はいよいよ逼迫し、二年の坂下門の変についで、三年には対外的には四国連合艦隊の下関砲撃や薩英戦争があり、国内で

幕末情勢の逼迫

は八月の「文久政変」後、天忠組の大和(奈良県)挙兵や平野国臣らの生野(いくの)(兵庫県)挙兵などの事変が連発し、人心の動揺もいよいよはげしくなるばかりだったから、圭介ら蕃書調所の人々も落ちついて任務を遂行できなくなったことは想像できる。しかしそのため幕府のお膝元に仕えていることに嫌気がさしたのか、あるいはせっかく有望視されている物産局の事業に何か見切りをつけねばならないような事情でもでてきたのか、いたずらに臆測を逞(たくま)しくしてもはじまらない。

辞意を留守宅に洩らす

ところがこの疑問の一端に答えてくれる圭介自身の手紙が前記『書簡集』中にある。それはかれが辞任する十一ヵ月前の文久三年正月二十七日附け留守宅の妻あてのものである。やや長文であるが、かれの心境をうかがう上で最有力の資料と考えられるので、ここに抄録する。

手前事もかやうに致し居候ても、公義(儀)の御様子ニ而ハいつ迄と申さいげんも相見へ不レ申。手前同様ニ相勤め居申候者ハみなく江戸ニ而住居、家内打より居申候ものにて、

情勢の逼迫も意に介せず

生涯（しょうがい）江戸にてはてる人也。……手前のやうに両地にわかれ〳〵ニ相くらし居候ものハなし。手前事ハ衣服・食物其外とも日に〳〵ふじゆうし候事も有レ之候へども、夫（それ）もとんとく（苦）に致し不レ申、御長屋に居候へバ普請もせわなく、つき合もなく、夫（それ）はあんき（安気）也。又手前の事ゆへ、いくさが初まりても何がおこりても、時節の事なれば夫もあんじ不レ申、此節世間やかましくても夫も平気也。又いつ何時どこにて卒中（そっちゅう）おこらまいものにてもなし。是も元〳〵しかたのなき事ゆへ、そんなあんじるくらいならバ、老年に相成百里も此遠方へこぬがよきなり。

家事の心配

只〳〵昼夜あんじ申候ハ内ノ事也。是ニハ心配いたし候。しかし　公辺の御用を相勤め御扶持を頂戴いたす事ハ、此上もなき難レ有事也。江戸の人もうらやみ、内願致候事也。且その勤めも手前のすきの事を致すものにて、とんと心配もなく、仲まつき合のめんどうもなく、日〳〵面白く寿命ののびる事也。是ハ誠に難レ有事に存居候。

創始者の責に任ず

しかし際限（さいげん）もなくかやうに致し居候事ハ出来ぬからだにて、内の事のみ苦ニ相成候ゆへ、何れ都合をして病気にても申立、甚残念なれども、無ニ是非一帰国いたし度由に存居候。首尾よくかへり申度候。何分洋書物産学と申ハ手前初まりゆへ、今少々めはなをあけ、もの事をひらき候而、遠方参りたせん（詮）も出来候上にて御いとまをもらひ度存念に御座候へバ、今一年も居不レ申候半而ハ相成不レ申と存候。……段々長く相成、追々此上又御用ひニ相成、江戸ニ根がはえるやうニ相成候而ハかへつて迷惑也。何分難レ有迷惑の事也。手前も成丈早く都合次第帰国いたし度内心也。……

心境の概括

この手紙によれば、圭介は調所での勤めに不満があるどころか、日々面白くて寿命がのびるとまでいっているくらいだし、世情が物騒になっても、それは一向に意に介しない。ただ昼夜気にかかるのは留守宅のことだけだ。江戸に永住の意志のない自分として、際限のない公儀の御用勤めはありがた迷惑というものである。だから創始者としての責任上、物産局の事業に一応目鼻をつけ、あと一年ほどで病を構えて帰国する内存だと、その心境を洩らしているのである。

はたして然りとすれば、田中芳男のいうごとく、時局の重大化に当面して、ただ「ホウホウの体」で逃げ帰ったというわけではなく、すでに一年まえから計画して、辞めるつもりでいたことはたしかである。

家事の心配とは何か？

ところで圭介みずから辞任の理由とする「内の事」とは具体的に何を指すか。それを推知するため留守宅あての書簡集を通読したところでは、家内まかせの家計上の問題――おそらく圭介が医業から離れてのちの収入源の問題のようである。伊藤家は名古屋市内の各所に土地・家屋をいくつか持っていて、他人にも貸してあった。これはあるいは父の西山玄道の

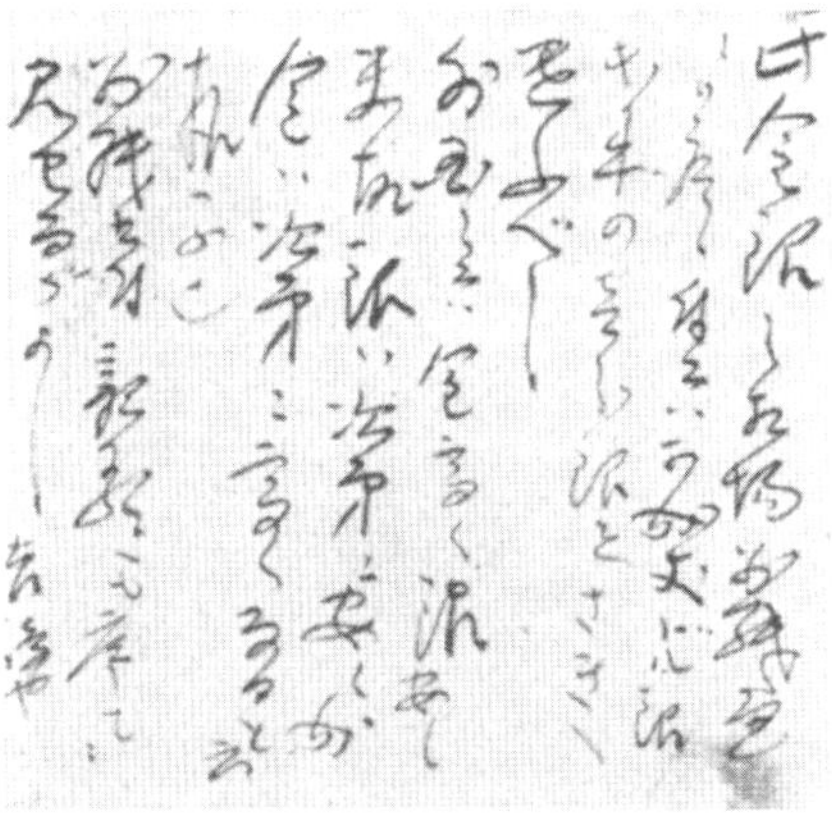

留守宅あて書翰（その一）
（文久２年11月17日附）（国会図書館蔵）

此金銀之相場別紙之通ニ御座候ニ付而ハ、可レ成丈ドル銀出来之壹分銀をさきへ遣ふべし。外国ニ而ハ金高く銀安し。夫故銀ハ次第ニ安く成、金ハ次第ニ高くなると云(う)様子也。別紙書付親類へも序てニ見せるがよし。吉嶋や……

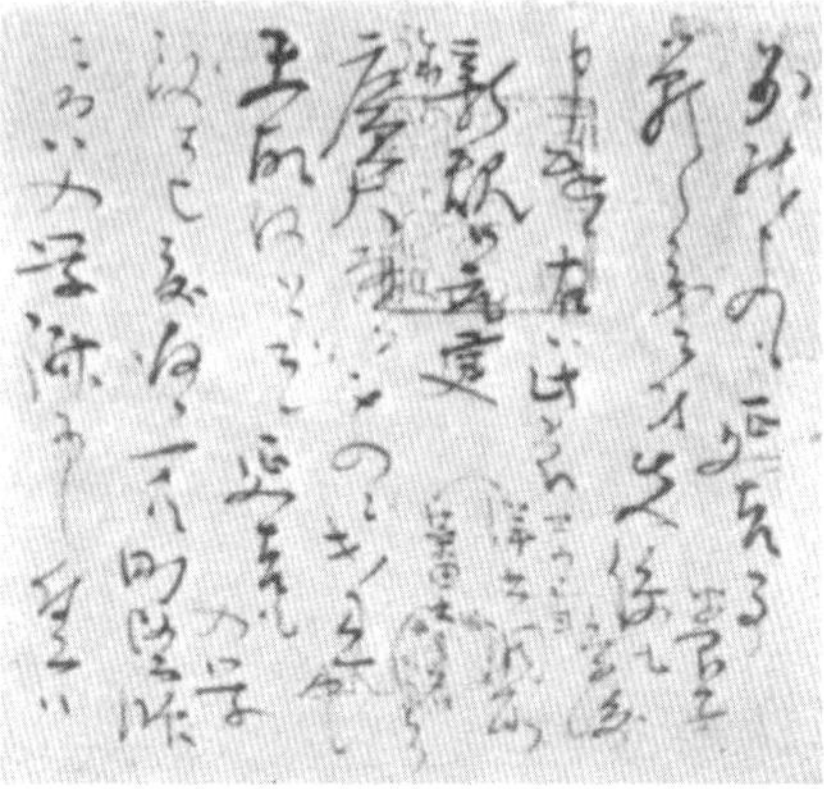

留守宅あて書翰（その二）
（文久2年5月22日附）

別紙申入候延吉事養子願之義ニ付、先便も鳥渡申遣候。右ハ此節洋書調所（蕃書之名かわり）新規御取建、誠ニ広大なるものニ出来申候。夫故何とぞ延吉も入学致させ度存候へ共町医師ニ而ハ入学済不レ申候。付而ハ……

（本文三〇二ページ参照）

代から受けついだものもあったかもしれないが、圭介が町医として患者から受けとる報酬のうち、土地・家屋で支払われたものが相当あったらしく、しかも土地の値上りを見越していたのだとすれば、圭介は一面、利殖の才があったということになろう（曾孫伊藤宏氏談）。前ページ挿図の書翰なども、幕末貨幣価値の激動に対処した圭介の経済観念の一端を示す適例であろう。

地代・家賃等収入の渋滞

それはともかく、圭介の留守中地代・家賃が思うようにはいらずに困るとの報告をたびたび妻の貞から受けて、一々細(こまか)く指示をあたえた書状がいく通かある。いまそれを一々検討する余裕はないが、とにかく前掲の書面をみても、政治上の野心や名誉慾などには淡々とした学徒圭介の面目、そして幕末の激動期に一家の安全を守ることに腐心した家庭人としての圭介の人柄が躍如(やくじょ)としていて興味深い。

家族ら帰郷を促す

とにかく世上騒然(そうぜん)、人心恟々(きょうきょう)たる当時、留守家族や老いた兄姉らが圭介の身の上を案じて、帰郷を促(うなが)してやまないという事情もあり(『明治十二傑』)、圭介はついに意を決し、物産方の後事はすべて田中芳男にまかせて、文久三年十二月ついに職を辞して帰郷したのであった。

四　シーボルトと再会

シーボルトの日本再来

一八二九年(文政十二年)日本御構(かま)いで思いを残して帰国したかのフランツ＝フ

ォン＝シーボルトは、その後三十年の星霜をへて、待望の日本再来を実現する機会に恵まれた。それは一八五八年（安政五年）日蘭通商条約の成立により、かれの日本追放令が解除され、オランダ商事会社の日本貿易計画に参劃したからである。

シーボルトが万延元年（一八六〇）七月長崎に到着すると、幕府はかれを顧問として招聘することとなり、翌文久元年、かれは横浜に上陸、五月芝赤羽の接遇所にはいって五ヵ月間江戸に滞在、種々の献策をし、また諸学術の伝授にあたった。ところがかれが幕府の信任をえたのを嫉視したオランダ総領事等内外人の反対にあい、一旦江戸を退去するの余儀なきにいたった。そこで十月十八日横浜に赴き、翌文久二年正月同地より長崎にもどり、ついにまたかれの意に反して日本を去らねばならなかった（前掲『シーボルト先生 其生涯及功業』）。

かつて三十数年前親しくシーボルトに師事してその学問上の基礎をきずいた伊藤圭介は、シーボルトの江戸に招かれた同じ文久元年、幕府の命をうけて江戸に

横浜でシーボルトと会見

勤務することになったのではあるが、かれの着任したのは九月、その翌月中旬には早くもシーボルトは江戸を出て、横浜の旅宿に退き、情勢の好転を待機していた。このことを聞き伝えた圭介は、懐旧（かいきゅう）の情抑（おさ）えがたく、幕府に願いでて、とくに博物の件質問の名義をもって横浜に出張、会見することを許された。

会見の模様

十一月八日圭介は門人の田中芳男をつれて同地に赴き、十・十一日の両日にわたってシーボルトに面接、たがいに再会を悦ぶとともに、若干の腊葉（おしば）・金石類の鑑定のほか、話は主として学術上の著述について花が咲いた。この会見の模様は幸い田中芳男が細（こま）かに筆記し、稿本『横浜雑誌』として残された。紙数六葉からなるその全文は、吉川芳秋氏の『尾張郷土文化医科学史攷（こう）拾遺』にのせてあるので、二―三引抄してみよう。

シーボルトニ面会致候処、大悦（おおよろこび）ノ様子ニ相見エ候。通詞ヲ以テ応待致候。シ「久々ニテ御目ニ掛リ、甚ダ大慶致候。再会ハ迚（とて）モ不ニ相叶一候ト存候処、不レ計（はからざる）事ニテ候。御壮健目出度候。イ「御同意ニ存候。此度江戸表エ罷越候処、面会ノ為メ此表（横浜）エ罷越候。
先年長崎帰帆後、是迄如何致サレ候哉（や）。シ「先年別後ハ欧羅巴諸国不レ残遊歴致候。
……イ「拙者当年五十九歳ニ相成候処、ミネール（貴方様の意）年齢如何。シ「六十五歳ニ相成
候。白髪「イ」ニ同ジ。鬚髯（しゅぜん）モ長ク〆（シテ）雪白也。併シ至極壮健ノ躰ニ見ユ。

腊葉・鉱石類の鑑定依頼

これが再会の模様であるが、続いて
一、腊葉・金石等見セ、鑑定（かんてい）ノ名ヲ乞候。シ「金石類ノ鑑定甚（はなはだ）六ケ敷候。容易ニ名
難レ記候。イ「此方ニテ草木ハ図等モ有レ之、花ノ解体規則モ有レ之候得者（ば）、相分リ易（やす）く候
得共、金石ハ図ニテモ、不ニ相分一、鑑定六ケ敷候故尋候。……シ「金石類ハ外面同様
ニ相見エ候テモ、内質相違ノ品有レ之、容易ニ鑑定致シ難ク候。長崎表エハ鉱石類多分
持参致候。欧羅巴諸国ノ産物ニ候。夫々（それぞれ）ノ正（シ）キ名記シ置候。プラチナ鉱・テン鉱等一
々名相正シ有レ之、当今日本ニテハ有益ノ品ニ候。シ「腊葉多分ニ候処、手前長崎エ持
参致シ鑑定致シ候テハ如何。イ「右ハ一応江戸表エ持帰リ、相談之上ニテ長崎エ腊葉
可ニ相廻一候。

蕃書調所物産学当面の任務として、特に困難な鉱石類の鑑定の仕事が、圭介に

課せられていたこと、持参した標本類も調所のものであることなどが察せられる。

シーボルトの博物書

イ「追々著述出来中候哉。シ「出来致候。

トテ大本ノ蘭書四冊持出シ相見セ候。一冊ハ魚類、一冊ハ鳥類、一冊ハ蟹・蝦ノ類、一冊ハ木類、皆々日本ノ産物ニテ、彩色ノ図甚美ニ〆目ヲ驚ス程ナリ。

シ「……此書物不レ残仏蘭西語ニテ記申候。蘭語ハ狭ク〆普通ニ非ズ。仏語ハ西洋諸国広ク相行ハレ候故、此語ヲ相用ヒ候。……且亦貴君ノ名ハ追々本草書中エ載置申候。……

ITŌKI ノ符有之ヲ見セル。……如レ此欧羅巴ニ貴名相顕シ居申候。

シーボルト圭介の資料提供に感謝

右のようなシーボルトの動・植物学に関する著述に、圭介から入手した資料がいくつか用いられ、圭介の名が欧州の学界に紹介されたことは、第二の四で述べたとおりであるが、この会談でもそのことが話題にのぼったわけである。なおこの会談について『明治十二傑』に記すところによれば、

(シーボルト)乃ち浩瀚の著書を出して、先生に示し、且つ曰く、君の恩に因て是著を成すを得たり。君の造詣果して如何ぞ。先生亦等身の著述ありと雖も、未だ刊行するを得ざりしがため、出して以て示すべき者なく、頗る遺憾に思はれたりと、宇都宮三郎君

は予に語られたりき。

ここにいう等身大の未刊書とは、後述する圭介の博物学体系稿本のことを指すものであろう。二人の会話は、なおつづく。

一、……ィ「長崎表ェ参ラレ候ハ、又暫ク彼表ェ逗留致候哉(や)。シ「大抵二年逗留ノ積ニ候。少クトモ一年位ハ慥(たしかに)逗留可レ致候。

一、ィ「最早再会ハ不ニ相叶一候。シ「殊ニ依候得バ和蘭ノミニストルニ転役致カト存候。左候得バ江戸ェ再ビ渡来致シ、再会可レ致候。

このようにシーボルト自身は早晩オランダ公使または総領事(ミニストル)に任ぜられて、再度入府する念願であったけれども、こと志と反し、バタビヤ召還の命をうけて長崎をも退去するのほかなきにいたったのである。

ウィルグマンの石筆肖像画

なお圭介・シーボルト会見二日目に、シーボルトは英国の画工ウィルグマン C. Wirgman に、圭介と自身の肖像画を石筆で描かせた。これはのちシーボルトから圭介に贈られたが、そのときの書翰の訳文が残っている。師弟としての間柄を覗うに足りると思われるので、これを抄出し、圭介の蕃書調所勤務の最初を飾るこのエピソードを了ろうと思う。

紀元一千八百六十二年第一月十一日　横浜愛敬スベキ旧門人

圭介59歳の画像。ウィルグマンの石筆画を清水洪川が模写す
（伊藤為之助氏旧蔵）

予此書翰ニ添ヘテ並ニ足下ノ絵像ヲ送ル。……乾本草ヲ十分ニ採集〆、其名号ト産所トヲ記タルモノヲ、予ニ送ランコトヲ懇望ス。然ラバ予別ニ其名号・薬用方・功能ヲ小紙ニ記シ、足下ニ送ラン。且又其代ニ諸般ノ鉱金及ビ緊要ノ石類ヲ拾集シタルモノニ其名号ヲ誌シテ之ヲ足下ニ送ラン。是レハ日本ニ於テ要用トナルベク、予モ亦足下送ル所ノ諸草木ヲ以テ諸般ノ珍種ヲ会得スルニ至ルベシ。……

フォン・シーボルト

予又乾草木ノ代品トシテ、肝要ノ書類ヲ足下ニ送ルベシ。故ニ足下速ニ許多ノ草木ヲ予ニ恵送アレカシ。「ミスケロク」(水谷豊文)草木ヲ忘失ナシタマフナ。ノ諸草木ニ（相成ベクバ）其花又ハ果実ヲ一ー二種ヅヽ添ヘ、毎草木ヲ紙一枚ニ包ミ、和漢ノ名ヲ施シ、其産地ノ名ヲ書シテ予ニ送リ、且是ニ其目録ヲ添ヘ加フルトキハ幸甚ナルベシ。然ルトキハ、予其目録ニハ足下送ル所ノ乾草木ハ予が許ニ留置キ、（曾テ為セシ如ク）予が書中ニ載スル毎ニ伊藤圭介ヨリ得タルモノト書記スベシ。（下略）

足下ノ老師

フォン・シーボルト

五　帰郷後の活動

帰郷後活動の概要

文久三年（一八六三）も押しつまって、伊藤圭介は名古屋に帰ると、早速郷土におけるかれの最後の活動を開始し、爾後明治三年（一八七〇）におよぶのである。まず元治元年（一八六四）八月尾張の前藩主徳川慶勝が征長総督に任ぜられて西行すると、圭介は寄合医師の資格ながら選ばれて扈従し、広島に従軍する。翌慶応元年には奥医師見習に抜擢され、廩米二十五石・五人扶持を下賜されている。ついで慶応三年二月には御目付を仰せ付けられ、慶応三年から四年にかけ前藩主義宜が禁闕守衛の命を受けて上京したさい、扈従して京阪の地にあり、四年八月六日に帰郷している。かくて維新を迎えた圭介は、明治二年藩の医制改革により一等医に列し、十八石を加賜された。

この間主として藩医として最後の奉公に従事したわけであるが、そのかたわら保守的雰囲気の強い郷土人の啓蒙のため、洋学の普及・振興をも怠っていない。圭介の帰郷した文久三年には、長らく尾張藩の洋学を主宰していた上田仲敏が死んだので、間もなく洋学堂（西洋学館）を圭介の自宅内政事堂に移し、洋学教育にも力こぶをいれているのである。そして圭介が郷土への置土産として残したのが、明治三年の西洋医学教育機関の設置計画である。

いずれにしても帰郷後の幕末維新期七年間は、圭介にとってやはり多忙の明け暮れであった。しかし残念なことに、この期間のかれの事績に関する資料ははなはだ乏しく、その真相を詳細に捉えがたい。藩医としての活動にしても、元治元年と慶応三・四年の再度の従軍があり、幕府への勤仕を振りきって帰郷した圭介がどのような感懐をもって事にあたったか、そのへんの心境はわたくしどもの是非知りたいところであるが、それらしい逸事の伝えるものとてもない。ただ慶応四年従軍のさいの自筆『日記』が名古屋東山植物園に六冊残存しているから、そのときの外面上の動静はわかるが、その心事を汲みとることは困難である。それでここではこの間の圭介の事績として、文久三年の『暴瀉病(コロリ)手当素人心得書』の上木(じょうぼく)と、慶応元年の奥医師見習抜擢、それに明治三年の医学講習所設置の三件をとりあげて吟味することにしょう。

コレラ病の流行

第一の暴瀉病(コロリ)(古呂利)はコロリと死ぬ恐るべき劇症であるところから、コレラをもじって称したのであるが、この疫病がわが国にはじめて流行したのは文政五年(一八二二)であるといわれる。このときは西日本一帯大坂へんまででとまったが、その後安政五年(一八五八)にも大流行して、江戸でも多数の死者を出した。三回目は文久二年、だから文久三年(一八六三)の流行は第四回目にあたるわけであるが、前年ほどの猖獗(しょうけつ)ではなかったようである。

それにこのころは日本にコレラが伝染してからすでに四十年もたっているので、これに関する著述も沢山でていて、もう珍しくはなかった。ことに文久二年には幕府も洋書調所の教授らに『疫毒予防説』を編修させて刊行しているほどであるが、といって防疫法を実施したわけではもちろんなかった。

コレラ類似症を患う

ところで伊藤圭介は性来健康に恵まれ、持病などは一切持ち合わさなかったが、弘化二年四十二歳のときコレラ類似症、漢医のいわゆる霍気(霍乱)を患い、劇烈にして四肢厥冷、脈も沈微し、ほとんど泉下に迫ったが、幸いに危篤を免かれた。ただしその爾後

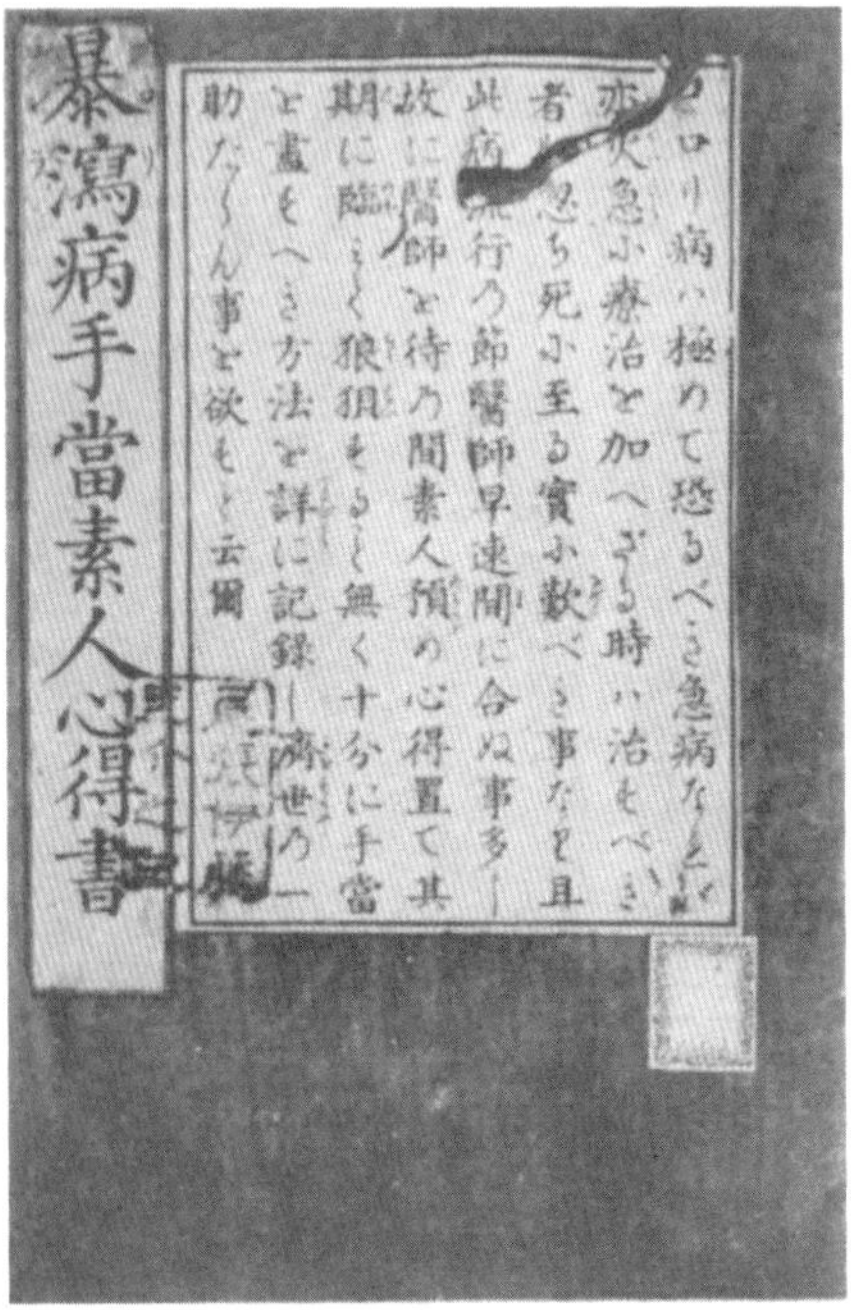
暴瀉病手當素人心得書

ころり病ハ極めて恐るべき急病なれど
変ハ急ニ療治を加へざる時ハ治もすべき
者も忽ち死ニ至る實ニ歎べき事なり且
此病流行の節醫師早速間に合ぬ事多し
故に醫師を待の間素人預め心得置て其
期に臨ミ少く狼狽する事無く十分に手當
を盡をへき方法を詳に記録し濟世の一
助ならん事を欲すと云爾

びにオシアンデルの蘭訳書のタイトルページ

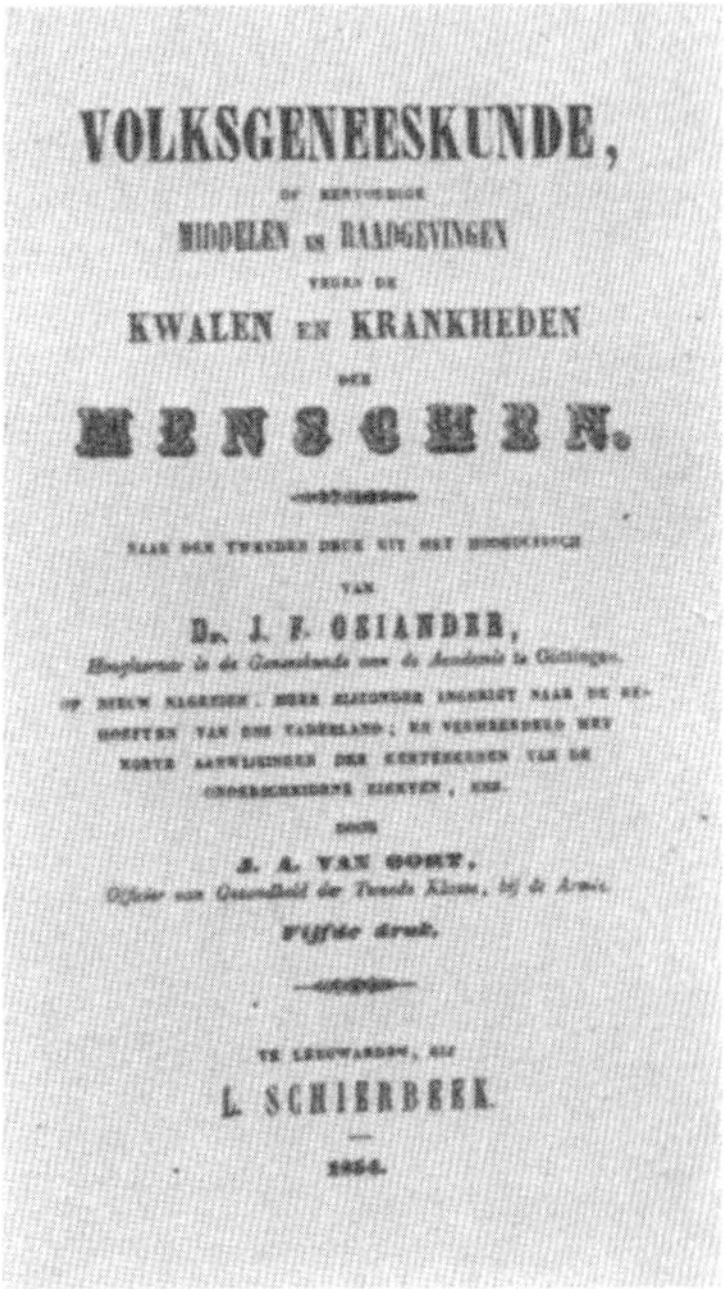

『暴瀉病手当素人心得書』の表紙本文なら

しばらくは、両脚が痲痺して起立することができなかったということである（伊藤篤太郎氏より吉川芳秋氏への書簡。なお序でながら圭介から久々利の浅井修真にあてた書簡（年月未詳）に「胸火欣衝」に罹り、難渋した趣きの病状報告があるが、もちろんこれは弘化二年のコレラ類似症とは別であろう）。

『暴瀉病手当素人心得書』の刊行

右のような自分の体験と、文久二・三両年江戸における罹病者の見聞によって、コレラ病の恐るべきことを痛感していた圭介は、その惨状を黙視するに忍びず、

前掲『暴瀉病手当素人心得書』を上木して世に広く頒布したのであろう。黄表紙に

> コロリ病ハ極めて恐るべき急病なれば、亦火急に療治を加へざる時ハ治すべき者も忽ち死に至る。実に歎くべき事なり。且此病流行の節医師早速間に合ぬ事多し。故に医師を待の間素人予め心得置て、其期に臨みて狼狽すること無く、十分に手当を尽すべき方法を詳に記録し、済レ世の一助たらん事を欲すと云レ爾。

といった序文をつけ、表紙見返しに、

表紙見返し

> 此書ハ独逸国の医師大学士「オシヤンデル」人名（筆者註 Osiander, T. F.）の撰ひたる民間医療重宝記（註Volksgeneesknnde）彼一千八百五十四年第五板中のコロリ病の条を抜書・翻訳し板行する者なり。
>
> 文久三年癸亥晩秋
>
> 官許　尾張　伊藤圭介識

とある。これでみると、この書は圭介の江戸在任中に出来たようであるが、もち

ろんその板行は名古屋で行われ、同地方民を対象として頒布されたのであろう。結局蘭方医家としての圭介は、みずから啓蒙家をもって任じていたことが、ここでも明らかに認められるのである。

奥医師見習抜擢の経緯

つぎに圭介が奥医師見習に抜擢されたさいのいきさつをみると、当時の藩主は前大納言慶勝のあとをうけ、その弟茂徳（しげのり）（玄同）が支藩高須家よりはいって十五世になったが、この人も慶勝についで英明の聞えが高く、蘭方医としての圭介の用うべきを早くから知っていたものの、侍医の門閥に拘泥（こうでい）する弊風が強くて、それまで意を果すことができず、自分がもし死ぬような場合があっても治療する医者がいないと歎じたことがあったが、ちょうど小さな腫物（はれもの）ができたのを好機とし、その治療に名をかりて圭介を召したと伝えられる（前掲『明治十二傑』）。

この藩主の診察にあたって圭介が藩の年寄浅野永十郎にあてた誓文の草稿なるものをあげてみると、

藩主診察の際の誓文

一筆致ニ啓上一候。私儀今度、玄同様御腫物気(はれもののけ)に付、拝診被ニ仰付一との御事に候。依レ之御屋形奥入　御免被レ遊候旨、被ニ仰出一候に付、奥向き御定め堅く相守り、御隠密之儀　一切他言仕間敷く、並びに　御前向(むき)之儀一円沙汰仕り間敷候。尤も奥入り不レ仕様　相成候而も、奥入中之儀、堅く他言仕間敷く候。右之趣を神を偽に而(て)無ニ御座一候。恐惶謹言。

正月十四日　　清民（圭介の本名）

（『尾張蘭学者考』所収）

とあり、さきにふれた前藩主斉朝(なりとも)診察の前例があるにもかかわらず、奥入りを許されて藩主に接近する格式作法のきわめて厳重だったことは、想像にあまりがあろう。しかしともかく、こうしたきっかけを作って、藩主茂徳は圭介を侍医に抜擢したわけである。

最後に医学講習所設置の件であるが、従来長く上田仲敏の邸内にあった洋学館は、時局の要請にもとづく海防のための教育機関で、主要課目は蘭語の基礎知識と砲術の修得にあったことは前述した通りであって、文久三年伊藤圭介邸に移ってのちも、大体同様であったと考えられる。ところが明治三年になって藩はあらたに洋学校を七軒町に設け、蘭学に代って時世に適応した英学・仏学を教授することになった。他方尾張藩の医学教育は、これまでもっぱら漢方による浅井医学館が掌握し、他の諸雄藩のごとく西洋医学教育機関を開設するに至らなかったのであるが、維新変革のあおりを喰って浅井医学館が廃滅の運命に見舞われ、藩の医学修業のみちは杜絶えることになった。

藩営洋学校の設立

このような事情と機会を捉えて、圭介はじめ石井隆庵・中島三伯らの蘭方医は、久しく念願していた西洋医学の振興を図ろうとし、明治三年連署して、医学講習所の設立を藩に請願した。その願書は長文なので、これを要約すると、本邦百余年来西洋医術が次第に開け、各地に医学所も設けられ、人材が輩出しているが、当地にはその施設がなくて遺憾である。洋学修行志望者は他所へ遊学するほかな

医学講習所設立の請願

願書の抄出

いが、それでは不備・不便だから、先年来同志のものが子弟教育のために画策し、とりあえず広小路の種痘所に併設したいと考えたが、甚だ狭隘なので、何卒市中適当な建物をおさげ渡し頂きたい。さすれば種痘所もひき移り、医学講習とならんで病院同様診療も行い、至極好都合と考えるというのである（『種痘所用留』）。

藩は閏十月この請願を許容し、圭介らに種痘所頭取を命ずるとともに、病院開設掛に任じ、現米十石あてを支給し、準備にとりかかった。しかしこのころ圭介は中央政府より命を受けて大学出仕として上京することになり、さらに翌四年七月には廃藩置県となったため、この計画は一旦頓挫し、さらに明治政府に引きつがれて、名古屋に病院と医学校が設けられることになった。かくて名古屋における医学教育はその後幾変遷をたどりつつ、今日の名古屋大学医学部・同附属病院へと発展をとげるのである。この意味で圭介らの医学講習所設置計画が今日の名古屋大学の濫觴をなすといっても、決して過言ではないと思う。

第六　老植物学者として

一　明治政府より招聘

伊藤圭介の後半生

明治三年六十八歳をもって伊藤圭介の前半生は了った。人生五十年といわれたそのころのことだ。普通ならばとうに隠居の身であるはずなのに、圭介の後半生はこの年以後、実に三十年にわたり、文字どおり壮者を凌ぐ意気込みをもって、ひたすら近代日本学問文化建設へのていしんと貢献の事歴をもって彩られるのである。しかしながら、かれの驚嘆すべきエネルギーは、すべて若年以来自分の主専攻とした本草―博物―物産―植物の分野における学問世界に集注され、その専攻を通じてわが国近代科学の基礎工事の構築に身を挺する以外に他意はなかった。

余生を学問一筋に捧ぐ

幕末変動期にも何ら栄達のみちを求めるではなく、淡々として中央を去って郷国に引きこもった圭介にしてみれば、ふたたび当時には得がたいその学識を買われて明治新政府の招聘を受け、ついに意を決して首都を永住の地と定めてからも、ただただ余生を学問一筋に捧げたのは、当然すぎるほど当然であった。圭介のごとき人物こそ、まことに己れを知り、その職分・職責を終生守りぬいた学徒の典型というべきであろう。

だから「老植物学者」とはいっても、それはただ年齢上だけのことで、東京移住後の任務や業績の数々を一見すれば、まったく少壮学徒のそれかと見まがうばかり、したがって記述すべき事柄も山の如くである。が、以下明治前半期における圭介老後のこうした事歴と業績を、順を追うてできるだけ簡潔にたどってみることにしよう。

明治新政府の召命を受けた経緯

この節では最初に圭介が明治新政府の召命を受けたいきさつを問題にすべきで

あろうが、これを具体的に伝える資料は、いまのところ入手できない。しかし圭介がかつて幕府洋書調所の物産局に在任した縁故から、とくにかれの後任として引続き物産局を担当した門人の田中芳男や、同じく門人の柳河春三、また調所の精煉局を担当した名古屋の後進、宇都宮鉱之進らが明治政府になってのちも、調所の後身である開成学校または大学(後述)にひき続き在任していた関係から、かれらの推輓(すいばん)があずかって、ふたたび本草・物産部門の柱石(ちゅうせき)として引張りだされるに至ったであろうことは、充分に察せられるところである。

故郷を後に急遽上京す

いずれにしても明治三年、圭介が名古屋において前記のように藩の病院開業掛に任ぜられた矢先きの十月、政府より名古屋藩知藩事(ちはんじ)徳川義宜(よしのり)にたいして、

其藩伊藤圭介儀、今般奏任出仕被二仰付一候間、至急上京可二申付一候也。

との沙汰があり、圭介は急ぎ東上することになった。十一月二十八日四男恭四郎を伴い、七十年の思い出を残して故郷を旅立ち、十二月八日着京、一まず市ヶ谷

の尾張藩邸にはいった（伊藤恭四郎『東遊紀行』東山植物園蔵）。

本郷真砂町に居を構う

かくて東京に余生を託することに意を決したかれは、名古屋の屋敷や土地・家作の管理は養子延吉と五女小春の夫妻に委ね、妻子とともに本郷真砂町十四番地、本妙寺坂上に居を構えた。こうして東京でのかれの精力的な活動が開始されるのである。

明治三～十年の履歴書

ところで東京移住後、明治三年末から十年ごろまでの圭介の履歴は、ひどく変化に富んでいて煩雑である。そこでまずこれを表示してみると、

明治三年十一月十三日　大学出仕仰せ付けられ、少博士準席となる。
同　四年七月二十七日　文部出仕仰せ付けらる。
同　年八月二十二日　文部少教授に任ず。
同　年九月二十三日　本官を免じ編輯権助に任ず。
同　五年四月二十日　本官を免じ文部省七等出仕を仰せ付けられ、博物専務となる。
同　六年四月十四日　編書課仰せ付けらる。

同　七年九月　　　文部省出仕を免ず。
同　八年六月一日　小石川植物園へ時々出勤すべき旨沙汰あり。
同　十年九月二十日　東京大学理学部員外教授に任じ、植物園において植物取調べを担当、傍ら教育博物館へ出勤を命ぜらる。

（『伊藤圭介履歴』自筆草稿より抄録）

新政府樹立当初で文教政策も固まっていないさいだから、止むをえないことではあったが、こう頻繁な職名変更には、さすがの圭介翁もいささか面喰ったことと思われる。上京後最初に与えられたポストは、みられるとおり大学出仕、少博士準席というのであったが、まずこの大学とは何を指すかということから、順次に説明を加えていく必要があろう。

大学の変遷

大学のそもそもの母体は、かつて幕府の最高学府であった昌平黌（しょうへいこう）・開成所（洋書調所の改称）および医学所であるが、新政府はとりあえず、明治元年（一八六八）六月昌平黌を復興して昌平学校と改め、同じころ医学所を医学校に、開成所を開成学校と称した。ついで二年六月昌平学校を改めて大学校と称し、開成学校と医学校をその管轄下におくことになり、さらにこの年十二月大学校を大学と改称、開成学校を大学南校、医学校を大学東校と称したのである（『東京帝国大学五十年史』上巻）。明治二年設立の大学校は文教刷新の実をあげるため、単に教育と学術研究ばかりでなく、教育行政の中枢機関としての役割をも担ったが、三年七月になって閉鎖されることになった。それは内部の国学者・漢学者・洋学者等の派閥的紛争がはげしかったためといわれる。もっとも大学南校と東校はその後も存続する。

大学南校の少博士準席となる

伊藤圭介着任当時の大学はこのようなありさまにあったが、圭介の所属はかつての洋書調所の後身である大学南校で、その任務も本草学（植物学）もしくは物産学の研究だったに違いないが、そのへんも明瞭でない。ただ圭介のポストの少博士（準席）は大学の教官中では大・中博士につぐもので、大・中・少助教の上位にあったことがわかる程度だ（『明治職官沿革表』職官部・官廨部）。

博物専務を命ぜらる

つぎに圭介は四年七月から八月にかけて文部省出仕、文部省少教授に任ぜられるが、これは教育行政の府としての大学がこの年七月廃止され、文部省が新設されたためおこった変動で、少教授というのは大・中・少博士、大・中教授の下位にあった。しかし九月に文部省内に編輯寮(へんしゅう)が設けられると、すぐその権助(ごんのすけ)に移された。翌五年四月圭介は博物専務を命ぜられているから、この編輯寮での仕事は博物関係書の編纂であったことがわかる。なお五年正月には文部省管下の博物館が設けられたので、圭介はここにも顔を出し、植物の鑑定などにあたっていたようである(「東京学士会院会員理学博士伊藤圭介ノ伝」『東京学士会院雑誌』一二ノ三〈明治二十三年四月〉所収)。

さらに明治六年(一八七三)四月文部省文書局の分課規定により編書課がおかれると、圭介はもっぱらここで『日本植物志』の編纂に従事したが、これは次節で述べる。どうしたことか、ここでもかれのポストは安定せず、翌七年九月には文部省出仕を免ぜられている。

小石川植物園に出務

ところがそのまた翌八年六月一日文部省五等出仕学務課長辻新次の斡旋により、小石川植物園に時々（『日記』によれば月に十日ばかり）出勤すべき旨の沙汰があり、その後十年におよぶ植物園との関係がはじまるのである。植物園は元来は旧幕府の小石川御薬園で、維新後その区域四万八千坪を大病院附属御薬園とし、さらに明治二年から医学校（のち大学東校）薬園となり、明治八年四月にいたり、博物館管下のもとに「小石川植物園」と改称された。ここにおいてはじめて薬草栽培のみでなく、一般植物をも植えて教育の資料に供することになった。したがって当時老齢ながらわが植物学の泰斗(たいと)たる伊藤圭介が、ここに勤務することになったのは、まことにところを得たというべく、かれは全力をあげてこの植物園の育成に余生を傾けることになるのである（小倉謙編『東京帝国大学理学部植物学教室沿革』）。

明治十年九月圭介は東京大学理学部員外教授に任ぜられ、大学附属となった植物園において、引きつづき植物の調査に従事することになるが、東大教授としてのかれの活動は節をかえて記述する。

二　著作あいつぐ

圭介の著述の本領――未刊行稿本

伊藤圭介の著作活動は幕末維新の十余年間杜絶えがちであったが、上京後数年ならずして、旧幕時代にまさる旺盛さをとりもどし、明治六年(七十一歳)以後もっぱら植物・物産関係の書物を年々著わし、多くは官版をもって刊行された。しかし後述するように、かれの著述の本領は四百余冊にのぼる未刊行稿本類で、これにくらべれば諸種の刊本類は氷山の一角に過ぎない感がある。結局この尨大な稿本が圭介の学者としての重みを支えていたことは疑いをいれない。それらの稿本の基礎はもちろん旧幕時代から据えられたに違いないが、上京後編纂されたものが大部分で、九十歳を越えてから手を加えられたものも沢山ある。しかしいわゆる編纂ものが多く、その性質上ほとんど著作年代が明示されていない。

そんなわけでここではまず氷山の水面上にあらわれた一角、それも上京後明治十年までの数年間（東大教授任命前）における前記のかれの精力的な活動をあとづける業績として、『日本産物志』・『日本植物図説』および当時の学界諸名家とあいはかって発刊した『洋々社談』の寄稿等について略述しておこう。

『日本産物志』

第一の『日本産物志』は明治六年圭介が編書課出仕を仰せ付けられたさい、もっぱらこの書物の編

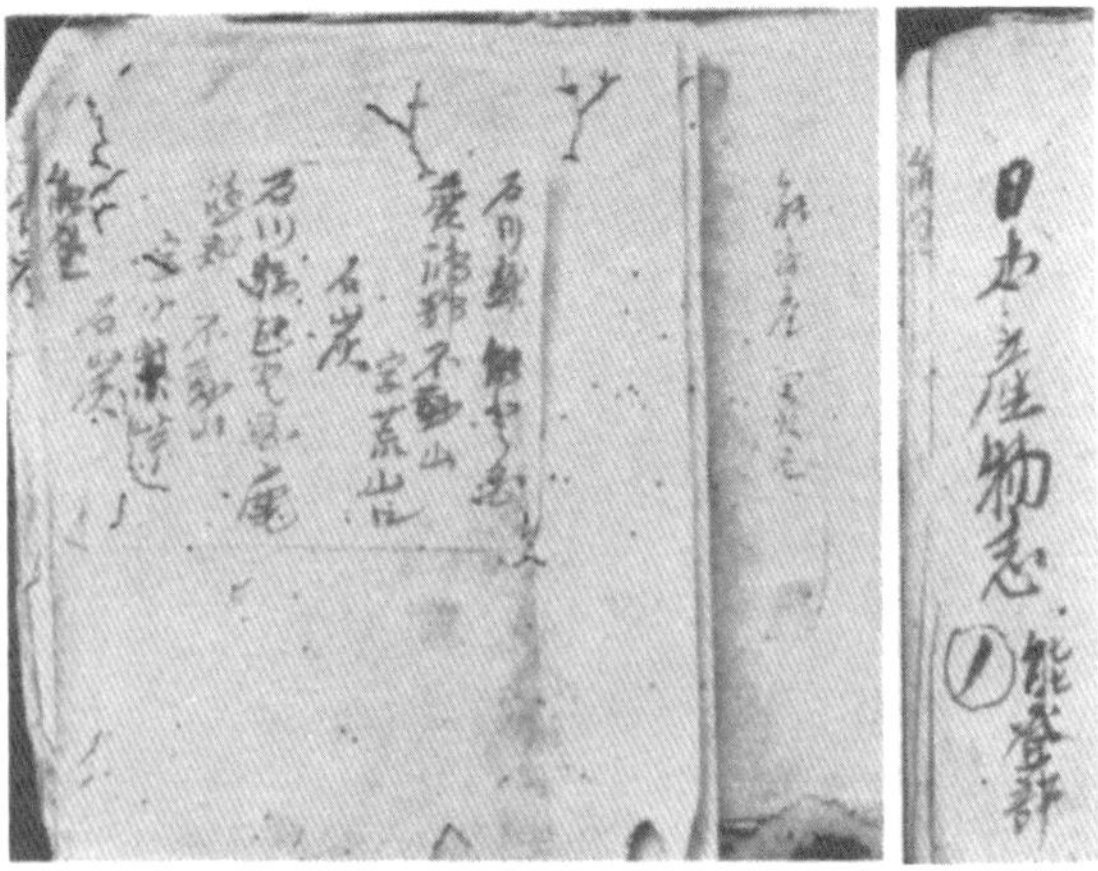

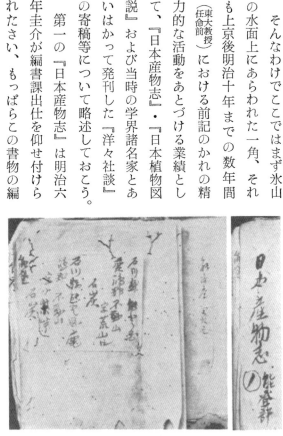

『日本産物志』能登部（未定稿）の表紙と本文
（東山植物園蔵）

輯に従事するよう命を受けたが、『日記』（明治六年四月十四日の条）によると、引続き産物志の作成にあたるとあるから、明治四年文部省設置直後、編輯寮の権助（ごんのすけ）に任ぜられて以来の継続事業であったろう。その証拠に六年末までに同書山城部二冊・武蔵部二冊・近江部二冊が文部省からあいついで刊行されている。さらに明治九年には美濃部三冊、翌十年には信濃部二冊が続刊された。そのほか壱岐・安房（あわ）・遠江・阿波・陸奥（むつ）・能登等諸国の部の稿本が、東山植物園に残存している。

こうした諸国産物に関する材料は決して一朝一夕ではなく、おそらくよほど以前から蒐集されていたものに相違ないが、国会図書館（伊藤文庫）には『諸国産物質問扣稿（ひかえこう）』というのがあり、薩摩・筑前・伊勢・和泉・越前・豊前・加賀・日光等の動・植・鉱物につき、現地への問合わせ事項と回答とがのせてある。これらの国の分は上梓（じょうし）をみるに至らなかったが、圭介の国別産物志の編纂はすでに旧幕時代に着手されていたのである。

『諸国産物質問扣稿』

産物志編纂の由来

それは東山植物園に『海内産物志』の伊勢の部・伊豆の部（何れも成立年代は未詳）が残存し、また弘化四年春成立の圭介自筆本『産物聞見誌』には巻首に門人神波瑞仙あて、

> 此書ハ余ノ著ハス所ノ海内産物志ヨリ鈔録スルモノナリ。足下漫遊（筆者註—長崎方面）ノ際尚遍ク尋ネ博ク問ヒ、謬誤ヲ訂し、遺漏ヲ補ヒ、後日帰郷ノトキ此冊子ヲ余ニ還シ玉フベシ。

との記があり、本文には播磨・美作等の自然産物について考証がしてあって、圭介の物産学（志）研究（編纂）の由来の浅くないことがわかる。

産物志編纂の意義

産物志のこのような編纂刊行が、幕末維新期における殖産興業促進の要請にもとづくものであることは、いうまでもないが、ここでいわゆる産物とは、必ずしも今日その言葉が意味するような産業上の生産物を指すのではないことは、『日本産物志』の「凡例」に「斯編専ラ鉱、植、動ノ天造物ヲ主トシ、未ダ人工諸物ニ及ボスヿ能ハズ」と記しているとおりである。だからこの書物はいわば自然物の地域的分布志で記述の内容も庶物の名称・形状・性能を主としている。したが

ってこれをもって、従来の本草学の殻を破って近代的学問（たとえば商品学といったような）に進化したものとはいいがたいけれども、日本の天然資源の研究としては、今日でも充分評価に値する重要文献であろう。

考古学の造詣

なおこの書物には「石砮、雷斧、其他世ニ神代石等ト称スル諸古物ハ、皆往昔人工ノ品ニ係ルト雖モ、間々亦之ヲ附載シ、博物温古ノ一助トナス。」（凡例）との理由で、若干の考古学的遺物がとり入れられている。圭介は勾玉や古瓦の蒐集研究でも有名であったように、考古学にもなかなか造詣の深かったことは、まえにも述べたところである。

『日本植物図説』

つぎに『日本植物図説』は「尾張伊藤圭介著　男謙編次」と表紙見返に記すごとく、圭介の多年蒐集にかかる和産植物の写生図とその解説の草稿を、かれの三男謙（幼名謙三郎）が、「未ダ西洋植学ノ法ニ倣ヒ、編述シテ一部ノ全書ヲ成スニ至ラズ、閣置スルコト既ニ久シ。余其或ハ蠹魚ノ食ニ充テンコトヲ恐レ、今仮リニ以呂波（ろは）ノ順次ニ従テ之ヲ編次」（題言）したもので、「異日（いじつ）集メテ数巻ヲ成スヲ俟（ま）チ、自然科目ノ規則ニ従テ之ヲ改訂センコト」を期しているが、明治七年とりあえず、草部のイの初編を自費出版（「花繞書屋蔵梓」）した。

サバチェの序

この書物でもなお西洋植物学の分類法は適用できずに、便宜いろは分けに編纂してあるが、図示植物五十種の産地・形状・特質・効用等を一ページずつ解説してあって、植物学上の資料として有益な著であるが、残念なことに編者の伊藤謙が初編刊行後五年の明治十二年二十九歳の若さで他界したため、後続編はついに日の目をみずにおわった。当時来日中のフランス人植物学者サバチェ P. A. L. Savatier はこの書に長文の序を寄せてその業績を賞讃し、続刊を期待している。外人の圭介にたいする評価の一例として左に抄出する。

一、伊藤圭介君ハ一切植物、就中（なかんずく）日本産ノ品類ヲ纂（あつ）メ、撰述スル者アリ、且国内諸州ヲ経歴シ、未ダ曾テ人ノ知ラザル植物ヲ創見スル者寡（すくな）カラズ、其人タルヤ、幼ヨリシテ毫（ごう）

圭介の名欧州に顕わる

モ斯業ヲ怠ルヿ無ク、終ニ遐齢ニ躋ルニ及ブ……伊藤君ハシーボルト氏ト共ニ戮力シ、ソノ発明スル功労アルヲ以テ、君ノ美名ハ欧洲ニシテ苟モ植物ニ志ス者ハ、之ヲ知ラザル者無ニ至レリ……

一、斯ノ如キ碩学タルヤ、若シ他人ニ於テハ老ヲ養ヒ、業ヲ廃スルヿ既ニ久シトスルノ、余齢ナリト雖ドモ、君ハ則チ然ラズ、汲々孜々未ダ嘗テ其志ヲ弛緩セシムルヿ無シ。実ニ是世ノ亀鑑トナサザルべカラズ。……翼クバ従今君ニ尚遐算ヲ仮シ、愈々日本植物未発ノ品ヲ捜索シ、以テ世ニ瞭然タラシメンヿヲ。……

千八百七十四年十一月二十五日

横須賀寄寓仏国植物学社員

加賀　サバチェ識

菊野七郎訳

サバチェは元来医者であるが、わが国での採集品をもととしてフランシェと共に『日本植物目録』Franchet et Savatier, Enumeratio Plantarym Japonicarum 1873〜9 を著わし、日本植物の名称判定に非常な貢献をした学者で、圭介とも親交があり、『日記』にもしばしば両者の交際についての記載があるから、この批評は知己の言とみていいと思う。

『草木乾腊法』

つぎに明治八年(一八七五)二月に一枚刷ながら『草木乾腊法』を刊行したこともあげておこう。これはわが国最初の植物乾腊法を記した著述である。

『人造菌之説』

また前にふれた圭介の厖大な未刊稿本類中に『錦窠菌譜』(伊藤篤太郎の編、一三冊)があるが、その最終巻に収めた『人造菌之説』は明治七年三月一日脱稿の明記のある小冊子で、これは「西洋培養菌 Agaicus campestris 之栽培法ヲ記載セルモノ」(篤太郎跋)である。

『洋々社談』の発刊

最後に『洋々社談』の発刊とその寄稿について——この雑誌は明治六年圭介が当時の学界諸名家、西村茂樹・小中村清矩・井上哲次郎・那珂通世・大槻磐溪・同文彦・黒川真頼ら三十五名とともに創立した団体、洋々社で発行した小型誌であるが、その発刊の主旨は「社友会スル毎ニ其相示ス所ノ文を採リ、コレヲ活字ニ印シ、以テ同好ノ士ニ頒ツ。読ム者ヲシテ洋々ノ楽ヲ共ニセシメンコトヲ欲ス

発刊の意義

レバナリ。」（同誌毎号表紙見返）というにあり、執筆者の顔振れや題目からみても、高級な趣味教養雑誌として、国民の学問的啓蒙をねらったものであることがわかる。

同じ年明治政府の文明開化政策の言論上における代弁者として発会した有名な明六社が、翌七年に創刊した『明六雑誌』とならんで、『洋々社談』は当代学者たちの啓蒙運動の有力な発表機関となった。両者をくらべてみても、社会教育・文化啓蒙という点ではたしかに相似的であった（西村茂樹などは両者の社員を兼ねた）。しかし明六社員がほとんど官僚洋学者で、政治・法律・経済・哲学・教育・宗教といった人文科学方面の課題をとりあげたのにたいして、洋々社員中には国学者や漢学者も参加していて、雑誌の題目も歴史・経済・漢学・国学・博物・理化学等あらゆる部門にわたり、しかも趣味を本位としている。それだけ明六社ほど政治色が濃厚でなかったといえよう。

洋々社友として盛んに寄稿す

圭介は洋々社友として毎年春秋二回の会合に出席し（『日記』）、また『洋々社談』の常連としてさかんに寄稿して、植物・動物をはじめ天文・医・考古にいたるまで蘊蓄を傾けた。これはつぎに述べる学士会院会員としての縦横の活躍とならべてみらるべきであるが、いずれにしてもこうして老齢を提げて学界の啓蒙活動にも多くの貢献をしたことは、たしかに驚異とするに足りよう。左に寄稿の主なものを掲げておく。

「蚊並蚕ノ説」(二九号)・「食中其他異食ノ説」(三一号)・「桐布説」(三六号)「烏頭毒説」(四二号)・「珊瑚島」(四四号)・「満天星説」(四九号)・「獼猴奇談」(五三号)・「木庵伽羅笠説」(六三号)・「桜桃説」(六七号)・「古医道三翁ノ話」(六九号)・「古瓦叢談」(七五・七九号)・「古医道三翁続話」(八一号)・「蕃椒図説」(九〇・九一号」・「蓑衣鶴図説」(九四号)。

三　東京大学教授に任ず

明治四年大学廃止後、一時大学南校・東校はまた東京開成学校・東京医学校と呼ばれるようになったが、明治十年(一八七七)四月この両校が合併されて、ここに東京大学の誕生をみることになった。元東京開成学校の各学科が法・理・文の三学部に編成され、この三学部総理に加藤弘之が任ぜられた。その校舎は開校後明治十八年までは神田一橋通り元開成学校の校舎を流用した。小石川植物園もこの学制改革の結果、東京大学附属の植物園となり、理学部の主管となった。

東大理学部員外教授に任ず

伊藤圭介は当時植物園に勤務中であったが、植物園の移管後九月八日附をもって東京大学理学部員外教授に任ぜられ(月給五十円)、従来どおり植物園に出勤して植物の取調べを担当するよう命を受けた。さらに本務の余暇一ヵ月両三回教育博物館にも出勤すべき旨達があり、また十一月より開催の内国勧業博覧会の審査官にも任ぜられ、上野の博覧会事務局にしばしば出務した。こうして圭介の身辺はこの年七十五歳の老齢にもかかわらず、ますます多忙となったが、日々克明につけられた当時の『日記』をみても、小石川・本郷・上野の各勤務先へ徒歩で交互に通勤し、それぞれの任務に精励していたありさまが察せられる。

圭介は東京大学において、明治十年より四年間かれのために特設されたともいわれる員外教授の他位にあった。当時一橋の理学部には動・植物学科の前身の生物学科がおかれていたが、動物学教授にはわが国先史人類学の父といわれるモース博士（Morse, Edward）があたり、植物学の講座は四年間の米国留学から帰国したばかりの新進、矢田部良吉が担当し、圭介は老齢の故をもって教室の学生指導には全く関与せず、もっぱら植物園において取調担任の職に従事した。植物園の主管者として事務担任は、矢田部良吉が兼任していたが、ほとんど来園せず、

植物園の取調担任を命ぜらる

実務は賀来飛霞（かくひか）・松本駒次郎らが担当していた。飛霞は圭介がかつて長崎遊学中学友であった賀来佐一郎の実弟で、植物研究に熱意をもっていたので、圭介の推挙で来任させた。また植物画工として日本画の写生に巧みな加藤竹斎を採用し、次第に陣容を整えた。

植物園在任中の動静

圭介の植物園在任中の動静について、孫篤太郎は後年「伊藤圭介翁と小石川植物園」（前掲『植物学教室沿革』所収）中で、「祖父は学問の方を担任して居たが、出勤毎に必ず一回は園内を巡視することにして居た。私は祖父が出勤の時は常に植物園へ祖父に連れられて行った。……祖父が植物園へ出勤の節は事務所に居た。事務所は南向の平家で中央部は二重に分かれて居て、祖父は南側の一室に居た。……祖父が植物園の勤務は任意出勤であったが、賀来・加藤両氏が来任してからは頻繁となり、植物園の歴史や草木の目録、殊に植物の取調が進捗して『小石川植物園草木図説』の編輯が次第に出来て、云々」と回想している。

ところで圭介が植物園で最初に専念した仕事は園内植物の目録の作成であったが、それとともに園内植物の図説編修の準備も進めていた。篤太郎の追想記によれば、「祖父と賀来氏とが説明を記載し、加藤氏が図写し、説明の原稿と写生図とが沢山に出来て、之を植物園では大切に保存してあった。」

『小石川植物園草木目録』

かくして圭介が員外教授となった翌月（明治十年十月）、早くも『小石川植物園草木目録』前篇雙子葉部一冊が理学部から印行された。もちろんその編纂はこの年以前より着手されていたことと察せられるが、おそらくこれは東京大学における最初の学術的出版であろうといわれている（『植物学教室沿革』）。

つづいて明治十三年十一月同目録の後篇単子葉之部及び隠花部が出版された。しかしこの印行については矢田部教授の助手として植物園とも関係の深かった松村任三が、自分の意見で一部排列を変更したのを、伊藤圭介がどうしても納得しなかったため、ついに廃版とし、翌十四年六月改版しなおして刊行するという一幕も演ぜられた。この後篇には附録に「小石川植物園創始沿革」がのせてあるが、これは圭介が植物の伝来と植物園の歴史を調査した概要の報告で、興味深い試みであった。

『東京大学小石川植物園草木図

明治十四年十二月になると、伊藤圭介と賀来飛霞が協力して編纂した『東京大説』

学小石川植物園草木図説』第一冊ができあがり、刊行された。彩色図版入りの大形フォリオ本であった。この書編纂の主眼は、古来先人の著書中、草類を詳録するものに飯沼慾斎の『草木図説』の如き大著があるが、木部はないのでその欠を補うにありとし、まず木の部より編纂をはじめた（『錦窠米賀会誌』出品書籍解題之部）。この本も明治十七年に第二冊、十九年に第三冊（柑橘類）が続刊された。共編とはいえ、圭介の植物園在任中の業績の総決算として、心血を注いだ著作であった。

『東京大学小石川植物園草木図説』
(巻2, アケビの条)

圭介は東大員外教

東大教授に任ず

授となる以前をも通算して十一年植物園に在勤したが、この間明治十三年十一月から矢田部良吉とともに、改めて植物園担任を嘱(しょく)せられた。それは「是迄確固ト致候名無之候故」という理由からであった（『日記』同年十二月二十五日条）。さらに翌十四年七月東大職制の改定があり、員外教授の職名が廃止となったので、はじめて正式の東京大学教授に任ぜられた。もっとも職務上には従来と何の変化もなかった。時に七十九歳、この高齢で教授になった例は世界でも珍らしいという。それから五年後の明治十九年三月、帝国大学令の公布により、東京大学を帝国大学と改称したが、この学制改革にあたり、圭介は老齢の故をもって非職となり、以後植物園への通勤も免ぜられた。

教育博物館での任務

ところで伊藤圭介が兼務を命ぜられた教育博物館では、どのような任務があったか。同館は元来幕末開成所の物産局より明治初年の物産局仮役所—博物局といった系統を引くもので、明治五年以後公開博物館となり、名称も博物館（六年）、東京博物館（八年）、教育博物館（十年）としばしば改められたが、その掛りに物産局の当時から大学南校出仕であった田中芳男が任じていた。そうした関係から、圭介は上京ののち、博物局のころから植物鑑定の委嘱を受け、明治七年には博物館より慰労金二十五円を贈られている。さらに十年一月東京博物館が教育博物館に改称されたさい、また四十円を受領している。

博物館での圭介の仕事の内容はいま明瞭を欠くが、植物の標本（腊葉（おしば）・腊花（おしばな））の作成に関与していたようである。その間博物館の所在地も転々と移っている。はじめ湯島聖堂の大成殿をもってこれにあてたが、九年以後上野に移転し、十年八月から上野公園内に新築の本館を公開した。圭介はだから九月以降月に三回ここに通勤したわけである。詳細は未詳ながら、圭介が教育博物館（現国立科学博物館）の創業に弟子の田中芳男をたすけてある程度関与し、貢献していることは銘記（めいき）さるべきであろう（『東京教育博物館一覧』・『東京科学博物館要覧』）。

第一回内国勧業博覧会

博覧会審査官部長の任務

つぎにおなじく明治十年圭介が任ぜられた第一回内国勧業博覧会審査官の任務についてであるが、政府は明治十年に至って、わが国ではじめて全国的規模の博覧会を開催することを決定すると、相当数の審査官をおいて、各区各類に分けた出品物の分担審査を実施させることになった。圭介も九月十八日内務省より「第五区農業、第一類樹木培養及ビ樹林ノ産物」の筆頭審査官、「第六区園芸、第一類粧飾ノ樹木・灌木及花草、第三類園庭ノ器具及ビ其附属、第四類園庭ノ考案作造及ビ処置」の各審査官部長に任ぜられ、上野公園不忍池畔にある博覧会事務局に折々出勤してその職責に任じた。博覧会は八月に開場、十一月三日から公開しているから、圭介が審査に通ったのもこの期間中のことである（『日記』・『明治十年内国勧業博覧会審査評語』）。

この博覧会事務局という役所も、明治四年から太政官所管のもとに設けられていて、六年から八年にかけて博物館・博物局・書籍館・小石川薬園を総管したこともあったが、いうまでもなく、ここも殖産興業を目標とした機関であったから、

博覧会と田中芳男

やはり田中芳男が審査官部長として参与し、その発言力もなかなか強く、第一回内国勧業博覧会の開設もかれの主唱に出たといわれる。圭介はここでも田中の推挙で審査官に推されたわけだが、博覧会終了後の明治十一年二月内務省より審査事務勉励の賞として、萠黄(もえぎ)緞子(どんす)一巻・白羽二重一疋を授与されている。

第二回内国勧業博覧会

明治十四年春第二回内国勧業博覧会がまた上野で開設された。このときも圭介は審査官に任ぜられ、三月より四月にかけてほとんど毎日のように通勤して、審査事務に精励した。当時の事情について『明治十二傑』の筆者はつぎのような消息を伝えている。

仕事本位の圭介の人柄

> 十四年の博覧会には田中君その審査官長（筆者註―事実は内務大書記官として出品課長と審査部長を兼ねた）たりしかば、官階の事已むを得ざりしに出づと雖も、大島圭介（註―工部大書記官として審査部長を兼ねた）らの諸氏は、旧師を部下に置くの不可を鳴らせしと云。然れども先生（註―圭介）は毫(ごう)も斯(かく)の如きことを意とせられずして七十九歳の高齢を以て、日々徒歩して上野なる博覧会場に赴き、矻々(こつこつ)精査、曾て懈怠(けたい)あることなし。人その勤黽(きんべん)に服せざるはなかりしと。此談は之を当時の博覧会に与(あず)

かりし某氏に聞けり。

ここにも仕事本意で、世俗的名声に恬淡たる圭介の人柄の一面がよくしめされているとと思う。

この節をおわるにあたって、もう一つつけ加えておかなければならないことがある。それは伊藤圭介の学者としての地位が老境にはいってようやく安定し、ますます矍鑠たる元気をもって、わが物産学や植物学の育成のために挺身活躍を続けていかれるにつけても、思いだされるのは、若き日のかれに教導の労を惜しまなかった先人らの学恩であったろう。

『菩多尼訶経』と『西説観象経』の翻刻

この深い恩義に何かのかたちで報いたいとかねて念願していた圭介は、とくにわが国に純正植物学を紹介移植した第一人者宇田川榕庵と、尾張洋学の恩人吉雄常三らの業績を偲び、それらが湮滅に帰せんことを憂いて、この両師の頌徳表彰のため、著述の覆刻を思い立った。そして明治十二年初春かれは孫の篤太郎に命じて、榕庵の著『菩多尼訶経』(文政十三年著)と、常三の著『西説観象経』の二書を自費で翻刻、公刊させたのである。同年二月の自筆『日記』にはこの両著の出版製本のため、しきりに心を配っている記事がみえ、同月末にいたって両著とも立派に仕上っている。ともあれ、この刊行は日本科学史上の一美挙とするに足りよう。

四　学会への貢献

学会の簇生

さきにふれた洋々社や明六社は学界各方面の名家たちが創立した啓蒙団体ではあったが、まだ学会の体裁を具えたものではなかった。しかし明治も十年代にはいると、各種の学会が簇生してくる。博物部門でも明治十一年博物友会や東京生物学会が開かれ、やがて生物学会が二分して動物学会と植物学会とになった。明治十二年(一八七九)には東京学士会院(のちの帝国学士院)も創設されて、わが国の学界の態勢もようやく整いはじめたのである。

伊藤圭介は東京学士会院が設けられると、早速会員に選ばれて、他部門の学者たちとの熱心な協力を惜しまなかったし、また東京植物学会の創立にも参劃した。さらに国際学会より賞牌を贈られたり、通信員を委嘱されたりして、海外に一層名を拡めた。そのような圭介の老年の学会活動について、すこしばかり述べてみよう。

東京学士会院の設置

東京学士会院の設置は、明治十一年末ときの文部卿西郷従道が、文部省顧問米人モルシーの建議によってその必要を認め、東京学士会院規則大意と選挙案を作って、これを西周・加藤弘之・神田孝平・津田真道・中村正直・福沢諭吉・箕作秋坪の七学者に諮詢し、その協賛を得たことに由来する。ついで十二年一月に文部大輔田中不二麿（文部卿代理）が右の西周ら七名を選挙して同院の会員とした。

会員に選ばる

伊藤圭介が会員に選ばれたのは、すこしおくれて三月二十八日のことであった。会員は全体でも二十名ほどの少数であったが、ことに自然科学部門ではわずかに両三名に過ぎなかった。

学士会院規則の制定

ついで同年四月になって同院の規則が制定されたが、それによると、同院設置の主旨は、「教育ノ事項ヲ討議シ、学術技芸ヲ評論スル」にあり（第一条）、会員は四十名を定員とするが当分は二十一名にかぎり（第二条）、その選出は同院で行い、文部卿の認可を受けることとし（第三条）、定会は毎月十五日と定めた（第十条）。そして翌五月から『東京学士会院雑誌』（月刊）を発行した。同誌を吟味すれば、伊藤圭介はほとんど毎回定会に出席して積極的に発言し、重要提案も行った。

定会における圭介の提案

圭介の発案として右機関誌上にのっているのは「博物学者ヲシテ支那ニ派出シ、本地ヲ遍歴博采セシメバ、斯学ニ於テ発明有益タルベキノ案」（『東京学士会院雑誌』二の八）で、これを明治十三年五月十五日の定会に提出したところ、会員神田孝平の賛成と朝鮮国をも同案中に加えるべき提案があったので、同月二十五日の会合で改めて主旨を敷衍して賛否を求め、朝鮮への博物学者派遣の必要をも力説しているのである。

『東京学士会院雑誌』に寄稿

「本邦博物学起源沿革説」

つぎに圭介が同誌に寄稿した論説中、専攻部門では、㈠「本邦博物学起源沿革説」（明治十二年）・㈡「同拾遺」（十五年）・㈢「諸植物中、本邦自生ノ品ト異邦伝植ノ者トヲ区別シ、之ヲ弁晰セント欲スルノ説」（十四年）・㈣「花史雑記」（十五年〜二十八年）等があり、専攻外では㈤「日本人ノ雅俗文章ニ於ケル、句読段落ヲ標示スルヲ以テ必要トセサルハ、一欠事タルヲ弁ス」（十三年）と、㈥「これもまたくちよくいふべくして　そのことは　おこなはれがたきのせつ」（十四年）がありまた明治二十七年（九十二歳）には㈦「錦窠古瓦譜」を寄せていて、八十歳代から九十歳代にかけて、いよいよ健筆振りを発揮しているのである。

いまそれらの主旨だけをあげてみると、㈠は「古ニ溯リ今ヲ照シ、将来ノ鍼路ヲ議スルノ資料ヲ儲ケンガ為メ、先ツ先哲ノ言行履歴ヲ追慕シ、専ラ其著書ニ就テ参鑒収集シ、以テ他日考証ノ一助ト為ン」としたものであり、㈢は「先哲ノ著書中僅カニ散見スルモノ、或ハ古老ノ口碑ニ伝フル等ノ者ニ就キ、筆ニ任セテ若干種ヲ雑纂シ、以テ植学参考ノ一助ト為サント欲ス。……他日更ニ之ヲ追補シ、以テ一部ノ植物史ヲ編輯セントヿ(こと)ヲ期」して書かれたもので、その気概のさかんなことに驚かされる。

「花史雑記」

㈣の「花史雑記」も八十歳から八十三歳までの間に連載された圭介最後の力作で、「植学訓蒙(くんもう)ノ為メ、群芳(ぐんぽう)ヲ雑纂シ、其名称、産地、形状、効用等ノ諸説ヲ集解シ、以テ初学多識ノ一助タラシメント欲ス。蓋シ瀏覧一過(りゅうらんいっか)

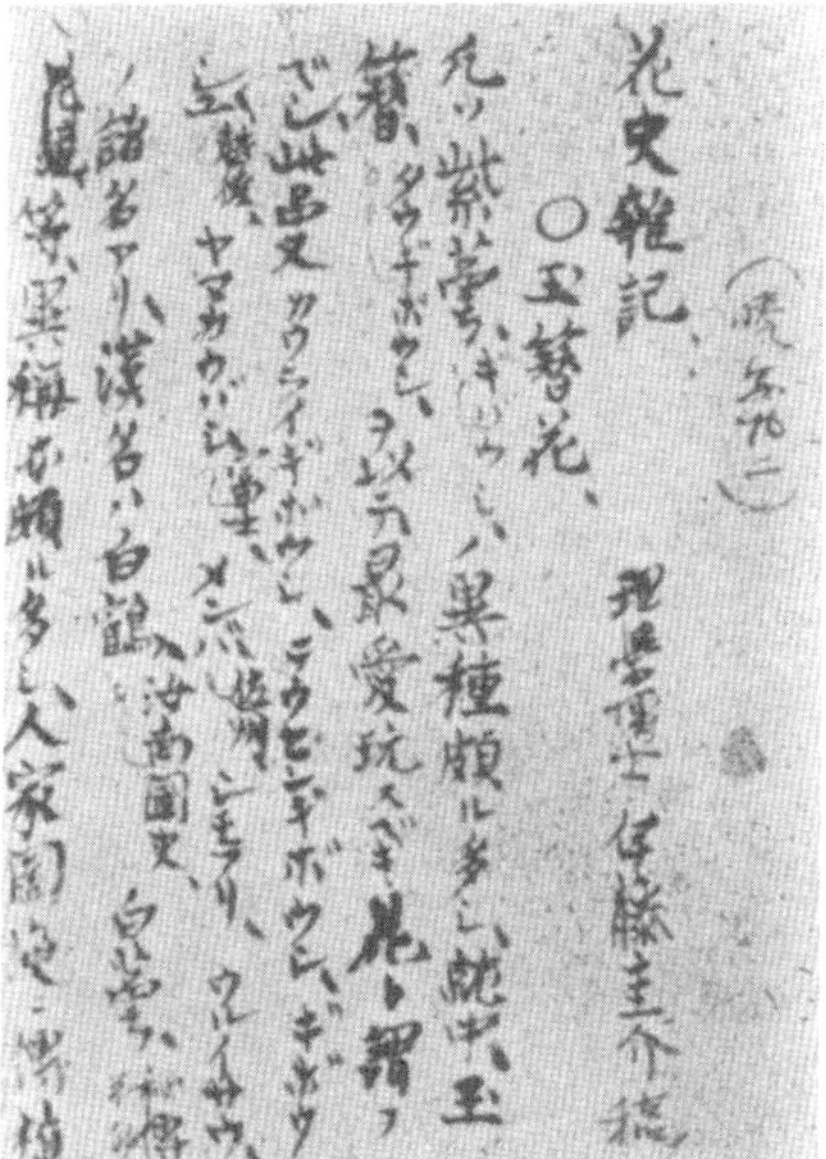

「花史雑記」の草稿（村野時哉氏旧蔵）

セバ、亦無益ノ贅言ニ非ル可シト、自ラ信ズレバナリ」との序言のもとに、毎回一、二点ずつ生涯の蘊蓄を傾けて詳細な解説をほどこしている。

文章論―句読点

つぎに(五)と(六)とは圭介にしては珍しい文章論と文字論である。前者は要するに「凡ソ文章ヲ綴ルニ当リ。必ス句切ヲ批点・ニテモ。圏点。ニテモ。之ヲ標示シ。或ハ字傍。或ハ字間ニ於テ。適宜ニ其位置ヲ定ムベシ。段落ニハ。鉤画」ヲ用ヰ。其結尾ノ前後ヲ劃断スベシ」といった提唱で、今日からみれば何でもない問題のようであるが、洋学者としての圭介が当時痛感していた日本文の欠陥を卒直に衝いた論議である。

文字論―漢字廃止論

後者は十七頁におよぶ重大提言で、前半を平仮名、後半を片仮名で記したもの、その要旨は、

わがいま　いはんとするかんがへは、むずかしきからもじをはいして　たゞわがくにのかなもじをもつて、せけん一ぱん　こうしがぞく(公私雅俗)のべつなく　つ

うようせしめられんことを　のぞむところなり、これによりて　そのしゆげふの　らうをはぶき　くわういん（光陰）を　つひやしめざれば、そのらうと　ひまとをもつて　もろ〳〵　いうえきのがくげいを　ならはしめ、じんさい（人才）をのばし　やういくして　ぐわいこくの　おしへのみを　あふがず、ひくつのこゝろ　なからしめんことを　だい一のめあてとしたきことなり」

というにつきるが、かれもむろんこれをいますぐ実施できると考えていたわけではなく、

　そのおこなはれざるをしりつゝ、これをいふは　そのえきなきににたれども、いはざるも　そのこうあるにあらざれば、むしろこれを　きようちうに　うつぺいせしめんよりは、たとへ　いまきくひとなきも　そのときをまち　そのひとをえば、またはたして　おこなはれじとも　さだむべからず、

と、止むに止まれぬ衷心よりの自己の信念を吐露して、何時の日かの実現をひそ

かに期待したのであった。いずれにしても、実学者＝経験科学者にふさわしい文化意識の発露ではないか。

「錦窠古瓦譜」

なお(七)の「錦窠古瓦譜」は、多年の蒐集にかかる圭介所有の古瓦の解説であるが、かれの古瓦コレクションについては第四の四にすでに述べたから、ここでは省略しておく。

東京植物学会の創立

つぎに東京植物学会の創立に眼をうつすと、伊藤圭介はこれにも最初から関与している。東京大学植物学教室の機関誌『植物学雑誌』の創刊号(明治二十二年二月)に、助教授大久保三郎が同会の略史を書いているが、これによると、大久保が従来わが国に植物専門の学会のないのを概歎(がいたん)して、「明治十四年ノ暮植物学会ヲ創設セン事ヲ伊藤圭介、賀来飛霞(かくひか)ノ両氏ニ謀リタリ」とあって、同学会の創設を首唱し、この部門の長老伊藤圭介にまず相談におよんでいるのである。

間もなく学会は順調な経過をとって成立し、ときの植物学担当教授矢田部良吉を会長に推して、第一回会合を植物園事務室に開いた。ときに明治十五年二月二十二日のことであった。この日集まった会員は伊藤圭介のほか、賀来飛霞・矢田部良吉・大久保三郎・松村任三・沢田駒次郎・宮部金吾ら当時のわが植物学界を背負った人々であった。爾後しばしば会合を開き、「植物学上の知識の涵養に努め」たが（『東京帝国大学理学部植物学教室沿革』）、必ずしも会勢振わず、明治二十二年春まで機関誌を発行することもできなかった。この間にあって、圭介はつとめて会合にも出席し、陰に陽に同学会の育成に助力したが、何分老齢のこととて、表面に立つようなことはしなかった。

外国の学会・学者との関係

この項を終るにあたり、外国学会と圭介との関係について一言しておこう。圭介の名がつとにヨーロッパの学会に知られていたことは、主としてシーボルトの紹介に負ったのであるが、明治になると前紀のサバチェやアーネスト＝サトウ・

外国博物学者との親交

タイマ・ゲールッらの来日諸学者とも親交があり、圭介が老来ますます矍鑠（かくしゃく）として、博物学や物産学に貢献している状況は、これらの人々を通じて欧米に伝えられていたのである。

サバチェやサトウらとの往来については、明治十年前後の圭介の『日記』にもしばしば散見するが、その他にも欧米の博物学者のわが国に渡来したもので、圭介を訪わないものとてはなく、また政府の紹介を求めてかれに学問上の通信を依頼するものも少なくなかった。

ラインと面接

一例をあげれば、『明治十二傑』にはドイツ国フランクフルト工芸学校教頭博士ライン Rein が、ドイツ政府の命で一八七四年(明治七年)日本物産の調査に来日したおりの記事がのせてあるが、それによれば、ラインは各地で植・鉱物を採集したが、未見のものが多くてラテン学名を知るのに苦しんだ。そこで接待にあたった宇都宮三郎の紹介で圭介と面接し、「其知らざる諸植物の羅甸(ラテン)名を問ふに、先生の応答流るゝ如く、一の知らざる所なきぞ、ラインハ氏欣喜(きんき)措かず、頗る敬服いたりと言ふ。先生の博強想ふべし」。

ラインの圭介評

翌年ラインは帰国し、『日本』(Japan)を著わしたが、そのなかでかれは圭介を評して、「日本の植物に関する知識を、開進せしめたる上に大効績ありし植物学者中、現時生存する一人として、予は尊敬すべき伊藤圭介君を挙ぐ。君は銀髪の老人なりと雖も、尚青年の鋭気と活潑とを有せり。君は十数年前、青年として、其活潑なる意気を以て、シーボルト氏に重要なる補助を与へたりき。」(『明治十二傑』所載の和訳)と述べている。

Keiske の学名をつけた植物

このような事情で、圭介の発見にかかる日本植物で国際学界に紹介され、圭介の名を学名につけたものも、シーボルトの時代より一層増加し、セリバシオガマ・シモバシラ・イワナンテン・イワチドリ・イヌヨモギ・ヒカゲツツジ・アゼトウナなど今日も使用されているものが多いが、Ito Keiske と記すため、外国の学者はケースケを姓と誤解し、イトーの名をつけたものはないというありさまであった。

外国学会より表彰さる

圭介の名があらためて欧米に紹介されると、外国学会との接触もとみに加わった。たとえば明治十三年(一八八〇)十一月スエーデン国ストックホルムの王立学士院から銀牌と同国人ノルデン＝スキオルド Norden Skiold によるヴェガ号北氷洋通航記念銅牌とが贈られてきた。これはスキオルドが一八七九年(明治十二年)日本に来遊した記念を表し、かつ圭介の功績を讃えたものである。

また明治十五年九月には、前年イタリア国ヴェネチヤで開かれた第三回地理万国公会に、日本政府より圭介の編纂した『日本産物志』を出品したのにたいし、二等賞銅牌が寄贈された。なおこの年には英国王立アジア協会より、圭介は「北支那支部通信員」を委嘱されているのである。

第七　晩年のいとなみ

一　賀寿博物会

賀寿の催し

伊藤圭介の還暦や古稀のころは幕末維新期の多事多難のさいであったし、かれの「鋭気と活溌」の生涯からみてまだ晩年にはほど遠く、格別記念の催しが行われた形跡もない（もっとも数え年六十の文久二年圭介の江戸在勤中、名古屋の旭園では嘗百社の博物会が開かれ、江戸でも博物会を開いているが、とくに還暦を謳ったわけではない）。その圭介も明治十五年には八十賀寿を迎え、二十三年には米寿の賀を、二十五年には九十賀寿を迎えてようやく黄昏訪れるの感を深くするに至った。門人や友人たちはその都度、祝宴を張るとともに、とくに翁の意向を汲んで盛大な博物会を開催

八十賀寿耋筵会

『錦窠翁耋筵誌』の刊行

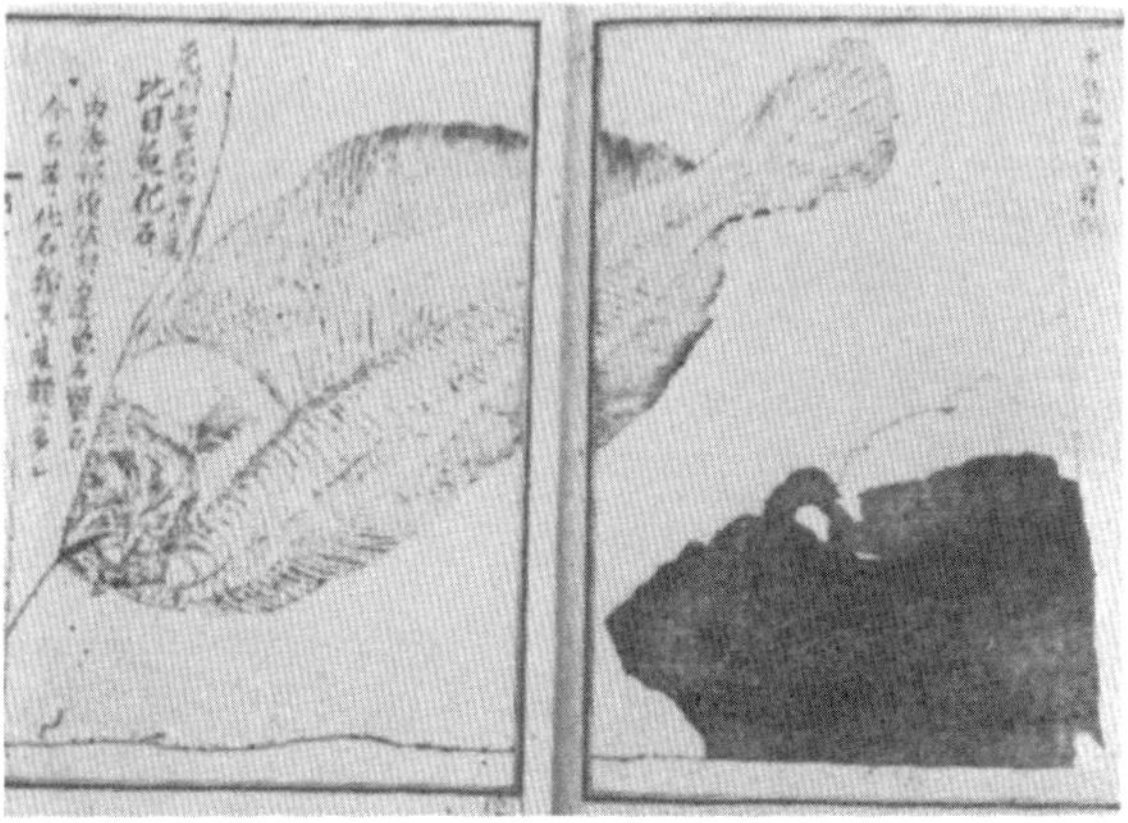

『錦窠翁耋筵誌』の挿図

して、その労に報いるところがあった。

ここでは晩年のいとなみにふさわしいこれらの記念博物会を通観するとともに、死の数年前まで続けられた尚歯会や多識会といった博物＝物産会についてもあわせてふれておきたいと思う。

まず明治十五年の八十賀寿にあたっては、四月十六日上野不忍生池院において、耋筵会が開かれた。会に先だち、伊藤篤太郎編輯の『錦窠翁耋筵誌』（巻一）が刊行されたが、主催者代表の門人鷲津宣光がこれに寄せた序によって同会企画のいきさつをうかがうと、元来本邦の物産家に長寿が多いが、それは「仁者寿之効」というべきである。「後進の領袖と称するもの、吾が錦窠伊藤先生となす。亦齢八十、歩趨甚だ健、肌膚甚だ腴、飲啖笑語壮男子の如し」（原漢文）。そこで門人らあい謀って、養老の古礼に擬し、先生の嗜愛する博物の珍異のものを撰択陳列して、先生を娯しませんと企てたとある。

当日出陳した品物の目録と解説は、前記『錦窠翁耋筵誌』巻一として刊行され、参会者に頒たれたが、品物のほかなお一一〇〇部におよぶ博物関係の書籍（本草・植物・動物・鉱物・考証の各部に分類）が出陳された。そのうち約三四〇冊は錦窠翁自身の出陳書であった。それらの目録の出版は大分おくれて明治二十三年秋になったが、それは巻二・巻三および書目索引の三冊に分れ、たまたま開かれた米寿賀会参会者に贈られた。いずれも田中芳男の編輯で、巻二は耋筵会当日寄贈の書並びに出品の解題、巻三は当日出陳書籍の略解である。

米寿賀会

ところで明治二十三年の米寿賀会は、十月五日上野公園美術協会で開筵された。幹事は田中芳男・宍戸昌・小野職愨の三人があたり、博物関係の書籍・書画・実物等を豊富に陳列、参観者もすこぶる多く、盛会であった。この賀会は圭介の門人小塩五郎（三居巣）を態々名古屋から招請し、席上圭介はかれを紹介して、動植物の識名において恐らく天下第一と激賞したと伝えられる（『紙魚のむかし語り』）。これよりさき、圭介はその著述、翻訳・翻刻にかかる書籍ならびに『耋筵会誌』等十四部を宮内省に献納したが、この月賀筵開会のおもむき上聞に達し、金二十五円を下賜されたことを申しそえよう。

『錦窠翁米賀会誌』の刊行

今回の米賀会関係の出版物も翌二十四年九月になって、田中芳男の編纂にかかる『錦窠翁米賀会誌』出品書籍解題部（一冊）と、同じく門人宍戸昌の編輯にかかる寄贈之書画並出品解説（一冊）が刊行された。同誌所載の書籍は総数七〇〇冊で前記耋筵会のさいの四部門分類にあらたに水産部が加えられた。

九十賀寿博物会

つぎに明治二十五年七月五・六の両日九十賀寿博物会が名古屋市愛知博物館で開催され、圭介は欣然（きんぜん）参会した。かれは東京移住後、多忙な生活を送りつつも、数回名古屋に帰郷している。まず明治十一年八月には亡父母の祭事執行のために、また十八年七月には祖先の墓参のために帰郷し、美濃（岐阜県）養老滝にも赴いているが、ことに明治二十二～五年には毎年つづけて老体を郷里に運んでいる。二十二年には墓参と桑名（三重県）の博物会出席のため（後述）、二十四年四月にはみずから「花の旅」と称し、山陽（岡山・宮島・多度津等）・関西（姫路・明石・京都等）方面の漫遊であったが、二十五年には亡父西山玄道（浄林居士）五十年祭執行のため、六月一日東京を発って名古屋に赴き、菩提寺光勝院（現中区大須三丁目総見寺境内にあり）に玄道（松隠翁）九十二歳の作詩を刻んだ石碑を建立したのち、久し振りにくつろいで一月（ひと）半も滞在した。

この間に伊藤篤太郎が会主となり、名古屋在住の門人菊池有英（嘗百社代表）と伊勢在住の門人丹波修治（交友社代表）が幹事をつとめ、愛知県嘗百社・三重県交友社・愛知県教育博物会等の本草（物産博物）研究団体が補助となって、九十賀寿博物会の準備が進められた。「理学博士伊藤圭介翁九十賀寿 博物会広告」によれば、本会開催の主旨は、

同会開催の主旨

家王父錦窠翁。本年九秩ノ遐齢ニ躋リ。尚且矍鑠トシテ。益々ソノ嗜ム所ノ博物諸品ヲ蒐集シ。日夕精究。毫モ倦怠ノ状アルヲ見ズ。不肖欣賀ノ余。茲ニ従遊ノ同志ト謀リ。来ル七月五六両日ヲ期シ。博物会ヲ名古屋市門前町博物館ニ開キ。動植礦ノ諸物ヲ陳列シ。聊カソノ老懐ヲ慰メ。以テソノ万寿ヲ祝セント欲ス。」

とあり、また「会則」には「尋常ノ賀筵トハ相同カラズシテ、専ラ動、植、礦諸物ノ研究ヲ以テ目的トナシ、敢テ酒饌ヲ供スルヿ能ハズ。諸君、乞フ幸ニ之ヲ恕セヨ」と断りがきしてある。

維新後の嘗百社

ここでいわゆる嘗百社とは、旧藩時代、圭介が主宰して尾張本草学の牙城となっていたあの学会のことであるが（前出）、維新後圭介が出京してからはやや寂寥の感はあったものの、圭介の養子延吉や水谷義三郎・小塩五郎・菊池有英ら生えぬ

きの社中の人々は、なお熱心に光輝ある伝統を継承していた。また交友社とはやはり圭介の旧門人中の逸足、丹波修治が明治十五年以来主宰した伊勢の本草学会であるが、これは明治二十二年三月には嘗百社と一応合併して、嘗百交友社とも称したのである。さらに教育博物会というのは、明治十九年随意会として発足し、のち浪越（なごや）博物会（会長奈良坂源一郎）と改称した別の団体が、ときどき催した博物会のことである。

『錦窠翁九十賀寿博物会誌』の刊行

いずれにしてもこれら尾張・伊勢在住の博物社中の人々が、多数参加し、二日間にわたって九十賀寿会は盛大に挙行されたわけである。その出品目録は翌二十六年十二月になって、伊藤篤太郎編輯『錦窠翁九十賀寿博物会誌』（上下二冊）として刊行されたが、上巻には動植物に関する論説と、圭介あてに贈られた詩歌文章の類、下巻には諸物品の目録と解説が収載された。論説のうちには、篤太郎のものも六編あるが、圭介は「尾張博物学嘗百社創始沿革並諸先哲履歴雑記」を寄せている。

所載の圭介の肖像と漢詩

この一文が尾張本草学史の貴重な史料として逸しえないことは、さきにもふれたとおりである。

さて博物物産会ということになれば、賀寿のためであっても、なくても性質は同様である。そこでここに伊藤圭介の東京移住後、参加したその他の博物会のうち、目ぼしいもの二―三を併記しておく。

まず国会図書館(伊藤文庫)には、圭介著の『明治四年未十月於東京両国万八楼織田氏博覧会略目録』と同じく『明治辛未織田氏物産会目録』という小冊子があり、圭介が明治初年

『錦窠翁九十賀寿博物会誌』

烏兎疾如レ矢、
我腰屈似レ弓。
自嗤無二目的一、
早已九旬翁
錦窠

より東京の博物会に熱心に参会していることを物語っているが、明治十二

七老尚歯会

年五月十一日には、浅草公園花屋敷森田六三郎方で、七老尚歯会を開いている。七老とは圭介・栗本鋤雲（万次郎）・大淵裕之・森養竹・内山長翁・内山卯之吉・柏木吉三郎の七人を指す。『圭介日記』同日の条にはこの会を「栗本温知会」と呼んでいる。

同会開催の目的

また明治二十一年十月五日には、圭介は栗本鋤雲・田中芳男・大淵祐玄・石坂堅蔵・林洞海・今村亮・浅田宗伯・小野職愨らの諸名士と謀って多識会というのを両国（横網町）香樹園に開催した。当日出陳物の目録は、同年十二月伊藤篤太郎により『多識会誌』第一輯として編輯・発刊されたが、その題言に本会開催の目的を詳細に述べて、今日の博物学は単に識名だけでなく、構造・性質・発育の状まで深究する要があって、専門区域が狭隘となった。しかしその一方、一科・一類に偏せず、広く博物の知識を拡充し、交互参照して各科の進歩を促さねばならぬ。

「……茲ニ於テ各科専門ノ学士ヲ集会シ、老少団欒シテ互ニソノ知識ヲ交換シ、始メテ大ニ斯学ノ進歩ヲ補翼スルニ至ル可キナリ。是レ我徒茲ニ多識会ヲ開ク所以……実着ノ論、新奇ノ説相和シ、相謀リ、時勢ニ晩レズ、流行ニ渉ラズ、ソノ中庸ヲ得テ以テ我社会ヲ円滑ナラシメ、随テ我邦博物学ノ隆盛ヲ企望スル所以ナリ。」としている。

これは圭介の意見というよりは、圭介の家学の継承者をもって自他ともに任じ、たまたまこのころ英国留学から帰国したばかりの篤太郎の新主張が、強く打ちだされているとみるべきであろう。なお圭介の意向を伝えるものとして、「題多識会誌首」なるかれの左のごとき漢詩がある。

題多識会誌首

多識同盟客。　新開博物場。
錯陳鉱動植。　参伍和漢洋。
牙籤攤堆几。　丹青展掩床。
雲烟過眼処。　獺祭楽無疆。

八十又六齢錦窠老人

当日の会の模様は、圭介の十月五日の『日記』にも、「本日於香樹園老人会出席、今朝曇天之処、午後天気晴ル、篤太郎第一周旋ス、……存外多人数、大ニ面白事ニ而、衆多一同大ニ興ジタリ、座敷ニ客一杯也、陳列品モ許多アリ。」と記されているように、主催者がわを面喰わせ、篤太郎も「余ヲシテ為メニ転タ英国倫敦ニ在リシ日、学士会院ノ年会ニ臨ミタルト、同一ノ感ヲ起サシムルニ至レリ。亦一大快事ナル哉。」（前掲題言）と悦んだ。

多数の出品物中、圭介の出したものは、「益軒・若水・玄達・蘭山等の書簡」（一幅）や「博物会冊子類」（七冊）のほか、父玄道（松隠）の作詩等比較的わずかであった。

多識会はその後、翌二十二年五月十五日に第二会をふたたび香樹園で、同年十月十五日故会員大淵祐玄の追悼をかねて第三会を上野美術協会で行った。その目録も『多識会誌』第二輯として刊行されたが、この両会とも圭介の出品は少数で、特記すべきほどのこともなかった。

つぎには明治二十二年八月一日前記の嘗百交友社が展墓帰郷中の圭介を招聘して開いた博物談話会というのがある。この年圭介は七月中より名古屋に赴いているが、東山植物園所蔵の自筆『明治廿二年七月　尾州江罷越シタルニ付　雑記』の表紙に、「八事山掃墓　幷　阿姉待十君に対顔等此行第一ノ目的タリ」とあるところから、この帰郷が展墓のほか、実姉鈴木待十(きい)との面会を主要目的としていることがわかる。例の有名な「あなた様の齢(よわい)九十一年と私の齢八十七年と合せて百七十八年と相成申し、どうぞ貳百に致しとういのり申し云々」(前出)との筆談が行われたのは、このときである。

それはともかく、この滞名中にたまたまその年三月合併の実現した嘗百交友社が、先師圭介翁のために、三重県桑名の船場(せんば)船津屋眺憩楼(ちょうけいろう)において、博物会を開催したわけであるが、圭介は孫篤太郎とともに参列、一席の講話を試みた。そのさいの『桑名眺憩楼博物会目録』も現存している。それをみると、圭介は『集古十種』原本と北海道原住民製品等を出陳している。

九老尚歯会

終りにもう一つ圭介九十六歳明治三十一年十月の九老尚歯会をあげなければならない。これは圭介翁の最後の展墓帰郷を機として名古屋の本草関係の耆老(きろう)等があい謀って、市内小市場町加藤庄兵衛の別荘、霞洞庵(かどうあん)において開催したものであるが、この旅行については、圭介自筆の『香魚松蕈日記』がある（東山植物園蔵）。しかし九老尚歯会については詳しい記述はない。九老とは圭介のほか岡田高頴（八十五歳）・増田白水（八十三歳）・武藤寿英（八十歳）・服部中英（七十六歳）・浅野三竜（七十五歳）・和田澹斎（七十五歳）・奥田大観（七十四歳）・鈴木重瑊（七一十歳）の九翁を指すが、最後の鈴木重瑊は圭介の実姉待十の子息である。

当日の集会は参列者めいめい詩歌を詠じ、書画を揮毫し、たがいに長寿を祝福し、祈念しあったもので、とくに博物会の催しはなかったようだ。圭介は平生人力車に乗るのを好まず、強脚を誇りとしていたが、さすがにここ数年は歩くことが少なく、この名古屋行に先だって徒歩の稽古が必要だというので、事前に日々近傍数町のところを散歩したという逸話が伝わっている。圭介晩年の気魄のほどを覗うに足りよう。

徒歩の稽古

二　学位受領と業績の評価

学業の総決算

伊藤圭介晩年のいとなみの一つとして賀寿その他の博物会についてやや詳細な紹介をしたが、その二として圭介生涯の学業の総決算について記したい。かれは若年以来、医学に蘭学に本草物産の学に縦横の研究と啓蒙活動を展開し、とくに一生の学として、幕末以後明治にかけては博物――植物学にもっぱら傾倒してきたが、その業績は明治前半の学界にひろく確認されることになって、明治二十年五月学位令の制定をみるや、翌二十一年五月わが国ではじめての理学博士の称号を授けられることになった。これこそ学究伊藤圭介の学業総決算にふさわしい栄誉といわなければならない。

これより九年前の明治十二年には、二十名の碩学（せきがく）中、自然科学者ではわずか両三名の一人として、東京学士会院会員に選ばれたが、明治十年来東京大学教授となり、十年間植物園に勤務したのち、明治十九年に非職となってようやく第一線より引退し、ほぼ学問上の業績も出揃ったとき、学位を受領したタイミングもよく、その意義は大きい。

学位令の制定

二十年の学位令によれば、博士・大博士の二等級あり、大博士は学術上とくに功績ありと認められたものにたいして、閣議をへて授与するという規定であったが、これに該当する学者は実際にはついに一人も選出されることなく、明治三十一年十二月の学位令改正でこの称号は廃止となった。二十年の令では博士は法・医・工・文・理の五種類とし、㈠大学院に入り定規の試験を経たもの、㈡帝国大学評議員会においてこれと同等以上の学力ありと認めたものにたいして文部大臣これを授けるという制度で、圭介はむろん㈡に該当するわけである。いずれにしても当時はまだ三十一年改正後のように論文審査の条項はなかった。

日本最初の理学博士となる

この学位受領について圭介の『日記』明治二十一年五月七日の条には、

一、文部省ヘ出頭之処、左記通被レ命、

学位記

愛知県平民

従五位勲四等　伊藤圭介

明治二十年勅令第三号学位令第三条ニ依リ茲ニ理学博士ノ学位ヲ授ク

明治二十一年五月七日

文部大臣従二位勲一等子爵森　有礼㊞

右学位記被ニ相渡一間、暫ク演舌云々、

と辞令を載せている。圭介をふくめ日本ではじめて学位を受けたものすべて二十五名、そのうち理学博士はわずか五名であった。しかし圭介はすでに八十六歳の老翁で、これにつぐものは六十八歳以下であった。文政の青年期『泰西本草名疏』の刊行以来、数々の劃期的業績をあげながら、名利に淡白で政治性の稀薄な圭介

業績が正当に評価さる

の性格や、自然科学の学界における地位の低さなどから、その割に正当に評価されることのおくれた感があったが、ここにいたってまさに長年にわたるかれの輝ける業績が、一応正当に評価されたというべきであろう。

「明治十二傑」の一人に選ばる

ところで圭介の死の二年前、明治三十二年当時の代表的綜合雑誌『太陽』は、発行所博文館の創業十二周年記念事業として、「明治十二傑」を選んだが、科学者No.1として伊藤圭介がその選に入った。同誌の「凡例十二則」によると、維新後短期間に社会百般の事、尽く長足の進歩を呈し、殆ど全く面目を一新したが、この「進歩の実相を描写する為」め、社会各方面（政治・文学・宗教・教育・軍事・科学・医術・法律・美術・商業・工業・農業の十二部門）で「進歩の原動力と為りし人」を公平を期して全国に投票で募った結果、圭介は科学部門の「当代第一名流」に選定されたわけだ。そして今までにもしばしば引用した岸上操の「理学博士伊藤圭介君」という、比較的信拠するに足る伝記が同年六月臨時増刊号にのせられた。

わが科学上の第一人者と評価さる

このことは、圭介が明治の中期、学界のみならず、一般社会からも、わが科学上の第一人者と評価された事実を、おおよそしめすものとみて差支えあるまい。むろんそこには稀世の老碩学を尊重するといった敬老精神のあらわれもあったではあろうが、それにしても圭介の「学徳」が、当時の社会にあたえた影響の著大であった事実は、この評価からひきだせると思う。

発表された業績

ところで圭介の業績を、後半生の専攻となった博物学の分野にかぎってふりかえってみても、明治以前の嘗百社盟主としての活動、幕府蕃書調所の勤仕にひきつづいて、明治以後植物園・博物館・博覧会、また植物学会・学士会院・洋々社等の事業に参与して、日本における博物・物産の振興に、実践的に多大の貢献をするとともに、その間に数多の論著を公けにして、わが近代学術草創期に不滅の足跡をのこした。

未刊行の業績

こうした表面にあらわれたかれの業績、いわば氷山の水面上に姿をみせた部分の下にかくれて、かれの学問の基礎をつちかった博物知識の集大成が堆積(たいせき)されていなければならない。このことについては、牧野富太郎博士も強い関心をもち、生前吉川芳秋氏あての手紙(昭和十四年十二月三十日附)の一節に、「先生の遺稿も必ずあらうと思ひます。……これ迄出版になつてゐる書物丈けでは、圭介先生の盛名に比し、頗る物足りません。これは他にもキット私と同感の人があると思ひます。故にそれは先生の書いた全部を世に出して、コラ見よと力(りき)まねば、先生の偉い証拠が挙りませんと私は信じます」といっている。

さきにもちょっとふれたとおり、事実圭介編著の未刊行の稿本がおよそ四五〇冊も残されているのである。一ヵ所に集まっていないのは残念であるけれども、遺族の好意でほぼ牧野博士の期待されたように、戦時中から戦後にかけて、それぞれしかるべきところに寄贈され、われわれ研究者に閲覧の便宜が与えられている。

未刊行稿本の冊数

幸いに散逸をまぬかれたそれらの未刊行稿本類は、今日国会図書館の伊藤文庫別置本（べっちぼん）に一三〇冊のほか、一般所蔵別置本に一二二冊あり、いずれも分家伊藤篤太郎氏の旧蔵本、名古屋大学附属図書館の伊藤文庫に一七五冊ほどあり、元男爵伊藤一郎氏旧蔵本、また東山文庫にも一二冊ほどあり、本家伊藤秀雄氏の旧蔵本である。また東京国立博物館や東京大学附属図書館にも若干ある。

未刊行博物学体系

それらのうち『錦窠植物図説』・『植物図説雑纂』などのように、もと同じ部類で遺産相続のさい子孫の三家に分割されたものもあるが、いまそれらをすべて圭介の手許にあった昔に復原し、そのうちで「伊藤圭介博物学体系」ともいうべき稿本類をかりに植・動・鉱の順に排列してみると、次表のようになる（表中「国」は国会図書館伊藤文庫、「名」は名大図書館伊藤文庫、「東」は東山植物園等、所蔵個処をしめす略号）。

伊藤圭介未刊行博物学体系

植　物

錦窠植物図説　国――一一冊

名――一四四

植物図説雑纂　国――一二二（伊藤文庫設置前からの既蔵本）

国――一七

東――一

錦窠禾本譜　国――五

錦窠菌譜　国――一三

錦窠羊歯譜　国――一三

錦窠竹譜　国――八

錦窠燈心草科譜　国――一

錦窠穀精草科譜　国――一

錦窠蘭譜　国――四

計　三〇八

動物

錦窠動物図説　名――一冊

錦窠獣譜	名――	一
錦窠禽譜	国――	二〇
錦窠魚譜	国――	一七
	名――	一九
鮫魚譜	東――	一軸
錦窠蟹譜	国――	五冊
錦窠虫譜	名――	一〇
虫譜	東――	二
動物図纂	東――	一軸
	計	七七
鉱物		
日本鉱物図説雑纂	東――	二
	合計	四一九

見られるとおり、「植物図説」が圧倒的に多いのは、圭介の学問の中核が本草

『錦窠植物図説』と『植物図説雑纂』

より植物学へと展開したから当然といえようが、書名の上からは『錦窠植物図説』・『植物図説雑纂』と区別されている大部の書冊も、内容は同じ趣旨の個別植物に関する資料の集積である。ただ前者が一応科別ごとに分類されているのにたいして、後者がそこまで整理がつかず、国会図書館別置本の一二二冊も草部の植物をイロハ順に配列したにすぎない、というちがいがある。

いずれにしても、多年蒐集した資料を、圭介自身整理編纂し、製本したものである。そこで題簽（だいせん）を例示すれば、前者では

稿本『錦窠植物図説』の内容の一部
（名大附属図書館蔵）

題簽

後者では

伊藤氏蔵書

錦窠植物図説　牡丹譜　壹

伊藤圭介稿

植物図説雑纂　草　イ　自一　至一四　伊藤圭介

となっている。

編纂の年次

編纂の年次はほとんど明記せず、多年にわたって行われたものであろうが、最後的に編輯をまとめあげたのは、印影に「九十一翁」より「九十五翁」のものが多いところからみて、晩年の明治二十六年より三十年ころまでかと思われる。各巻数百枚の大冊で、この種の稿本の性質上、彩色した精細な写生図や印葉図をい

写生図

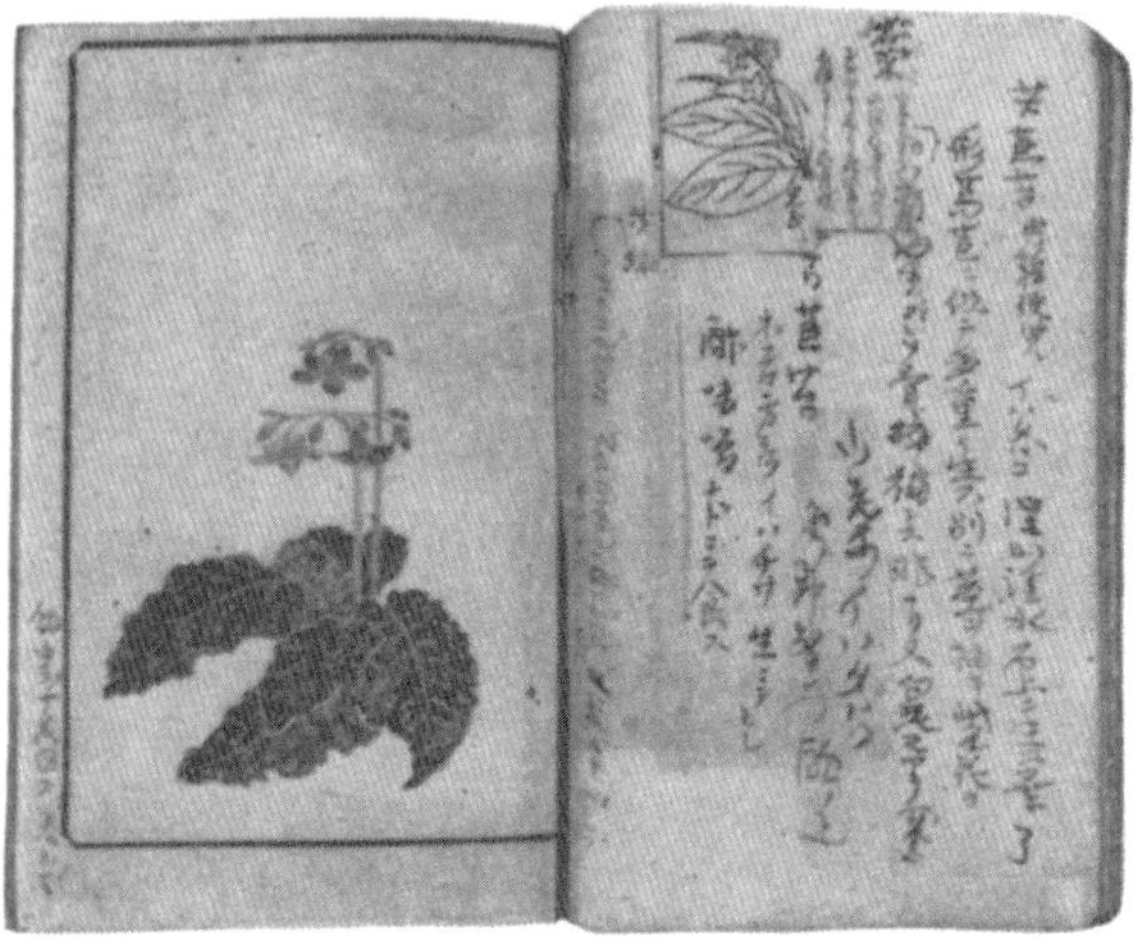

稿本『植物図説雑纂』の一部（国会図書館蔵）

ちいちのせてあるほか、諸書よりの抜書・書信、あるいは官報・新聞・雑誌等の印刷資料まで集録してある。

写生図も得意の自筆画のほか、清水湛川（たんせん）・沼田朴斎・加藤竹斎らの本草画家や水谷豊文・江馬春齢・吉田平九郎・飯室楽圃（らくほ）・柏木吉三郎など本草家の手になるものを加え、抜書きにも種々の字体があり、そのまま圭介の純粋な著述と名づけるには、いささか躊躇（ちゅうちょ）も感じられる。しかし編纂の主体はあくまで圭介自身であり自分の研究観察の記録や按文(解見)をもってまとめあげているのだから、圭介の編纂とみることは一向差支えない。現に扉や奥付に「伊藤圭介著」・「錦窠編輯」・「錦窠老人伊藤圭介稿」などと自記してもいるのである。

「孫篤太郎ニ嘱托ス」

それに口絵写真にも掲げたように、ほとんど各冊の表紙もしくは扉に「孫伊藤篤太郎ニモ嘱托ス。陸続余ノ宿志ヲ継ギ増補刪訂シ、更ニ新説ヲ加ヘ、多年ノ後尚ソノ粋ヲ抜キ上梓ヲ期スベキ也。」といった主旨の記載があるところから、篤太郎にもこの編纂に参与させ、後日さらに増訂完備の上で刊行するようかれに強く期待していることがわかる。この希望は圭介翁最後のなみなみならぬ願いであったけれども、ついにその実現をみないで了った。

刊本『日本植物図説』との関係

これに関連して、明治七年に三男謙が圭介の稿本をイロハ順に編次して、伊藤圭介著『日本植物図説』草部[イ]初編として刊行したことはまえに述べた。この仕事は謙の死で惜しくも頓挫したが、この書物と同類の資料を編輯したと思われる国会別置本『植物図説雑纂』草の部には、首巻の表紙見返に明治九年三月一日筆で、「此編製本ヲ命ズルヤ、当時公私甚紛擾ニシテ、自ラ之ヲ訂正スル事能ハズシテ、全ク他人ノ手ニ委スルモノ多シ。故ニ順次ノ杜撰・誤謬亦少ナカラズ。他日之ヲ校訂セントス。果シテ此志ヲ達スルヤヲ知ラズ。」という圭介の識語があって、『日本植物図説』にはふれず、集録の植物名も「イ」の最初から全くちがっている。もとは同じはずであるが、両者の関係については精密な研究を要する。圭介の他の刊行編著と同種稿本との因果関係にも同様、検討を加えることは、圭介の学問を把握する上からも、当然なされねばならないだろう。

各植物の個別図説

つぎに『菌譜』・『羊歯譜』・『竹譜』・『禾本譜』・『蘭譜』等の科別図説の類は篤太郎の編次になるもので、前の三書には同人の題言がのせてある。圭介の蒐集資料のありかたと、編次のいきさつを知る上の参考となるので、左に一例として「菌譜題言」を掲げてみる。

「菌譜題言」

家王父、錦窠先生、齢百歳ニ垂ントシテ、普ク菌類ヲ実験シ、群籍ヲ渉猟シテ、之ニ関スル諸説ヲ蒐集スル事多年、或ハ実物ヲ描写説明シ、或ハ諸書ヨリ抜萃シ、深ク之ヲ匣底ニ秘蔵シ、以テ他日ノ参考ニ資セムト欲セリ。自ラ題シテ「錦窠菌譜」ト曰フ。先生ノ歿後ニ至リ。余、先生坐右の匣中ヲ捜索シテ草稿若干冊ヲ得タリ。乃チ之ヲ検スルニ、頗ル乱雑ヲ極メ、殆ンド蠹魚ノ巣窟トナリ居レルヲ発見セリ。茲ニ於テカ、余ハ大ニ之ヲ遺憾トシ、偶消夏ノ余暇ヲ以テ、残片零紙ト雖ドモ、棄ツルニ忍ビズ、悉皆之ヲ白紙ニ貼附シ、仮リニ之ヲ製本セシメ、更ニ余が卑見ヲモ随意ニ記入シ置ケリ。庶幾クハ以テ先生ノ遺稿ヲ、後世ニ伝フル事ヲ得ムカ。

『菌譜』のほか、『羊歯譜』・『竹譜』は圭介の歿した翌明治三十五年の夏に成り、『蘭譜』や『禾本譜』はずっと後れて、昭和十四年の四・五月に編次されているのである。要するにこれらは圭介在世中には全くの未定稿できちんとした簿冊にまとまるまでに至らなかった草稿類を、篤太郎がその遺志をうけて一応整備したものとみてよい。

つぎに動物図説の方は植物に比べると、よほど粗雑である。それでも『禽譜』は明治五年二月の田中芳男の序に、

錦窠禽譜ハ伊藤翁ノ所集ナリ、翁ノ学境宏濶ニシテ之ヲ校正スルノ暇ナク、徒ニ筐底ニ埋没セリ。頃者命ヲ奉ジテ北亜墨利加禽譜ヲ訳ス。然ドモ素ヨリ禽類ニ暗ナレバ、諸家ノ図説ヲ参校シ、兼テ翁ヨリ此稿本ヲ乞テ閲スルニ、葉片錯雑大小不斉ニシテ、検査ニ便ナラズ。因テ翁ノ好ニ任セ、序ルニイロハ順ヲ以テシ、綴リテ三冊トナスト云レ爾。

とあるごとく、比較的よくまとまり、二十冊に増加し

内容の一部　(国会図書館蔵)

ている。しかし『魚譜』は編纂の方針もまちまちで、第六・七冊伊藤謙遺稿『動物学魚篇』、第八冊奥倉辰行『水族写真』、第一三冊畔田（あぜた）伴存『熊野物産志』などをまじえ、第一四〜一八冊だけがイロハ順に編次してある。『虫譜』も十冊のうち巻二・三・六がイロハ順、巻八〜一一には飯室庄左衛門（楽圃）の『虫譜図説』が収録してあるといった具合い、『獣譜』に至ってはほとんど体をなしていないといってよい。

鉱物図説も同様で、東山植物園に資料をイロハ順に台紙に貼（は）った『日本鉱物図

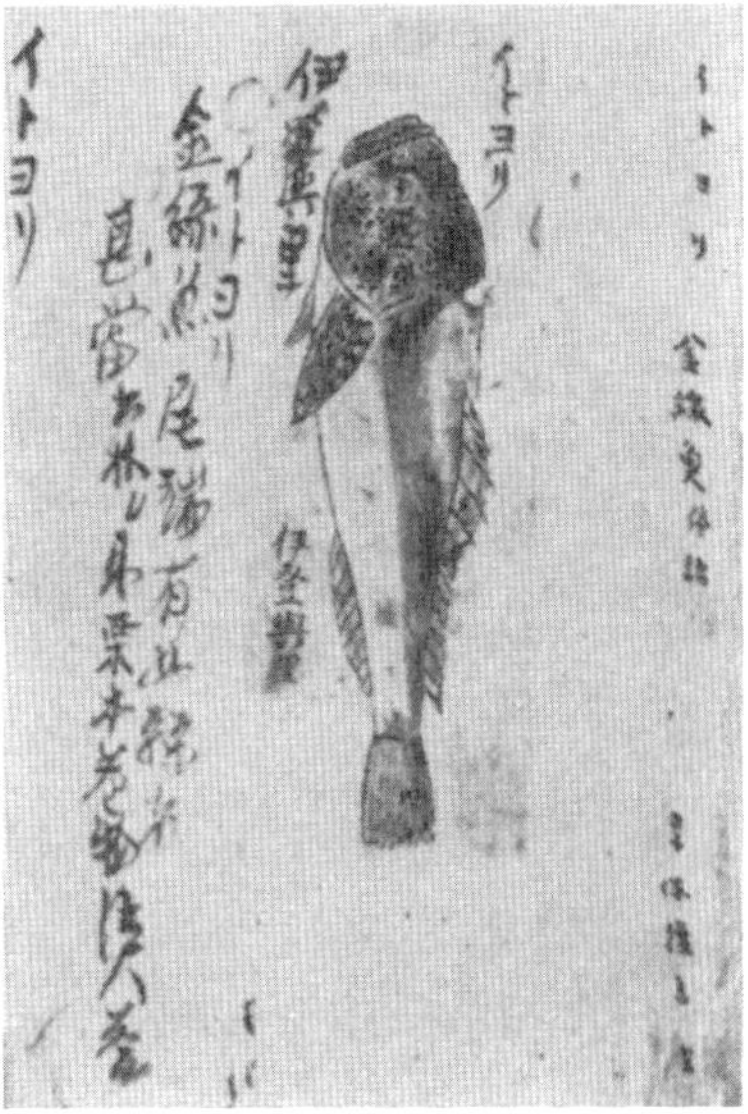

稿本『錦窠魚譜』の表紙と

説雑纂』の巻三・巻四が残存している程度である（右記述のうち名大本については、同大学附属図書館『伊藤文庫図書目録』、とくに同館事務長武居権内氏の「解説」に負うところが多い）。

右に概説したのは、いわば伊藤家の家学としての「博物体系」に属するものであるが、その他の稿本で管見にはいった圭介の編著には、およそ次のごときものがある。すでに紹介した著述もあり、あまりに煩雑にもわたるので、書名・所在個所・冊数だけを表示し、解説は省略する。

博物学体系外の諸稿本

救荒本草私考（天保四）	国――一冊	植学術語砕金	国――一冊
中毒集説考	国――一	動物図考禽品 伊呂波目次	国――一
東西草木名譜	国――一	錦窠雑記	国――一
花かつみ集説	国――一	採薬詩史	国――一
人造菌説（明治七）	国――一	ヒンキ図説	国――一
禽類名彙	国――一	織田氏物産目録	国――二
魚介名彙	名――一	輿地紀略直訳	国――一

海内産物志　東—二　日本産物雑誌　東—二
産物聞見誌　東—一　瓊浦遊記（けいほ）　東—一

さて以上のような圭介の尨大（ぼうだい）な稿本類の学術的評価と歴史的意義づけのためには、専門学者による綿密な具体的検討を要するわけで、わたくしとしては、その書誌学的検討すら充分に施す余裕を持ち合わせない。いわんや博物学の門外漢としてその内容の徹底した批判的究明など企ておよぶべくもない。それでもこの程度のことは、最少限度いえるのではないかと思う。

諸稿本類の評価

すなわち㈠これらの稿本類は十九世紀、日本の躍進期におけるわが国の博物、すくなくとも植物に関する実証的資料の集大成であり、いわば日本の自然誌（ナチユラル・ヒストリー）の雄大宏壮な殿堂がそこに築かれていること。㈡圭介の明治以前からの長年にわたる学的集積が、たとえ欧米の近代的学術の移植によって長足の進歩を遂げつつあった明治の新しい博物学との間に、いく分のずれを生じることになったとしても、その実証的成果の価値が一挙にくつがえるものではないということである。

　ただ圭介の博物体系稿本のいちじるしい特徴が、自然誌資料の集積の段階にとどまっていて、まだ高度な科学的整理が行われるまでにいたっていないという点は、卒直に認めなければならない。ことに植物の整理分類において、リンネの綱目分類法を適用する必要を、『泰西本草名疏』編纂の若いころから痛感しながら、ついにその生涯においてこれをはたすことができなかった。かつて三男の謙が圭介の意をうけて、『日本植物図説』の編纂を企てたときも、「自然科学ノ規則ニ従テ、之ヲ改訂セント欲ス」と断りつつ、やはりとりあえず、かりにイロハ順に編次するのほかなかった。のみならず、謙の病死でこの企ても草の部の初編で頓挫し、科学的分類は実現をみずに了ったことはまえにも述べた。

　そういうわけで、たとえ圭介に自分の博物学体系にたいして高度な科学的整理の意図があったとしても、結果からみて「意ニ本草式ヲ脱スルコト能ハザリシ伊

本草学と近代博物学との橋渡し

藤圭介氏」（『増訂草木図説』への牧野富太郎の巻末言）と評されても止むをえない。この点からみて、圭介は結局、古い本草学と近代博物学との橋渡しの役割を担（にな）った過渡期の学者であったというべきであろう。

科学的精神の源泉

しかし圭介のこの稿本には、そうした専門的評価の如何を越えて、万人の心に強く訴えずにはおかない何物かがある。前出『伊藤文庫図書目録』の序に名大図書館長大島福造教授が、「学問研究の一生の間の真剣さは、後人の軌範とする処であり、……学問の勿レ誤（あやまるなかれ）の慎重な良心的態度が、その一頁一頁にあふれてゐて、真に敬服に堪えず、吾々学徒に一、一指教される修養書の一つと見る事も出来る」と記されたように、それはまさに学問の厳しさを九十を過ぎた老軀をひっさげて、わたくしどもも後学に身をもってさししめした圭介の魂の結晶であり、そこに永遠に汲めども尽きない科学的精神の一つの源泉をみいだすことができるだろう。

そのようなところにこの稿本類の持つ深い意義がありとすれば、この香り高い隠れた業績が現在のように各所に散在することなく、一堂に集中されることを、ひそかに願うのは、おそらくわたくしばかりではないと思う。

三　家族と家訓

家族の動静

はじめの「生い立ち」の章で、伊藤圭介の父玄道・母たき・兄存真・姉きい・弟与兵衛について語って以来、家族の動静にはほとんどふれる機会がなかった。そこで晩年のいとなみの三として、明治十八年の元旦に圭介が家族に与えた家訓をあげるにあたって、かれの妻子のことも簡単ながら素描しておきたいと思う。それにしても記述が錯雑するので、巻末の「伊藤家系図」を参照されたい。

先妻嘉寿能

圭介は文政八年(一八二五)二月二十三歳のとき、尾張(愛知県)中島郡祖父(そぶえ)江村吉川旦(あきら)の妹で十六歳の嘉寿能(かずの)を娶(めと)った。それはかれがシーボルトと熱田で初会見する前年のことであった。彼女は一男四女を生んだが、不幸にしてみな早死であった。長女隆(たか)は十三歳、次女秀(ひで)は十一歳、三女定(さだ)は十五歳、四女多喜はそれでも二十歳まで生きた。

長男圭造

長男圭造も天保六年四月の出生で、諱(いみな)を清哲(せいてつ)、字(あざな)を圭造もしくは圭二、桜斎(おうさい)と号して漢詩・漢文に長じ、父圭介の著述刊行に助力して将来を嘱望されたが、安政四年九月二十三歳で歿した。

家族の死亡相次ぐ

妻嘉寿能も四女多喜を生んで三年たった天保十一年(一八四〇)十一月三日年三十一歳で死歿している。天保十四年四月二十六日には父玄道も歿しているので、天保九年・十年の長女・次女の死を加えると、圭介は天保後半に四人の家族を失ったこととなる。さらに天保十四年三月の恩師吉雄常三の不慮の死をも合わせて、圭介の精神的な痛手はけだし甚大なものがあったと推測される。はたしてこのような打撃で健康をも損(そこ)ねたためか、弘化元年には、かれみずからもコレラ類似症(霍電)を患(わずら)い、一時危篤の状態にまで陥ったことは、第五の五でふれたところである。なお嘉永五年(一八五二)十二月には母たきも亡くなった。

後妻貞

ところで圭介はこのころ、おそらく天保末年に後妻として貞を迎えている。結婚の正確な年月はわからないが、貞の腹である五女小春が、弘化元年(一八四四)の出生なので、大体の推測がつくのである。貞は尾張(愛知県)海東郡佐屋村の百姓佐藤市郎右衛門の長女で、文化十三年(一八一六)の生まれ、圭介とは十五ちがうから、嫁してきたときはすでに二十六か七であったろう。貞は小春のほか六女楳(うめ)・次男廉次郎・三男謙・四男恭四郎を生んだ。

小春と延吉

このうち小春には圭介の門人中野延吉を聟養子に迎えて分家させた。延吉は名古屋末広町の素封(そほう)家中野喜兵衛の三男で、圭介について医学と蘭学を修めたが、文久年間圭介の蕃書調所在勤中、三男謙や田中芳男らとともに江戸市ヶ谷の尾張藩邸内の長屋に同居し、蕃書調所もしくは西洋医学所に学んだ。延吉を小春の聟養子としたのは大体そのころのことである。文政二年五月二十二日附名古屋留守宅(妻貞、書簡にはお清とある、貞の呼名か)あての圭介の書簡をみると(二〇六ページ挿図参照)。

延吉を養子とした経緯

> 延吉事養子願之義ニ付、先便も鳥渡(ちょっと)申遣候。右ハ此節洋書(ようしょ)調所（蕃書の名かわり）新規御取建、誠ニ広大なるものニ出来(しゅったい)申候。夫(それ)故何とぞ延吉も入学致させ度存候へ共、町医師に而(て)ハ入学済不レ申候。付而ハ此方之厄介（懸人之事）と申候へ者(ば)相済申候間、聟養子之願書差遣可レ申哉と存候、しかし何ぞりやうけんも御座候ハヾ其段可レ被二申越一候。

といった記述があり、延吉に洋学の修業に専念させたい希望から、あえて養子にしたいきさつをうかがうに足りよう。延吉は学成ってから名古屋七間町の旧宅に在住し、医をもって圭介の家業を継ぎ、かたわら伊藤家の名古屋に残存した家屋屋敷・墓所等を管理した。圭介翁帰郷のさいには何時も延吉・小春夫妻がこれを迎えて、何くれとなく世話をした。両人は三男四女を儲けたが、長男篤太郎はこれまでもしばしばふれたように、圭介の博物学上の後継者となった人なので、第八「後継者」の章で、あらためてふれたいと思う。

さて圭介の六女楳(うめ)は成人して犬飼厳麿（控訴院判事となる）に嫁したが、次男廉次郎は夭折（ようせつ）した。

三男謙

三男謙（ゆずる）についてもさきにふれる機会があったが、嘉永四年十二月の出生で、幼名は謙三郎といった。安政三年に長男の圭造が死んでからは、圭介はひたすら謙三郎の成人を期待し、自他ともに博物学徒として圭介の後継者をもって任じたが、明治十二年、これまた二十九歳の若さで他界した。

四男恭四郎

圭介の末子として安政元年恭四郎が生まれた。この人は明治四十五年まで生存したから、結局圭介の跡目をつぐ順番となったのであるが、恭四郎には長男秀雄・次男一郎ら六男三女があり、秀雄は伊藤本家を嗣（つ）いだが、事情があって一郎は圭介の養子となり、伊藤男爵家を嗣ぐことになった。なお妻の貞は幕末、圭介の江戸在勤中は女手で留守宅をきりもり、苦労したことは、圭介の『文久日記』をみても察せられるが、明治になってから東京に移住し、しばらく本郷真砂（まさご）町の家に圭介とともに住んだのち、明治十三年（一八八〇）七月二十四日六十五歳をもってその生を閉じた。そのため圭介の晩年は二十余年にわたって男やもめを通し、も

明治十八年正月の家訓

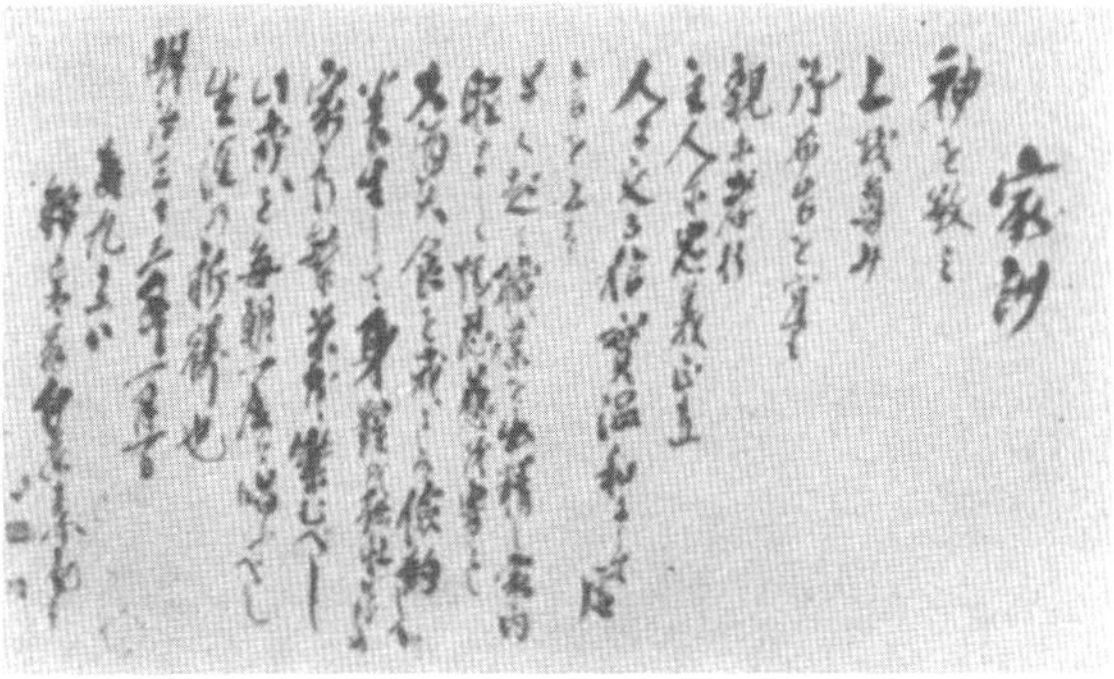

98歳，明治33年正月の筆になる『家訓』
（三重県立河原田農業高校蔵）

っぱら恭四郎夫妻の世話になったわけである。

ところで圭介は明治十八年八十三歳の元旦に左のごとき家訓を家族に与えた。

> 神を敬し　上を尊み　御布告を守り　親に孝行主人に忠義正直　人に交るには信実温和にして虚言を言ず　早く起きて職業を出精し　家内睦じく忍耐慈悲を専らとし　大酒大食を戒め　倹約養生して身体を強壮ならしめ　家の繁栄を楽むべし
> 此戒を毎朝一度つゝ唱ふべし　是我家の遺訓にして生涯の祈禱なり

ここには圭介の道義観・処世観・摂生法等が見事に圧縮されている。かれは稀にみる長い生涯をこの家訓のしめすとおりに実践してきたのであって、この簡潔な文章の一つ一つには、実に旧幕時代から明治の新時代にわたる八十数年の幾多の尊い体験が泌み(し)でているのである。そこには近代日本の形成に一身を捧げて貢献した一学究の苦渋と歓喜にみちた信念のきらめきがうかがえるではないか。「我家の遺訓」とは折にふれて圭介が人に洩した簡素な家風と自然の健康法等をも指すものと思うが、この点については次節であらためて述べる。

大河内家に与えた家訓

つぎに圭介は明治二十二年の新春に、実兄大河内存真の遺族にたいしてその家訓二十能を揮毫(きごう)して与えた。存真と兄弟仲のよかったことは、前にもしばしばふれたことがあるが、存真は明治十六年五月に八十八歳の長寿を終った。そこで生前の遺言にしたがい、圭介はその遺族の後見人として慈父のごとく臨んだのであって、この家訓も著名なので、ついでに掲げておく。

能(よく)神霊を敬す　　能聖徳を仰ぐ

能法令に遵う　　能父母に孝に
能師訓に従う　　能親族に睦ぶ
能礼義に順う　　能交遊を撰ぶ
能是非を弁ず　　能紛争を避く
能節倹を守る　　能驕傲を排す
能奮励を志す　　能職業に務む
能怠惰を慎む　　能飲食を節す
能摂生を加ふ　　能和楽を為す
能祖先を祀る

伊藤家への家訓と大同小異であるが、どの条をとっても、圭介自身日常のモットーとして身につけてきた信条というべきものである。

四　逝去と逸話

「神仙」の姿

かの明治の人物評論家として令名のある横山健堂の『新人国記』（明治四十四年）に、「吾輩が、先生に謁したるは、先生が九十七歳の秋なりき。鶴髪蓬々として、挙止すでに神仙の姿あり。耳は稍遠くなれるも、気力は猶盛にして、百年までは生きる積り也との大抱負ありき。」と活写されているごとく、「神仙」と呼ばれるのにふさわしい域にまで、高齢を重ねつつも、なお老い朽ちることなく、安定した健康生活を保持してきた伊藤圭介にも、やがて死の訪れるときがやってきた（巻頭口絵「晩年の肖影」参照）。

「脳血症」を患う

圭介の老後の健康に全く危惧がなかったわけではなかった。すでに明治二十三年の夏のこと、尾張帰省旅行のあと、「頭部圧重上騰之感アリ、頸部多少知覚尋常ナラザルヲ覚」えて「脳血症」の診断を受けたことがあったが（明治三十三年八月三十日附圭介より伊藤延吉・小春宛て書簡『伊藤圭介書簡竝願書控』所収）、このときは幸いにも「脳卒中症」を起すに至らず、快癒した。しかしそのころからようやく老衰を自覚し、「百事面倒、行事モ留メモ得不レ致、物覚ヘハナシ、オカシナ大老翁トナリ申シ」（明治二十五年五月十六日附右同様書簡）とみずから述懐しているが、それでも明治二十四・二十五年の両年にも、また三十一年九十六歳の十月にも山陽・関西・名古屋等へ旅行に出かけたほどの強健さをとりもどしていた。

急逝

ところが明治三十四年一月二十四日突然圭介の死去が報ぜられた。その原因は老衰ではなくて、たまたま食膳にのせた兎の肉がもとで、急性腸カタルを起して、本郷区真砂町十四番地の自邸で急逝したと伝えられる。この診断を下した主治医は青山胤通であった。

歿日の異同

圭介の歿日については、これまで一月二十日・二十一日・二十二日・二十三日ないし二十四日とされていてまちまちであった。その訃（ふ）を報じた新聞雑誌には二十一日とするものが多い。しかし真の歿日が二十日であることは、孫の篤太郎や秀雄が確認しているところであって、あまりの急逝のため、叙位・叙勲・授爵等の手続きが間に合わず、正式の喪（も）はおくれて二十四日午前二時三十五分に発せられたが、そのため巷間に二十一〜三日説が伝わったものらしい（「圭介先生歿日異同の弁」吉川『拾遺』所収）。

喪に先立ち、一月二十二日附をもって、「勅旨を以て東京帝国大学名誉教授の名称を授く」・「勲功により特に男爵を授く」の辞令が下された。こうして特旨をもって華族に列し、金壱万円を下賜せられるとともに、正四位勲三等の陞叙があった。さらに二十六日午後一時谷中において神葬式をもって葬儀が執行されたが、

圭介の墓碑（谷中天王寺墓地）

儀に臨み、一個中隊の儀仗兵を遣わされた。ついで谷中天王寺墓地に埋葬されたが、当日の会葬者は「雲のごとし」と伝えられる。

前掲『新人国記』にも「学術研鑽の功労を以て、

圭介の銅像（名古屋市鶴舞図書館前）
（昭和33年建立）

叙爵の栄典を享（う）けたるは、先生を以て嚆矢（こうし）とす」と記されてあるが、政治家や軍人であればともかく、純粋な学者としての功績でこのような栄典に浴したことは、たしかに当時として異例に属し、圭介の学術上の真価が、国家によっても、明確に認識され、正当に評価されるに至ったことを、端的にしめすものであろう。名古屋の町医に身を起して、割合い長く不遇であった圭介も、すでに学位令の制定によってわが国初（はつ）の理学博士となり、また一般社会よりは明治十二傑の一人に選びだされ、最後にその死にあたって、これほどまでの栄誉にあずかったのである。終生名利に淡白な圭介としても、心安らかに瞑すべきものがあったことと思われる。

九十九歳の長寿

さて享年は九十九歳であったが、圭介が生前語った話として伝えられるところによると、戸籍面より実際は五ツ年上であったという。もしそれが真実とすれば、百四歳になる勘定である。いずれにしてもなかなかの長寿である。何故このような寿命を保つことができたのか。何か秘訣といったものでもあったのであろうか。そこで圭介の多くの逸話を整理して、以下その二、三を拾いあげたいと思うが、まず翁の長寿と健康に関するものから始めることにしよう。

圭介の長寿には遺伝的要素が多分にあったといわれる。先祖代々長生きが多く、実父西山玄道は九十二歳、その二兄一姉はともに八十有余、実母たきは八十六歳、その一兄は年八十余と伝え、また翁の兄大河内存真は八十八歳、姉鈴木待十は九十四歳とそろって長命の一族であったから、あるいはそうかもしれない。

長寿法の秘訣

しかし後天的の長寿法について、「先生の長寿養生の秘訣は」とのある雑誌記者の問にたいして、九十四歳の圭介自身次のように答えているのである。

拙老別段養生法トテ相聞候事無レ之、只偶然ニ長イキ致シタルモノ也。去リナガラ不養生トテ致候覚ヘハ更ニ無レ之、血統ハ皆長生のスジ、……従来家風節倹ヲ守リ、美衾美服ヲ用ヒズ、只随分粗食ニ甘ンジ、習慣相成居、更ニ難渋トモ思ハザリキ。

（『日記』明治二十九年五月二十九日）

自然の長生法に適う

この粗衣・粗食で一向に好き嫌いをせず、飲食の衛生など格別意に介しなかったことは、早起きと読書好きの習慣とともに、父玄道からの親ゆずりというべく、これがまさに伊藤家の家風でもあったのである（前出の「家訓」参照）。それに酒・煙草等の刺激物はあまり嗜まず、九十歳以後になっても、連日鰻や鯛など脂肪に富んだものを連食したなど、今日からみれば贅沢に思えるふしもあるが、晩年の伊藤家の家計上ではそれほどの消費とは考えられなかっただろう。とにかく何事によらず

「其の中を守る」以外、養生法などといったやかましい戒律は設けず、一見自由無碍(むげ)の日常生活が、かえって自然の長生法にかなったともいえよう。この点については、種々の逸話をあげて圭介の長寿の因由を吟味された吉川芳秋氏が、「老人医学の要訣としては、本人の気力、意欲に即応した体力を保持し、労働力、栄養等の消耗、補給が如何にともなうかとされているが、圭介翁の生活は実にこれらの点に遺憾なく合致した理想的・典型的の好模範の一事例というに恐らく過言ではなかろう」（吉川「伊藤圭介翁の苦学と長寿」『紙魚のむかし語り』所収）と評言しておられるのは、傾聴に価しよう。

これらの事柄に加えて、さらに圭介の長命は、生来の健康体を基礎に、「少壮の頃から周囲の人々とともに、動植物等の天産物の研究を熱愛せられ、広く各地山野を跋渉(ばっしょう)して心身を鍛錬せられたことが自然の理にかなった」という博物学者としての面からも指摘できよう（吉川前掲書）。

つぎに特記したいのは、家訓にもあげてあるように、圭介が孝養・崇祖の念に厚かったことである。今日名古屋市では、かつて市街地域に散在した寺院の墓地を東郊の広大な清浄の地に見事に移されているのをみるが、圭介は明治初年はやくも将来を予見して、菩提寺光勝院境内にあった伊藤家の墓石をのちの東郊八事山神葬墓地へ移転している。これは多年の宿願であったと圭介自身いっているが、ただ遠隔で春秋の行楽期以外、折々の参拝はできないので、明治二十五年「廿年程ノ宿望」を達して、光勝院境内に父玄道（松隠）の詩碑を建立した。この碑は松隠九十二歳のかの「城南看花」の詩を刻んだものであるが、圭介はこうした「祖先ノ徳ヲ追慕スル事竊カニ家ノ美事ト存候」と自負しているのである（明治二十五年圭介より延吉・小春夫妻あて書簡『伊藤圭介書簡幷願書扣』所収）。

それで圭介が明治三十四年に亡くなると、同年九月かれのこの遺志をついだ延吉・篤太郎父子によって、光勝院境内松隠詩碑のかたわらに、「伊藤圭介先生之碑」が建てられた。その表には梅に月を配し、

朦朧梅与月　暮靄談二籠春一　引レ我香風外　隔レ溪鶴喚レ人

九十九齢錦窠老人写　併題　伊藤圭介　九十九齢

と刻された。これは圭介の逝去直前の、絶筆に近いものであろう。なお圭介の兄・姉との情愛についてはさきに述べたので、繰返えさない。

性格の特徴

ところで圭介の性格の特徴といったものを拾ってみると、その風貌や行状が端的にしめすごとく、誠実と責任感に溢れ、うちに烈々たる気魄をたたえながら、万事至って温和・平静であったことはいまさら喋々するまでもないと思うが、ここではとくに几帳面で綿密であった気性の一面をあげてみよう。

几帳面

かの『明治十二傑』は「逸事雑記」の冒頭に、「先生常に半紙を綴りて机上に備え、客到ることあれば、その人の住所姓名より、談話の要旨を筆録して、以て日記となすところ少壮より今日に至る迄渝ることなし。亦精力の人に過絶する一端を見るなり。」と記しているが、たしかにそのとおりで、現に「人名封筒集」

克明な日記

とか「人辺雑記」や覚書の類がいくつか遺(のこ)っている。日記も青年時よりおそらく死の直前まで克明に書きつがれていたと考えられるが、管見に入ったものは、文久年間江戸滞在日記と、東山植物園所蔵の慶応四年以後明治三十二年におよぶ約八十冊で、その他のものがみつからないのは残念である。

しかし現存しているものだけについてみても、往復書簡や対談の内容まで一々詳細に記載してあるのは驚くばかりで、それは単に圭介の伝記史料としてだけでなく、幕末から明治前半期にわたる学術文化史料としての価値をも、この日記にあたえることになると思う。いずれにしてもちょっと真似(まね)のできない几帳面さである。

早起きと読書

几帳面さとともに圭介の平生の生活で目立った特徴といえば、早起きと読書であった。少壮の時代から午前三時には起床して読書にはげみ、三食のあいだにも書物を手離さず、たとえ夜半に帰宅しても、決してそのまま寝(しん)につくことはなく、必ず読書する習慣が身についていた。それだけの根気と強健さとがなければ、老後にまであれだけの業績をのこせるものではあるまい。

学問上の垂訓

学問上の業績といえば、かれ自身は尨大な未発表編著を子孫にのこしたが、弟子たちには常々つぎのような垂訓を怠らなかったという。

凡て何物にても、発見したり考へついたりしたことは、如何なる方法を以ってでも世に発表せよ。たとえその誤れることが後に明白となつても、論敵が互に学問的論争を戦はさんには、その結果、学問の進歩を大いに進めることになる。一時は国辱的論文なりと罵られてもよし、唯胸に秘めておくのみにては、老いて必ず後悔すべし。一旦確信した上は、自己の恥辱などを考へずに、世界人類のために信念を発表することは、大丈夫のなすことなり。

（篠遠喜人・向坂道治『大生物学者と生物学』）

老後七―八十歳になって、かの『洋々社談』や『東京学士会院雑誌』等に健筆をふるった論稿の数々は、かれのこうした心がまえの発露であったのかとうなずかれる。

趣味

最後に圭介の趣味について、記すことはなかなか多いが、簡単に素描（そびょう）するならば、読書は専門書のほか、好んで諸家の随筆や詩集をひもどいたが、小説類は手にすることなく、また劇場や寄席（よせ）などには足を向けなかった。こうしたところにも、稗史（はいし）・小説を虚構軟弱として斥（しりぞ）けた実学者―洋学者らしい性格が泌（し）みでているように思われる。

少壮時より漢詩を嗜（たしな）み、書画の揮毫もしたが、これらは晩年まで圭介の余技というよりは、優に一家をなしていた。作詩にはかの「木曾山中詩」をはじめ、二―三本書にも収録したが、画は巻頭の口絵や次ページの挿図にみられるように、蘭・竹・梅を得意とした。この面では尾張藩の絵師として著名な山本梅逸に師事し、相当年期がはいっていたといわれる。

書もまた枯淡（こたん）のうちに雄健な気品がうかがわれ、非常に個性的な風格があった。書画の遺品は一千点の多きに達し、ことに老年のものが大部分で、戦前名古屋方

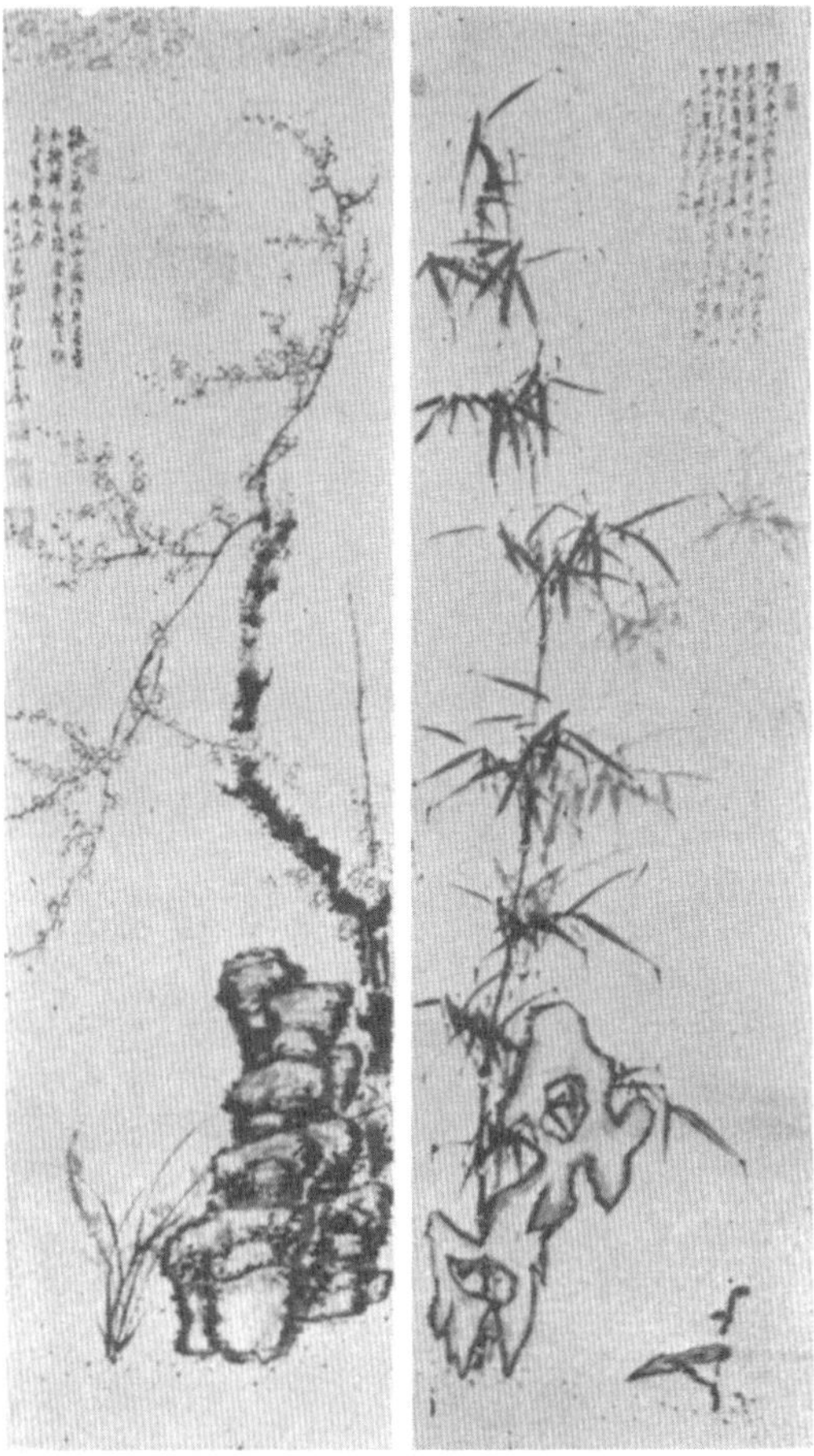

竹石と梅蘭の画賛（共に明治29年94歳の作，伊藤一郎氏旧蔵）

面だけでも数百幅あったそうであるが(昭和十二年『伊藤圭介先生遺墨遺品展覧会出品目録』にも一六〇余点載っている)、いまはその所在もさだかでない。しかしその書体など誰でも一見それと判じられるほどの特徴があり、ことに九十五歳以後は右臂を畳につけて筆を運んだため、書も画もともに一方に傾斜しているのが印象的である。口絵の最初のページにのせた絶筆「我心如レ氷(こおり)」は、判読不能のもう一幅の書とともに、今日本家伊藤宏氏のもとに保存されているが、これは圭介翁が息をひきとる直前、家人の手に支(ささ)えられて書いたものと伝えられている。

第八　後継者

一人の学者の業績が、学統の流れを形成していくものである以上、その事歴や業績の歴史的意義を正当に評価づけるために、かれが学界や社会に与えた影響力の程度を測定するとともに、かれの後継者の学的遺産相続の状況を的確に把握することが不可欠の要請となってくる。

子孫と門人

伊藤圭介の場合、その後継者には圭造・謙（ゆずる）・延吉（のぶきち）・恭四郎・篤太郎・秀雄らの子孫と、柳河春三・田中芳男・小塩五郎・丹波修治といった錚々（そうそう）たる門人たちが控えており、いままでにも圭介の仕事の協力者として、しばしば引きあいに登場を願ってはいる。それに紙数の余裕ももうないことだから、ここではこれらの後継者の活動と業績のごくあらましを、圭介の学問事業との関連において一わたり総括しておくにとどめたいと思う。それらの人々の事歴の詳細は、おのずから別個の研究領域に属し、それぞれ独自の伝記的叙述の対象となるであろう。

まず子・孫から吟味すると、「家族と家訓」の節でみたとおり、圭介の実子には四男六女があったが、そのうち圭介の事業に参加したのは、長男の圭造と三男の謙であった。圭造は若年で父の著述『洋字篇』・『遠西硝石篇』・『表忠詩鈔』等の参訂に従事し、また『輿地紀略直訳』の草稿を作った程度でおわった。

しかし謙は、文久二年蕃書調所物産学に入学して博物学を学び、さらに明治四年には東京医学校に入った。その間信濃・日光・箱根・伊勢等に動植物を採集し、父の大著『日本植物図説』の草部イ篇を編次したばかりでなく、『薬品名彙(めいい)』・『植学略解』・『日本魚譜』等をみずから著わし、『薬品名彙』は二版を発行、『植学略解』はその一巻（総論、植物学の初歩）が文部省の官版として刊行された。しかし、『日本魚譜』（国会図書館伊藤文庫蔵）は『日本魚類図譜』ともいい、大成を期したが、なお未定稿で出版にはならなかった。

このように圭造・謙ともに学徒として順調な滑り出しをしながら、前者は二十三歳、後者は二十九歳で死歿したため、どちらも圭介の真の後継者となりえなかったのは、圭介にとって痛恨事であったこととその心情のほどが察せられる。

恭四郎とその子達

四男恭四郎も洋学・博物学を学習し、圭介は幼少のころその将来に期待し、蕃書調所出役中も、「恭四郎も年たべ候はゞ、（調所に―筆者註）入学致させ度もの也」（文久二年二月二十七日附圭介より留守宅あて『伊藤圭介書簡集』三）と希望していた。圭介の子女教育に熱心であったことをしめす一資料ともなるので、恭四郎の洋学修業に関する左の書簡を参考のためあげてみよう。

> 洋学所（尾張―筆者註）へ罷出、蘭学修行いたし候ニ付、御年寄ゟ之仰ニ而頂戴之由、誠ニありがたき事ニ御座候。しかし夫にて出精いたし申候半でハ、御上へ恐入申候事ゆへ、おい〱ひの玉に成て学問を精出すべし。今の世の中は中〱一通リニ而ハ埒あき不レ申候。

くれぐも出精をいのり入申候。左候ハヽ手前も大悦び也。此事よくく恭四郎ニも聞すべし。

（文久三年三月七日附圭介より留守宅あて『書簡集』）

しかし圭介の期待どおりにはいかず、恭四郎は明治十二年謙の死後は唯一の実子で、圭介と長く同居していたにもかかわらず、あまり父の事業に助力した事績はみあたらない。ただわずかに国会図書館伊藤文庫に未定稿『訓蒙動物学』があり、また門人らの植物採集旅行のメンバーに参加していることが知られる程度である。なお恭四郎の二子のうち、長男秀雄は農学士として岐阜高等農林学校教授に任じ、父祖の家学の欠を補って発展させ、次男一郎は圭介の養子となって男爵を嗣ぐとともに、工学士として大阪精錬所長・三菱鉱業研究所長・堺工業株式会社専務等となり、また貴族院議員にも任じたことを申しそえる。

延吉

さて圭介が門人の中野延吉を見こんで、五女小春の聟養子に迎えいれたことはさきに記したが、延吉は江戸で洋書調所より西洋医学所に入って学んだのち、もっぱら医をもって圭介のあとを継ぎ、圭介が明治三年名古屋での医業をやめて東京へ移転してからも七間町の家で家業を続けた。明治十三年の「愛知医師流行評判鑑」（吉川『拾遺』所収）によると、延吉は西方前頭四番目を占め、名古屋医界では指折であった。

延吉に三男四女あり、長子の篤太郎が結局圭介の身内中での後継者になりえたことは、今までもしばしばふれたように、圭介の事業（家学）輔翼（ほよく）をつとめたことからも察せられると思う。

篤太郎

篤太郎は慶応元年（一八六五）の生まれ、明治五年八歳で名古屋から出京し、祖父の膝下（しっか）にあって薫陶（くんとう）を受けた。圭介は篤太郎を文字どおり理想的な後継者に仕立てるべく手許（てもと）を離さず、もっぱら家学の伝習に従事させ、植物園へ出勤のさいも常にこれを伴った（前掲「伊藤圭介翁と小石川植物園」『植物学教室沿革』所収）。

しかしこのような旧式の教育法にたいして、周囲の人々は憂慮しはじめた。そ

のことを立証する史料として、田中芳男が延吉にあてた明治十六年十一月十三日附の書簡がある。その一部を引抄すると、

篤太郎の教育に田中芳男直言す

> 今年初春申上候篤太郎君之件、今以テ学校之課程を履ましむるなし、単に本人之所好ニ従ひ学術研究致来候。右ハ維新前之事を思へハ決して不可なるなく、又目今とても維新前風之学問なすには、又是が外ニ策なし。而して其人物たるや若年の錦窠翁をなすべし。今ノ世に夫では済まず、……錦窠翁の左右に侍し、離れ難く、又離すべからざるものならば、何ぞ是を承嗣の孫とせざる、然らざれバ唯他人を膝下ニ養ふと一般ならん。故に翁の跡継でなくバ、君の嫡子なり。君の世嗣ならバ即ち別家の子、本家の世嗣に非ず。然ば本家翁之を自由にするを得んや。　（『伊藤圭介書簡并願書扣』）

篤太郎の留学費を捻出す

田中芳男のもっとも至極な直言である。時代の波はここにもひしひしと押しよせてきているのだ。こうした話合いから、篤太郎を思いきって海外に留学させる企てが急にもちあがってきた。圭介とてもこれを拒否することはなしえなかった。かれはついに意を決して、進んで留学費を捻出することになった。その決意を延

吉夫妻に伝える手紙も残っているので、要所を摘録してみよう。

何分大金入用之事故、是又為(として)二第一一相談甚(はなはだ)六ケ敷、困却之極ニ候。……右ニ付内輪ニテ及二協議一候処、恭四郎義ハ大不服なり。於棋(おうめ)（六女―筆者註）事も此地も参呉(まいりくれ)、又今日田中（芳男―筆者註）へ参り相談、又此方へ参り大骨折、但是も迷惑之様子也。

一存之如ク莫大ノ金員入用之事故、誰ニ相談し候ても、一口ニ出来ぬ事、何ノ益ニモ立タヌ也。夫れに就き拙老非常之大噴(奮)発存、一件ハ(マヽ)迚(とて)も前後ヲ弁(わきま)へモナク、ムセウニ勇次英断セネバ出来申サズト存候。……

一存ニ付、拙老義前後ヲ顧ミズ、只々遣(つかわし)申度、何卒博物学之大学者ニ致遣度老婆心而已(のみ)ヲ以テ、右修業入用之内へ　金千円也　償弁可致遣度候。右大金ハ中々拙老年寄、誠ニ〳〵大六ケ敷、迷惑之極ニ候へ共、只〳〵当人ヲ博物大学者へ致遣し、拙老之学問之跡ヲ相続致サセ、伊藤家ノ大名誉ヲ得申度一念ニ有レ之候。

一、右勘考発立候へハ、拙老手前金員沢山所持致居可レ申と相察し可二存申一候歟(か)ニ候へ共、中々以(て)決シテ〳〵大金迚(とて)モ無レ之候……大老相成候而も飲食一切平生随分〳〵倹約イタシ、ホシキ書物其外物産ニ付入用見受候而も、一向得求不レ申候。……然処いろ〳〵

拙老の学問を相続させたき一念

跡(後)先キ相顧ミ相考候而ハ、異常ノ事件ハ迚モ出来不レ申、只詰リヤケ糞之事ニ候。………

一、若又仮ニ洋行出来候ハヾ、彼地ニテ火ノ玉ニナリ、勉強スベシ。親戚、世間目ヲツケテキル、後年学問出来ズ、オメ〳〵ト皈リキテハ人ニ笑ハル、也。元ゟ拙ノ歿後ノ事也。

十七年二月一日　　　圭介

延吉殿

小春との

（『伊藤圭介書簡幷願書扣』）

一読して圭介の真情のほとばしりに強く打たれると同時に、比較的安定していたと考えられる伊藤家にしてこの調子、昔も今も一向に変りばえせぬわが国の学者の経済的不遇を、身に泌(し)みて痛感せずにはおれないのである。

篤太郎英国に留学

しかしとにかく圭介翁の「大奮発」のお蔭で、篤太郎はその年三月十二日横浜解纜(かいらん)の米国船に便乗、英国ケンブリッジ大学に留学することになった。そして三年間近代植物学を修得して、二十年十月に帰国した。英国滞在中、かれはトガクシショウマを新種として、ランザニア Ranzania なる新属を設定している。

ついで明治二十一年には『多識会誌』を、二十六年には『錦窠翁九十賀寿博物会誌』を編輯刊行して、圭介らの伝統的博物学（本草学）の面において協力するとともに、従来の分類記述ばかりでなく、解剖・生理・組織・形態等にわたる近代植物学の移植と振興に力を尽すべきことを、講演や雑誌論文等で提唱した。

もちろん当時ようやく帝国大学植物学教室を中心として、純正植物学は勃興の途上にあり、伊藤圭介が非職となって六年後、欧米植物学の受容移植に貢献した矢田部良吉も教授の職を退き、これにかわって明治二十一年ドイツ留学より帰った松村任三をはじめ、斎藤功太郎・三好学・牧野富太郎・柴田桂太らの新進学徒が続々と頭角をあらわし、他の学問分野と同様、すこぶる活況を呈しつつあった。

伊藤篤太郎もそうした学界の雰囲気のなかで、祖父の家学の護持に心を砕くと同時に、みずからはそうした古い家学より脱皮して、新しい植物学の建設へ挺身しなければならなかった。このへんに篤太郎の家学後継者としての微妙な役割があったと思うが、ここにかれの業績を具体的に吟味する余裕はない。ただ前記のトガクシショウマの学名の件につき、矢田部教授の怒りを買い、教室出入りをさし止められたことがあり（そのためトガクシショウマを別名破門草といった）、こうしたことが英国仕込みの篤太郎の爾後の履歴に影響をあたえたと考えられる。

しかし篤太郎もやがて祖父のあとを襲って理学博士となり、長く公私諸学校に教鞭をとったが、大正十年東北帝国大学理学部に生物学科が設けられたさい、招かれて分類学を担当し、昭和十六年に他界した。主著には『大日本植物図彙』（大正元年、未完結）がある。

なお篤太郎の妹（延吉の長女）順子も、家学に精進、明治二十五年『萩花集説』を上刻している。

そこで今度は子孫以外の門人のうちで圭介の後継者を物色してみると、洋学で柳河春三があり、本草学では田中芳男・小塩五郎・丹波修治・千村五郎・西山文雄ら、まことに多士済々(せいせい)であった。

西村良三＝柳河春三

柳河春三はもと西村良三といい、天保三年(一八三二)名古屋大和町の町家に生まれた。まえにもちょっとふれたように、一時伊藤圭介の養子になったとも伝えられているが、これは確証がない。しかしともかく圭介の家に寄寓して蘭学を学び、また師の代診をし、『洋字篇』の刊行のさいには、圭造とともに参訂した。非常な俊才で、安政三年二十五歳のとき名古屋を出奔して江戸に赴き、のち開成所の頭取(とうどり)にまで累進(るいしん)した。さらに春三がわが新聞雑誌界の恩人であることは、尾佐竹猛『新聞雑誌の創始者柳河春三』の一書でひろく知られているところである。

田中芳男

田中芳男については、圭介が蕃書調所に出仕のさい、その後継者となった事情、明治初年開成所(大学)や博物局で重きをなし、かえって圭介の引立て役となったことなど、すでに一応関説したので、とくに繰りかえすにあたらないと思う。柳河春三は圭介の門人としてたしかに出藍のほまれといわねばなるまいが、田中芳男も単なる書斎派の学徒ではなく、むしろ物産の利用厚生の面における実務家として、明治政府の要職（文部省博物局天然部長・農商務省農務局長等）を歴任し、農林・水産等諸産業の進歩発達を計った功績において、師の圭介とちがった大きな足跡を、明治史上にのこしているのである。

その意味では、伊藤篤太郎が圭介の学問（本草学）の中核である植物学の近代的展開に尽したのにたいして、田中芳男は圭介の学問の応用部門を継承し発展させているのであって、両々あいまって、圭介の真の後継者たる役割を果したものということができよう。かれものち貴族院議員・男爵の栄誉を受け、大正五年（一九一六）七十九歳で死去した。

ところで伊藤圭介が名古屋の地を去ってからも、旧幕時代より由緒ある本草学会嘗百社の牙城を守った一群の真摯な人々のあったこと、また隣国伊勢にも同様の団体交友社の活動のあったことも第七の一で述べたところであるが、ここには嘗百社を代表して小塩五郎、交友社の代表者として丹波修治の事績について一言しておこう。

小塩五郎

小塩五郎は三居巣と号し、天保五年（一八三四）尾張藩士の家に出生、若年より諸国の高山を跋渉して動植物の採集に従事し、かつて圭介も動植物の識名においては「天下第一人者」の折紙をつけたほどの達識で、また草木・虫魚等の写生図も巧緻・精密であった。国会図書館（伊藤文庫）にも『昆虫図譜』・『動物図譜』等同人の手になる著稿が収蔵されている。明治二十七年六十七歳で歿した。

丹波修治

丹波修治は文政十一年（一八二八）名古屋下之一色に生まれ、のち北勢（三重県）三重郡川北村に住んで菅屋また清風閣と号した。青年時より嘗百社員に加わり、長く伊藤圭介に師事したが、明治十五年同志を集めて伊勢交友社を創立し、毎年本草会を催したことは前述したとおりである。明治十年に開催された第一回内国勧業博覧会のさいには師の圭介とならんで農業園芸部門の審査官をつとめた。国会図書館(伊藤文庫)には『丹波氏博物叢書』・『教草(おしえぐさ)』等の叢書のほか、多数の編著稿本が収蔵されている。明治四十一年八十一歳で亡くなった。

　このほか伊藤圭介の門人をいちいちあげてはきりがない。そこで圭介の父西山玄道の出身地、東濃久々利の千村五郎と西山文雄の両名をあげておわりとしたい。

千村五郎

　千村五郎は久々利領主千村氏の一族で、名は仲清、健堂または小木曾山人と号した。千村氏十代の仲泰が進歩主義者で洋学を講じ、率先洋式兵制を採用するなど、みるべき事績があったので、山間僻村の久々利にも洋学勃興の気運がみなぎり、西山春成・文雄父子・浅井修真らとならんで、五郎も蘭学・英学の修業にうちこんだ。かれも嘗百社同人となって各地の採草に参加したが、のち圭介が物産方出役となったころ、五郎は同所の手伝並(てつだいなみ)に抜擢された。文久二年(一八六二)堀達之助らとともに『英和対訳袖珍辞書』を編纂している。

西山文雄

西山文雄は春庵と号し、玄道の養子で千村家の侍医となった春成の長子であったから、圭介にとっては義理の甥（おい）にあたる。久々利で父とともに医をもって業としたが、やはり嘗百社に加入、圭介に師事して本草にも熟達していた。幕末（文久ころ）から自宅に私塾を開き、洋医学を講じたが、現に西山家には、多数の医学書・蘭学書とともに、文雄が圭介ら嘗百社員とともに勢州菰野山等で採集したラテン学名入りの腊葉（おしば）標本が珍蔵されている。

伊藤家系図

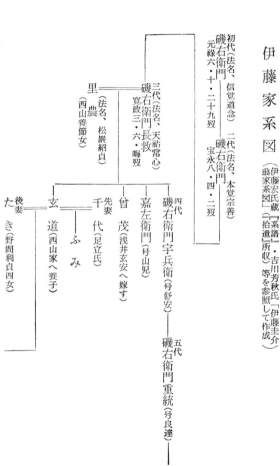

（伊藤宏氏蔵『系譜』・吉川芳秋氏「伊藤圭介翁家系図」（『拾遺』所収）等を参照して作成）

- 初代（法名、信覚道念）磯右衛門　元禄六・十・二十九歿
  - 二代（法名、本覚宗善）磯右衛門　宝永八・四・二歿
    - 三代（法名、天祐常心）磯右衛門長救　寛政三・六・晦歿
      ＝ 里（法名、松巌紹貞）農（西山養節女）
      - 四代 磯右衛門宇兵衛（号舒安）
        - 五代 磯右衛門重続（号良達）
      - 嘉左衛門（号山児）
      - 曾茂（浅井玄安へ嫁す）
      - 玄道（西山家へ養子）
        ＝ 先妻 千代（足立氏）
        - ふみ

        ＝ 後妻 たき（野間利貞四女）

長男 存真（大河内家へ養子）＝大河内春 ― 構斎 ― 孝一

鈴木藤左衛門（小兵衛）＝長女 きい（待十） ― 重瑊 ― 重富

先妻 嘉寿能（吉川旦妹）＝次男 圭介（伊藤氏ニ復姓）＝

長女 隆

次女 秀

三女 定

長男 圭造（圭二）

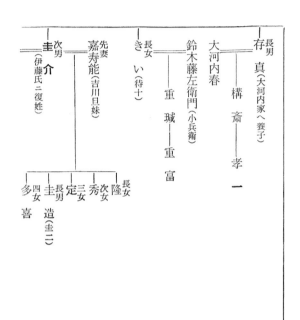

四女 多喜

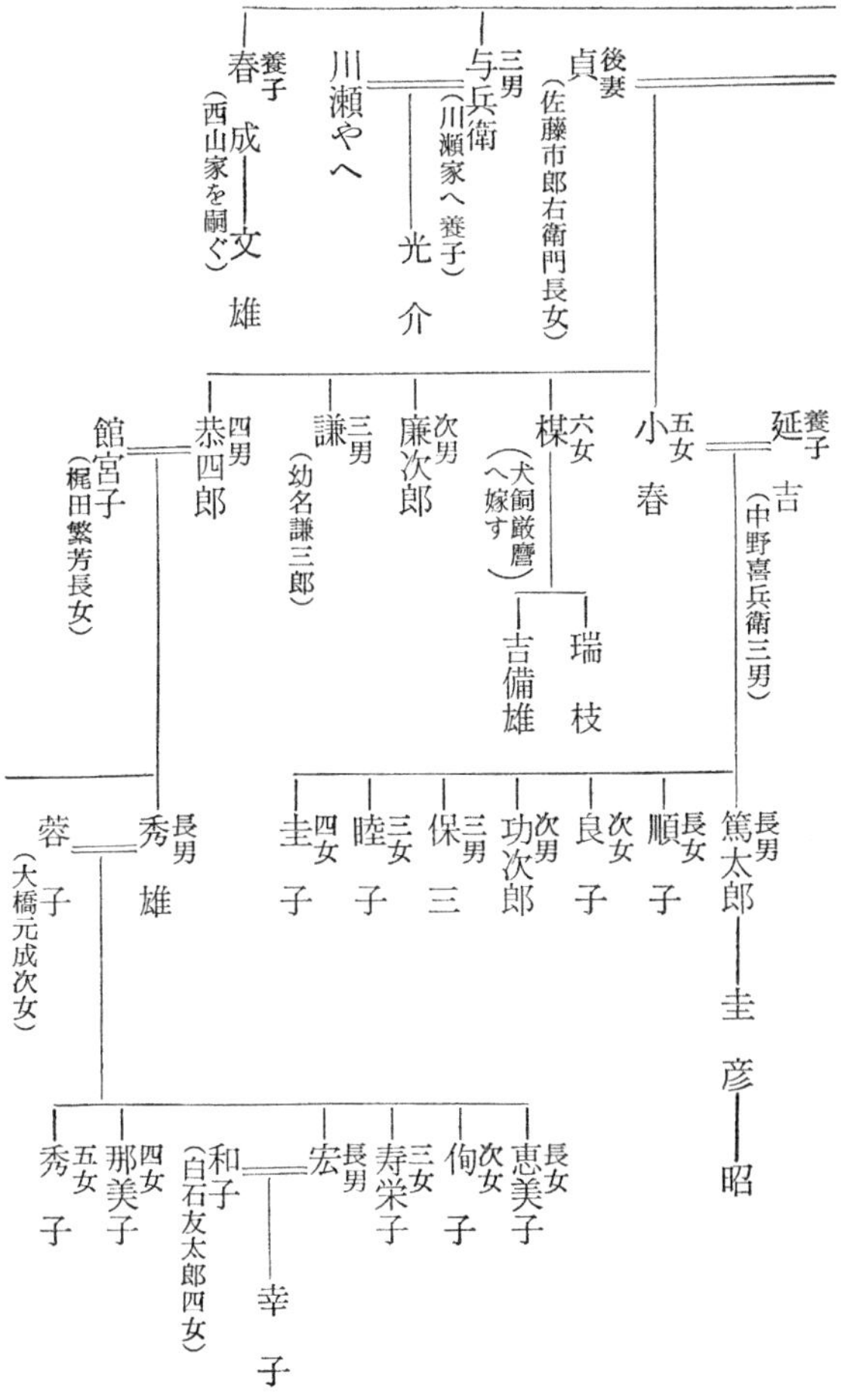
後妻
貞
（佐藤市郎右衛門長女）
三男
与兵衛
（川瀬家へ養子）
川瀬やへ
光介
養子
春成
（西山家を嗣ぐ）
文雄
養子
延吉
（中野喜兵衛三男）
五女
小春
六女
楳
（犬飼巌麿へ嫁す）
瑞枝
吉備雄
次男
廉次郎
三男
謙
（幼名謙三郎）
四男
恭四郎
館宮子
（梶田繁芳長女）
長男
篤太郎
圭彦
昭
長女
順子
次女
良子
次男
功次郎
三男
保三
三女
睦子
四女
圭子
長男
秀雄
蓉子
（大橋元成次女）
長女
恵美子
次女
侚子
三女
寿栄子
長男
宏
和子
（白石友太郎四女）
幸子
四女
那美子
五女
秀子

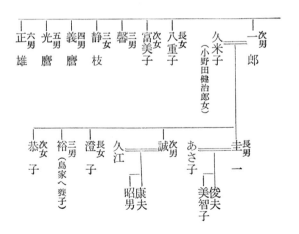

- 次男 一郎 ＝ 久米子（小野田健治郎女）
  - 長男 圭一 ＝ あさ子
    - 俊夫
    - 美智子
  - 次男 誠 ＝ 久江
    - 康夫
    - 昭男
  - 長女 澄子
  - 三男 裕（島家へ養子）
  - 次女 恭子
- 長女 八重子
- 次女 富美子
- 三男 馨
- 三女 静枝
- 四男 義麿
- 五男 光麿
- 六男 正雄

西山家略系図

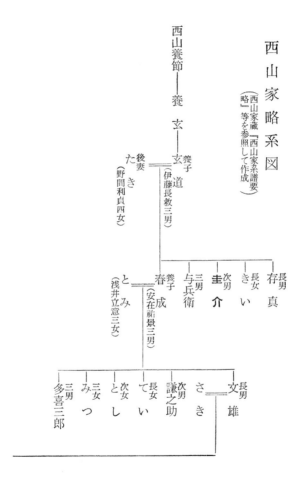

（西山家蔵『西山家系譜要略』等を参照して作成）

- 西山養節
  - 養玄
    - 玄道（養子）（伊藤長救三男）＝ たき（後妻）（野間利貞四女）
      - 存真（長男）
      - きい（長女）
      - 圭介（次男）
      - 与兵衛（三男）
      - 春成（養子）（安在祐景三男）＝ とみ（浅井立意三女）
        - 文雄（長男）＝ さき
        - 謙之助（次男）
        - てい（長女）
        - とし（次女）
        - みつ（三女）
        - 多喜三郎（三男）

太郎（長男）＝春子
由良（長女）
すま（次女）
かい（三女）
千春（次男）
そう（四女）
磐（三男）
梢（五女）
忠雄（四男）

信彦（長男）
初子（長女）
義彦（次男）＝友子

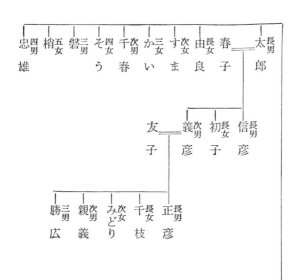

正彦（長男）
千枝（長女）
みどり（次女）
親義（次男）
勝広（三男）

略年譜

年次	西暦	年齢	事歴	参考事項
享和 三	一八〇三	一	一月二七日、名古屋呉服町一丁目に生まる○父西山玄道、文化三年三月、御目見医師、同六年六月、御用懸	文化六年一〇月、水谷豊文『物品識名』刊行さる○文化一四年、師の吉雄俊蔵(常三)名古屋に来り永住す○杉田玄白『蘭学事始』を著わす
文化 七	一八一〇	八	父西山玄道より医学を学ぶ	
文政 元	一八一八	一六	この年前後、父兄や師の水谷豊文らに従い、尾・勢・志・濃・信諸州に博物を採集す	
三	一八二〇	一八	五月、藩の允許を得て医業を開き、一人立二段席に列す	三月、吉雄俊蔵、尾張藩の翻訳員にあげられ、のち藩医に列す
四	一八二一	一九	京都に赴き、藤林泰助より洋学を学ぶ○京都近傍の諸山に採草す○一二月、藤林泰助・小森玄良らの刑屍解剖に列す	
五	一八二二	二〇	京都を去り、城・摂・和・勢・志諸州に採	一月、宇田川榕庵の『菩多尼訶経』、六月、

			草して帰郷す。さらに水谷豊文に従い、尾張知多郡三河猿投山に採草す	吉雄常三の『西説観象経』刊行さる
文政六	一八二三	二一	吉雄常三よりさらに洋学を学ぶ	八月、蘭館医員シーボルト（独人）長崎に来る
八	一八二五	二三	尾張国祖父江村吉川旦の妹、嘉寿能を娶る	二月、外国船打払令
九	一八二六	二四	○三月二〇日、長女隆生まる○同二九日（太陽暦、旧暦では二月二一日）、シーボルト参府の途次、熱田（宮）駅を過ぐ。水谷豊文・兄、大河内存真らとともに彼を訪ね、さらに池鯉鮒（知立）駅まで送り、学術上の質疑を行う○五月二七日（太陽暦）、シーボルトの帰路再び会見、長崎遊学の勧誘を受く	
一〇	一八二七	二五	三月一五日、自宅修養堂に第一回薬品会を開く○参・遠・駿諸州に採草しつつ、五月、江戸に出て、宇田川榕庵の家に寄居すること一ヵ月、その間ともに日光に採草す、旅中処女作『人参説』を著すと伝う○七月、江	

			戸を発し、上州・信州をへて、八月初旬、一旦郷里に帰る○八月一二日、名古屋を出立、濃・江その他諸州で採草しつつ、九月四日、長崎に到着、吉雄権之助の家に止宿、翌日より出島蘭館に出入してシーボルトに師事し、博物学等を学ぶ	
文政一一	一八二八	二六	三月、長崎を去り、途中九州・播州等に採草しつつ帰郷す○『勾玉考』を蘭文で起草、シーボルトに提出す。また腊葉を贈る○帰郷後蘭医方を開業、傍らツンベルク『日本植物志』を翻読研究す	一二月、シーボルト事件起る○この年、尾張蘭学の始祖野村立栄歿す（七八歳）
一二	一八二九	二七	七月一二日、次女秀生まる○『日本植物志』を訳述註解し、一〇月『泰西本草名疏』を刊行す	一二月、シーボルト日本放逐で長崎を去る
天保 元	一八三〇	二八	一〇月、高野長英、長崎遊学よりの帰途来訪す○伯父伊東嘉左衛門名古屋に歿す	
三	一八三二	三〇	四月、母たきに従い善光寺開帳に参詣、帰途戸隠山に採草して、六月帰郷す○九月一	飯沼慾斎の『草木図説』刊行さる

天保四	一八三三	三一	日、自宅修養堂で第二回薬品会を開く 四月二四日、三女定生まる〇七月、名古屋大江辺で丈け六尺五寸廻り四尺二寸の異獣を捕獲、圭介これを蛮名ポカ・レオニナ(phoca leonina)ならんと考定す〇八月、『救荒本草私考』を脱稿す	三月二〇日、師の水谷豊文歿す
六	一八三五	三三	三月一五日、名古屋南寺町一行院で水谷豊文三回忌追悼本草会を開く〇四月二八日、長男圭造生まる	宇田川榕庵の『植学啓原』刊行さる
八	一八三七	三五	四月、諸国凶荒、窮民困苦の状をみて『救荒食物便覧』を刊行す。藩主その板木を借上げ、近傍諸国に頒布す〇六月二五日、四女多喜生まる	大塩平八郎の乱
九	一八三八	三六	五月、江戸大火復興のため、幕府尾張藩に檜材の献納を命じ、幕吏・杣・人夫等数百人木曾山中に伐採に赴く。圭介らその病用手当として出張、山中の仮小屋に二ヵ月余起臥し、余暇をもって珍草・奇木を採集す	緒方洪庵、大坂に家塾を開く

			○八月一三日、長女隆を失う○一〇月、藩主より木曾出張の褒賞金・手当金若干を下賜さる	
天保一〇	一八三九	三七	一二月二〇日、次女秀を失う	三月、蛮社の獄おこり、四月、田原藩老渡辺崋山下獄。高野長英自首す○一〇月三日、尾張藩主(一一世)斉温歿し、斉荘つぐ
一一	一八四〇	三八	一一月三日、先妻嘉寿能を失う	阿片戦争起る
一二	一八四一	三九	八月、藩主(徳川斉荘)より、蘭学の志厚く、また広く治療を施す功を賞して俸三口を下賜さる○一二月、『暎咭唎国種痘奇書』を校刻して牛痘法を紹介す○この年、『万宝叢書洋字篇』を刊行す○このころ、尾張藩士上田仲敏と協力、上田邸内に洋学館を開設して、藩士子弟らに蘭学を教授す	老中水野忠邦、天保改革を行う
一三	一八四二	四〇		外国船打払令を緩和す
一四	一八四三	四一	四月二六日、父西山玄道を失う○この頃後妻貞を娶る	九月、師の吉雄常三歿す
弘化元	一八四四	四二	コレラ類似症(霍気)に罹り、一時危篤に	

弘化 二	一八四五	四三	陥る○この年、五女小春生まる	七月、尾張藩主（一二世）斉荘歿し、八月慶臧（よしつぐ）つぐ
三	一八四六	四四		六月二二日、宇田川榕庵歿す
四	一八四七	四五	五月一一日、三女定歿す○一一月、蘭学に通じるの故をもって藩主（徳川慶臧）より御用人支配医師に列せしめらる○この年、『産物聞見誌』を脱稿す	
嘉永 元	一八四八	四六	二月、洋書中要用のものを翻訳して差上ぐべしとの藩命を受く○三月一四日、前年上田仲敏とともに蘭学訳書の研究を藩主へ建議し、この日允許を得る○この月、修養堂に薬品会を開く○四月、『乍川紀事詩』を鈔録、校刊す	
嘉永 二	一八四九	四七	一一月二三日、水戸の人柴田方庵長崎よりの帰途、蘭医モーニッケらより伝習の牛痘を圭介の末女らに放苗す	三月、幕府、医師の蘭方使用を禁ず○尾張藩主(一三世)慶臧歿し、六月慶恕(慶勝)つぐ○この年、幕府、諸藩に海防強化を令す
三	一八五〇	四八	この頃自宅に種痘所を設け、毎月八の日に	

			施術す〇一〇世藩主斉朝重患により、診察を命ぜらる〇『表忠詩鈔』を刊行して藩主慶恕に献ず〇この年、次男廉次郎生まれ、九月二六日歿す	
嘉永 四	一八五一	四九	六月、サルモンの『現代史』蘭訳より「日本篇」を翻訳す〇一〇月、『遠西硝石考』（四冊）を訳述して、逐次藩主慶恕に献ず〇一二月、三男謙（幼名、謙三郎）生まる	この年、田中芳男（年一三）入門す
五	一八五二	五〇	五月、種痘法創業により、藩主より取調べの内命を受く〇八月、藩、種痘所を名古屋山田町におき、兄大河内存真・石井隆庵とともに取締りを命ぜらる〇江州伊吹山に採草す〇一二月一二日母たきを失う	
六	一八五三	五一	上田仲敏『西洋礟術便覧初篇』に序す〇嘉永年間の名古屋「町医者番付」に圭介は西の方前頭三番目に位す	六月、ペリー、艦隊を率いて浦賀に来航す
安政 元	一八五四	五二	二月二一日、新屋敷御様場で人体解剖のことあり、鑑試をつとむ〇三月、異国船渡来	三月日米和親条約締結

			のさいの筆談役を命ぜらる○四月、三百目加農砲を鋳造し、藩主に献ず○八月、西洋天文学・地理学の研究方心得うべき旨の申達を受く○一〇月、『遠西硝石考』を改訂し、『万宝叢書硝石篇』として刊行す○四男恭四郎生まる	
安政二	一八五五	五三	江州伊吹山・城州諸山・摂州有馬・勢州朝熊山・志州青峯等に採草す	正月、幕府、天文方蕃書和解御用を独立せしめ、洋学所を九段坂下に建つ
三	一八五六	五四	二月二七日、四女多喜を失う	二月、洋学所を蕃書調所と改称
四	一八五七	五五	九月一四日、長男圭造を失う	江戸の蘭方医ら種痘館をお玉が池に建つ
五	一八五八	五六	二月、名古屋袋町の別業に薬園（旭園）を開設す○四月、旭園に嘗百社博物会を開く○五月、嘗百社員らと勢州菰野山に数日間採草す○この年、『輿地紀略』（蘭文）を覆刻す	六月、日米修好通商条約調印○同月、尾張藩主（一四世）徳川慶勝、将軍家定を直諫せんとして、江戸戸山邸に幽閉され、高須藩主松平茂徳（もちのり）襲封す
六	一八五九	五七	六月、藩より寄合医師を命ぜられ、俸七口を下賜さる。また洋学翻訳教授に任ぜらる○同年末、洋学館総裁心得を申渡さる	安政の大獄

万延 元	一八六〇	五八		三月、桜田門外の変○九月、将軍家茂、尾張前藩主慶勝の幽閉を解く
文久 元	一八六一	五九	三月二五日、旭園に博物会を開く○九月、幕府より蕃書調所出役を命ぜられ、二〇人扶持年金一五両等を下賜さる。爾後市ヶ谷尾張藩邸長屋に起居し、文久三年末まで調所に出勤して物産取調べに従事す○一一月一〇日・一一日、シーボルト再び来日し横浜に滞在中により、出張再会す	
二	一八六二	六〇	三月二五日、圭介江戸滞在中なるも、嘗百社員、旭園に博物会を開く○五月、蕃書調所内に物産局設けられ、主任格となる○このころ、名古屋末広町中野喜兵衛の三男延吉を五女小春の聟養子に迎う○九月、種痘法施行の功労にたいし、藩主茂徳より銀五枚を賞与せらる○この年、博物会を江戸にも開く	正月、坂下門外の変○五月、蕃書調所を一橋門外に新築、洋書調所と改称○八月、生麦事件
文久 三	一八六三	六一	一二月、洋書調所を辞任し、名古屋に帰る	七月、薩英戦争○八月一八日、いわゆる文

				○『暴瀉病手当素人心得書』を刊行、頒布す○この年、上田仲敏の死により洋学館を自宅に移す	久の政変起る○洋書調所を開所所と改称○同月、尾張藩主茂徳（一五世）隠居し、義宜つぐ
元治	元	一八六四	六二	八月、前藩主慶勝、征長総督として西行するにより扈従す	七月、蛤門の変○八月、長州藩追討の勅命下る（第一回征長役）
慶応	元	一八六五	六三	藩より奥医師見習に任ぜられ、廩米二五石俸五口を賜う。○一一月二九日、孫篤太郎生まる	幕府の長州再征
	三	一八六七	六五	二月九日、藩より御目付を命ぜらる	一二月、王政復古の大号令下る
	四	一八六八	六六	前年より、前藩主慶勝・藩主義宜・禁闕守衛の命を受けて上京中のため、扈従して京坂の地に滞在、八月六日、帰郷す	一月、戊辰の役起る
明治	二	一八六九	六七	七月、自宅政事堂で洋学を講ず○この年、一等医に列し、一八石を加賜さる	六月二七日、昌平校を改めて大学校と称し、開成学校と医学校をその管轄下におく○六月、版籍奉還により、旧藩主を尾張藩知藩事に任ず○一二月一七日、大学校を大学と改称、開成学校を大学南校、医学校を大学東校と称す

明治 三	一八七〇	六八	このころ、石井隆庵・中島三伯と連署して西洋医学講習所開設を藩に請願す。閏一〇月、隆庵とともに種痘所頭取及び病院開業掛を命ぜらる○一〇月、新政府より奏任出仕を仰付られ至急上京するよう沙汰を受く○一一月二八日名古屋出立、一二月八日着京、市ヶ谷尾張藩邸内に仮住す○同一三日、大学出仕を仰付られ、少博士準席となる	六月、名古屋藩庁洋学校を七間町に設く○七月一二日、大学を閉鎖し、大学南校・東校は存続せしむ
四	一八七一	六九	七月二七日、文部省出仕仰付らる○八月二二日、文部少教授に任ず○九月二三日、本官を免じ、編輯権助に任ず○一二月、正七位に叙せらる○このころ、本郷真砂町一四番地に居を構う	七月一八日、大学を廃し、文部省を湯島旧大学跡におく○九月五日、文部省に博物局をおき、元聖堂大成殿を博物館とす○九月一八日、文部省に編輯寮をおく
五	一八七二	七〇	四月二〇日、本官を免じ、文部省七等出仕を仰付けられ、博物専務となる	八月、学制を頒布
六	一八七三	七一	四月一四日、文部省編書課仰付られ、『日本産物志』の編纂に従事し、この年、山城部・武蔵部・近江部等を完成、文部省より	三月一九日より、博物館は博物局・書籍館・小石川薬園とともに太政官所管博覧会事務局に合せらる○四月一四日、文部省文書局

			刊行す○この年、学界の諸名士とはかり洋々社を創立、『洋々社談』を発行し、「蚊並蚤ノ説」以下二〇数篇を寄稿す	に編書課をおく
明治七	一八七四	七二	二月、『日本植物図説』草部イ初篇を三男謙編次・刊行す○文部省出仕を免ず○植物鑑定により博物館より金二五円下賜さる	
八	一八七五	七三	二月、『草木乾腊法』を刊行○六月一日、小石川植物園へ時々出仕すべき旨沙汰あり	三月九日、博物館・書籍館を博覧会事務局より分離し、再び文部省の管轄とす○四月、博物館を東京博物館と改称
九	一八七六	七四	九月、『日本産物志』美濃部、文部省より刊行す	
一〇	一八七七	七五	九月一八日、第一回内国勧業博覧会開催により、審査官に任ぜらる○同二〇日、東京大学理学部員外教授に任じ、植物園において植物取調べを担当、傍ら教育博物館へ出勤を命ぜらる○一〇月、『小石川植物園草木目録』前篇を東京大学理学部より印行す○この年、『日本産物志』信濃部、文部省よ	一月、東京博物館を教育博物館と改称○四月一二日、東京開成学校・医学校を合して東京大学と総称、法・理・医・文四学部をおく○四月一四日、教育博物館所轄の小石川植物園を東京大学に移管

年号	西暦	年齢	事項	一般事項
明治一一	一八七八	二六	り刊行す 八月、父母の祭事執行のため帰郷す	
一二	一八七九	二七	二月、宇田川榕庵の『菩多尼訶経』および吉雄常三の『西説観象経』を孫篤太郎に命じ翻刻公刊せしむ○三月二八日、東京学士会院会員に選ばる。この年同院雑誌（一の三・四）に「本邦博物学起源沿革説」を寄稿す。爾後二八年まで数篇の寄稿あり○五月一一日、浅草公園花屋敷森田六三郎方で七老尚歯会を開く○この年、三男謙殁す	一月、東京学士会院創設○九月、学制を廃し、教育令を制定
一三	一八八〇	二八	七月二四日、後妻貞殁す○一一月、小石川植物園担任を命ぜらる○同月、スエーデン国王立学士会院より銀牌・銅牌を贈らる○この年、『小石川植物園草木目録』後篇の官版刊行さる	
一四	一八八一	二九	三月、第二回内国勧業博覧会審査官に任ぜらる○六月、『小石川植物園草木目録』後篇改版刊行さる○七月一四日、東京大学教授	六月、東京大学の職制を改む

明治一五	一八八二	八〇	に任ぜらる○九月、正六位に叙せらる○一二月、賀来飛霞と共編の『小石川植物園草木図説』第一冊刊行さる 二月二五日、矢田部良吉ほか植物学者有志とともに東京植物学会創立の会合を小石川植物園内に開く○四月一六日、八十賀寿耋筵(えん)会を上野不忍生池院に催し、『錦窠翁耋筵誌』巻一を出版、頒布す○九月六日、第三回地理万国公会より賞牌を贈らる○この年より二八年まで、『花史雑記』を『東京学士会院雑誌』に掲載す	
一六	一八八三	八一	五月二三日、兄大河内存真歿す	
一七	一八八四	八二	二月、『小石川植物園草木図説』第二冊刊行さる○孫篤太郎を英国ケンブリッジ大学に留学せしむ○この年、「救荒植物集説」・「有毒植物集説」官報に掲載さる	七月、華族令を公布
一八	一八八五	八三	一月一日、家訓を作り、家族に与う○七月二七日、墓参のため名古屋に赴き、また美	一二月、太政官制度を廃し、内閣制度を制定

明治一九	一八八六	八四	濃養老滝に遊ぶ 三月、学制改革により、東大教授は非職となる	三月、東京大学を帝国大学と改称
二〇	一八八七	八五	八月、小塩五郎を伴い豊橋に赴く○一一月、勲四等に叙し、旭日小綬章を授けらる	五月、学位令を制定
二一	一八八八	八六	五月七日、我が国最初の理学博士の称号を受く○一〇月五日、栗本鋤雲らとはかり、多識会を両国香樹園に開く○一二月、伊藤篤太郎編『多識会誌』第一輯を刊行す	
二二	一八八九	八七	正月、家訓二十能を記して大河内存真の遺族に与う○五月一五日、多識会第二会を開く○七月、墓参のため名古屋に帰省○八月一日、嘗百交友社の招きにより、三重県桑名眺憩楼における博物談話会に参列、講演す○一〇月一五日、多識会第三会を上野公園美術協会に開く○『多識会誌』第二輯を刊行す	二月、憲法発布
二三	一八九〇	八八	七月、名古屋に赴き、八月二日帰京す○八	一〇月、教育勅語下る

年号	西暦	年齢	事項	参考事項
			月、健康勝れず、「脳血症」の診断を受く○九月、『錦窠翁耋筵誌』巻二を刊行、一〇月、巻三を刊行す○一〇月五日、米寿賀会を上野公園美術協会に催す。これより先き、著述・翻訳等の出版物一四部を宮内省に献納、この日金二五円下賜さる	
明治二四	一八九一	八九	四月八日、東京発、名古屋・岡山・宮島、姫路・京郡等に遊び、五月一〇日、帰京す○九月、『錦窠翁米賀会誌』刊行さる	
二五	一八九二	九〇	六月一日、東京発、亡父五十年祭執行のため名古屋に帰省し、七月五・六両日、九十賀寿の博物会を愛知博物館に開催す○この年、姉、鈴木待十（きい）歿す	
二六	一八九三	九一	三月四日、上野不忍池長酡亭で開催の第二回医家先哲祭に参列、講演す○一二月一八日、伊藤篤太郎編輯の『錦窠翁九十賀寿博物会誌』を刊行す○従四位に叙せらる	
二七	一八九四	九二	「錦窠古瓦譜」を『東京学士会院雑誌』（第	八月、日清戦争起る

明治三一	一八九八	九六	一六編）に寄稿す 一〇月、墓参のため名古屋に帰省、二五日、九老尚歯会を小市場町霞洞庵に開く	三〇年六月、帝国大学を改めて、東京帝国大学と称す
三二	一八九九	九七	雑誌『太陽』より、博文館創業十二週年記念事業として、「明治十二傑」の一人に選ばる	
三四	一九〇一	九九	一月二〇日、逝去、二四日、発喪す○同二二日、東京帝国大学名誉教授の称を受け、正四位・勲三等に叙し、男爵を授けられ、金一万円を下賜さる○同二六日、谷中において神式葬儀を行い、谷中天王寺墓地に埋葬さる	

主要参考文献

「東京学士会院会員理学博士伊藤圭介ノ伝」　『東京学士会院雑誌』一三の三　明治二三年

「理学博士伊藤圭介翁小伝」　伊藤篤太郎　『東洋学芸雑誌』一五の二〇〇　明治三一年

「理学博士伊藤圭介君」　岸上　操　『太陽』臨時増刊　明治十二傑（博文館創業十二週年記念号）　明治三二年

『日本医学史』　富士川　游　明治三七年

『名古屋市史』学芸編・人物編第二　大正　四年

『シーボルト先生其生涯及功業』　呉　秀三　大正一五年

『伊藤圭介先生ノ伝』　梅村甚太郎　昭和　二年

『伊藤圭介翁に就て』　梅村甚太郎　『JOCK講演集』所収　昭和　六年

『伊藤圭介翁の苦学と其功績』　梅村甚太郎　『日本学術協会報告』所収　昭和　八年

『愛知県史』巻二　昭和一三年

『尾張蘭学者考』　堀川柳人編　昭和　八年

「文政年代に於ける東西文化の偉大な交換者 Philip Franz von Siebold」
伊藤篤太郎　『科　学』五の10　昭和一〇年
『伊藤圭介先生 遺墨遺品 展覧会出品目録』　市立名古屋図書館　昭和一二年
『伊藤圭介先生遺墨遺品展覧会記念図録』　市立名古屋図書館　昭和一二年
『シーボルト研究』　日独文化協会編　昭和一三年
『尾張郷土文化医科学史攷』　吉川芳秋　昭和三〇年
『尾張郷土文化医科学史攷拾遺』　吉川芳秋　昭和三〇年
『日本最初の理学博士 尾張医科学文化の恩人 伊藤圭介翁』　伊藤圭介先生顕彰会　昭和三二年
『紙魚のむかし語り』　吉川芳秋　昭和三三年

著者略歴

明治四十年生れ
昭和七年東京帝国大学文学部国史学科卒業
宮内省図書寮編修官、日本大学教授、九州大学教授、高知県立大学教授、武蔵工業大学教授等を経て
現在　法政大学講師、文学博士

主要著書
日本科学史　近世実学史の研究　科学史〈体系日本史叢書〉〈編〉　九州天領の研究〈編〉　近世日本の学術　西南諸藩の洋学〈編〉

人物叢書　新装版

伊藤圭介

昭和三十五年五月二十日　第一版第一刷発行
昭和六十三年十二月三十日　新装版第一刷発行

著者　杉本勲（すぎもといさお）
編集者　日本歴史学会
代表者　児玉幸多
発行者　吉川圭三
発行所　株式会社 吉川弘文館
東京都文京区本郷七丁目二番八号
郵便番号一一三
電話〇三－八一三－九一五一〈代表〉
振替口座東京〇－二四四
印刷＝平文社　製本＝ナショナル製本

『人物叢書』（新装版）刊行のことば

人物叢書は、個人が埋没された歴史書が盛行した時代に、「歴史を動かすものは人間である。個人の伝記が明らかにされないで、歴史の叙述は完全であり得ない」という信念のもとに、専門学者に執筆を依頼し、日本歴史学会が編集し、吉川弘文館が刊行した一大伝記集である。

幸いに読書界の支持を得て、百冊刊行の折には菊池寛賞を授けられる栄誉に浴した。

しかし発行以来すでに四半世紀を経過し、長期品切れ本が増加し、読書界の要望にそい得ない状態にもなったので、この際既刊本の体裁を一新して再編成し、定期的に配本できるような方策をとることにした。既刊本は一八四冊であるが、まだ未刊である重要人物の伝記についても鋭意刊行を進める方針であり、その体裁も新形式をとることとした。

こうして刊行当初の精神に思いを致し、人物叢書を蘇らせようとするのが、今回の企図である。大方のご支援を得ることができれば幸せである。

昭和六十年五月

日本歴史学会

代表者　坂本太郎

〈オンデマンド版〉
伊藤圭介

人物叢書　新装版

2021年（令和3）10月1日　発行

著　者　杉本　勲（すぎもと いさお）
編集者　日本歴史学会
代表者 藤田　覚
発行者　吉川道郎
発行所　株式会社 吉川弘文館
〒113-0033　東京都文京区本郷7丁目2番8号
TEL　03-3813-9151〈代表〉
URL　http://www.yoshikawa-k.co.jp/

印刷・製本　大日本印刷株式会社

杉本　勲（1907～1991）

ISBN978-4-642-75143-8